가족복지론

문수열 · 노명숙 · 신경희 · 윤세라
장우심 · 조선미 · 채정아

창지사

머리말

가족복지는 가족과 그 구성원이 전 생애에 걸쳐 행복하고 만족스러운 가족생활을 영위할 수 있도록 사회적 차원의 노력 및 제도적인 서비스를 의미한다. 따라서 나라마다 전통이나 처한 환경에 따라 가족복지 정책이나 서비스 등은 다르겠지만 대부분의 국가가 가족복지 실현을 중요한 목표로 삼고 있으며, 또 적극적으로 개입하고 있는 실정이다.

우리나라도 산업화 이후 사회의 여러 상황이 급격히 변화하면서 가족이 수행하던 많은 기능이 축소되어 왔다. 전 세계가 지구촌화되어 가는 현대사회에서 가족이 해결해야 할 문제는 더 많아지고 복잡하게 변화되어 가족복지의 필요성이 증가하고 있지만 저출산·고령화, 신사회적 위험, 여성의 경제활동 증가 등으로 전통적 가족의 기능은 점점 더 약화되는 것도 하나의 사실이다. 따라서 앞으로의 가족복지는 급변해 가는 사회변화에 따라 가족구성원의 보편적인 욕구를 충족시키며 가족공동체를 유지시킬 수 있는 방향으로 발전될 것으로 전망된다.

이 책은 가족복지 분야에 입문하거나 이 분야에 대해 체계를 세우기 원하는 독자들을 위해 집필한 개론서이다. 따라서 사회복지 전공자뿐만 아니라 비전공자도 쉽게 접근할 수 있도록 복잡한 이론과 설명보다는 간결하면서는 체계적인 구성을 가진 도서가 될 수 있도록 노력하였다. 또한, 2019~2020년도에 개정된 사회복지학 교과목지침서에 따라 내용을 구성하여 최근 가족복지의 추세를 반영하고 다른 인접 학문과의 연계성에 유의하면서 가족복지에 대해 쉽고 체계적으로 이해할 수 있도록 구성하였다.

아무쪼록 이 책을 대하는 독자들이 가족복지를 이해하고 체계를 세우는 데 조금이나마 도움이 되기를 기대한다. 아울러 본서가 세상에 나올 수 있도록 허락해 주신 창지사 사장님과 편집부 선생님들께 진심으로 감사드리며, 부족한 부분은 향후에 수정·보완할 것을 약속드린다.

2023년 1월

저자 일동

차례

■ 머리말 / 2

PART 1. 가족복지 개관

chapter 01 가족의 이해 9

1. 가족의 정의와 기능 / 10
2. 가족과 가족생활의 변화 / 19
3. 한국의 가족과 가족생활의 변화 / 22
4. 가족연구의 이론과 관점 / 25

chapter 02 가족복지의 이해 31

1. 가족복지의 개념 / 32
2. 가족복지의 필요성 / 35
3. 가족복지의 접근방법 / 38
4. 가족복지의 관점 / 40

PART 2. 가족복지 정책

chapter 03 복지국가의 가족복지 정책 지위와 역할 45

1. 복지국가와 가족정책 / 46
2. 가족복지정책의 개념 / 50
3. 가족복지정책의 대상 / 52
4. 가족복지정책의 내용 / 53

chapter 04 가족복지정책의 실제 61

1. 노동권 보장정책 / 62
2. 부모권 보장정책과 일 · 가족양립정책 / 70
3. 노인돌봄 관련 정책: 노인장기요양보험제도 / 80
4. 가족정책의 전달체계 / 83

chapter 05 가족복지정책 관련 법 87

1. 건강가정기본법 / 88
2. 한부모가족지원법 / 94
3. 영유아보육법 / 101
4. 다문화가족지원법 / 108

PART 3. 가족복지 실천

chapter 06 가족복지 실천과정: 초기 단계 117

1. 가족 클라이언트 발굴 및 접수 단계 / 118
2. 가족 클라이언트와 관계형성 단계 / 123
3. 사정 단계 / 126
4. 계획 수립 단계 / 137

chapter 07 가족복지 실천과정: 개입 및 종결 단계 141

1. 개입 단계 / 142
2. 종결 및 평가 단계 / 154

chapter 08 가족기능 강화의 실천 161

1. 가족상담이란 무엇인가? / 162
2. 가족상담 과정의 윤리적 측면 / 166
3. 가족문제 예방을 위한 실천 / 174
4. 가족생활교육 / 175

chapter 09 가족문제 해결을 위한 실천: 가족치료적 접근 197

1. 보웬의 다세대 가족치료모델 / 198
2. 구조적 가족치료모델 / 203
3. 경험적 가족치료모델 / 207
4. 해결중심 가족치료모델 / 211
5. 이야기치료 / 215

chapter 10 빈곤과 가족복지 223

1. 빈곤에 따른 문제 / 224
2. 빈곤가족에 대한 개입 / 237

chapter 11 이혼 및 재혼과 가족복지 245

1. 이혼과 가족복지 / 246
2. 재혼과 가족복지 / 256

chapter 12 가정폭력 및 학대와 가족복지 265

1. 가정폭력의 개념 및 유형 / 266
2. 가정폭력 발생 이론 / 272
3. 가정폭력의 실태 및 가족에게 미치는 영향 / 275
4. 폭력 및 학대가족에 대한 개입 / 281

chapter 13 다문화가족과 가족복지 287

1. 다문화가족 / 290
2. 다문화가족 복지 대상의 이해 / 296
3. 다문화가족을 위한 복지실천 대책 / 310

■ 참고문헌 / 313
■ 저자소개 / 320

PART 1

가족복지 개관

C·H·A·P·T·E·R **01**

가족의 이해

학습목표

1. 가족의 정의와 기능에 대해 이해하고 설명할 수 있다.
2. 가족과 가족생활의 변화에 대해 이해하고 설명할 수 있다.
3. 한국의 가족과 가족생활의 변화를 이해하고 설명할 수 있다.
4. 가족연구의 이론과 관점을 이해한다.

대부분의 사람들은 일상에서 가족과 함께 생활하고 친숙해져 있으므로 가족에 대해 누구보다도 잘 알고 있다고 생각한다. 그러나 실제로는 가족의 의미, 가족의 가치관, 가족의 기능에 대해 제대로 알지 못하는 경우가 흔하다. 그러므로 제1장에서는 가족에 대한 이해를 돕고자 가족의 정의와 기능, 가족과 가족생활의 변화, 한국의 가족과 가족생활의 변화 및 가족연구의 이론과 관점에 대해 살펴보고자 한다.

1. 가족의 정의와 기능

가족은 고대부터 오늘날에 이르기까지 인간이 만들어 놓은 제도 중에서도 가장 오래된 것으로 사회 변천에 따라 많은 변화를 가져왔다. 특히, 가족을 둘러싸고 있는 사회환경과 끊임없이 상호작용을 하면서 시대적 변천에 따라 영향을 받으면서 지속되어 온 인류사회의 보편적인 제도이자 가장 기본적인 사회를 구성하는 단위가 바로 가족이다.

가족은 일반적으로 부부를 중심으로 하여 그로부터 생겨난 아들, 딸, 손자, 손녀 등으로 구성된 집단이며, 법적으로 동일한 가족관계등록부에 등재되어 있는 친족을 이른다. 또한, 같은 조직체에 속해 있거나 뜻을 같이하는 사람을 비유적으로 이르는 말이기도 하다.

일부 학자들에 의하면 가족은 자녀양육의 기능을 중심으로 특정한 공간(가정)과 특정한 애정의 유대(사랑)로 연결된 특정한 사람들의 집합체(핵가족)로 개념화되어 있다고 한다. 즉, 가족 중 여성의 영구불변한 역할로 양육, 결합, 재생산 역할에 의해 규정됨을 전제로 하였다(이혜경, 1995).

또 다른 한편으로는 가족을 편재하는 생물학적 욕구에 대한 보편적 반응이라기보다는 특정한 사회질서 안에서 나타나는 도덕적 · 철학적 · 이념적 구성단위로 보았다. 이는 가족이 혈연관계로 이루어진 자연적 집단이 아니라 가정 내부에서 인간관계를 조직하고 고려하는 방식으로 인식되는 것과 개인이 재산을 소유하고 보호와 복지 제공 및 자녀양육을 하는 단위라는 것이다. 가족은 국가에 의해 형성된 영역, 즉 현대정치와 경제를 지배하는 비인격적 규범과는 다른 사랑과 친밀의 범주로 개념화된 영역이다.

우리는 주로 가족 내에서 인간관계를 학습하는 하나의 장이 되며, 어릴 때의 가족관계가 모든 인간관계의 원형이 되기도 한다. 이처럼 가족은 구성원 서로에게 친밀하고 지속적인 상호작용을 통하여 개인의 발달과 성장에 필수적인 환경체계를 제공해 온 것도 사실이다.

가족은 물리적 · 심리적 공간을 공유하는 개인들의 집합체만은 아니며, 어떤 가족 형태이든 모두 다 자연스러운 사회체계로서, 이들은 고유한 특징을 가지며, 그 특징으로는 가족의 규칙, 가족의 역할, 조직화된 권력구조와 고유한 의사소통유형 그리고 협상 및 문제해결방식 등이 있다.

최경석 외(2001)는 가족의 개념으로 "혼인, 혈연, 입양을 통한 관계로서 관계자들의 집단으로 의식주 공동해결, 정서적 · 정신적 유대감과 함께 공동체적 생활방식을 가지고 있는 집단"이라고 하였다. 그러나 현대사회의 급속한 변화와 함께 가족의 정의 및 기능, 구조에도 많은 변화가 있었다.

1) 가족의 정의

'가족'의 사전적 정의로는 부부를 중심으로 근친인 혈연자가 주거를 같이하는 생활공동체로 혈연에 의해 맺어지며, 생활을 함께하는 공동체 또는 그 구성원을 이른다. 즉, 어버이와 자식, 형제자매, 부부 등 혈연과 혼인관계 등으로 한 집안을 이룬 사람들을 말한다. 그리고 가구는 1인 또는 2인 이상이 모여서 취사, 취침 등 생계를 함께하는 생활단위를 말한다.

법적 규정으로 「민법」 제779조에 의하면, 가족은 "배우자, 직계혈족 및 형제자매와 직계혈족의 배우자, 배우자의 직계혈족 및 배우자의 형제자매로 생계를 같이하는 경우"를 말한다. 「건강가정기본법」 제3조에서는 "혼인 · 혈연 · 입양으로 이루어진 사회의 기본단위"를 말하며, '가정'이란 "가족구성원이 생계 또는 주거를 함께 하는 생활공동체로서 구성원의 일상적인 부양 · 양육 · 보호 · 교육 등이 이루어지는 생활단위"를 말한다고 하였다.

가족과 유사한 용어들을 살펴보면, '가구'는 통계조사에서 주로 사용하는 단어로 한 집에서 기거하는 사람들로 구성된 사회경제적 단위를 의미하며, 경제적 협력과 주거공간을 중시한다. 즉, 가구는 1인 또는 2인 이상이 모여서 취사, 취침 등 생계를 함께하는 생활단위를 말한다. '세대'는 '가구'와 비슷한 의미로 주택 또는 토지의 소유자 및 그 배우자와 그들과 주거와 생계를 같이하는 가족을 이른다. 그리고 '가정'은 부부를 중심으로 어버이와 자녀 등 가까운 혈연관계에 있는 사람들의 생활공동체 또는 한 개인이나 가족생활 장소로 안식처의 개념을 포함한다.

(1) 전통적 가족의 정의

혼인, 혈연 및 입양을 통해서 이루어진 관계자들의 집단, 의식주를 공동으로 해결하고 정서적 · 정신적 유대와 공동체적 생활방식을 갖는 집단을 이른다. 즉, 가족은 부부와 그 자녀들로 구성되는 기본사회집단으로 이익관계를 초월한 애정적 혈연집단을 기반으로 하는 같은 장소에서 기거하고 취사하는 동거동재의 집단이다(유영주, 2012).

(2) 현대적 가족의 정의

현대가족은 다양한 가족구조, 생활주기, 문화적, 가치관의 차이 등으로 전통적인 가족 개념에서 보다 확장되었다. 가족의 획일적인 형태보다는 가족의 다양성을 인정하는 개념으로 가족구성원 상호 간에 심리적 · 정서적 교류를 중시하며, 충족감을 줄 수 있는 상호작용적인 체계로 보고 인간의 개인성과 공동체성의 욕구를 충족시킬 수 있는 것을 이른다. 이는 생물학적 재생산 및 혈연관계 등을 초월한 것들을 포괄한다.

〈표 1-1〉 가족의 정의

특성	전통적 가족	현대적 가족
가족형태	확대가족	핵가족, 한부모가족, 무자녀가족, 분거가족, 다문화가족 등
부부관계	남성 위주의 부권제	평등한 부부관계
부모-자녀관계	효(孝)에 바탕	민주적 관계
가사 결정권	가장	부부 공동

2) 가족의 기능

가족의 기능은 가족이 수행하는 역할 및 행위로서 '가족행동'을 의미하며, 행동의 결과가 사회의 유지 및 존속, 가족구성원의 욕구충족에 영향을 준다.

가족은 그 구성원들에 대해 여러 가지 가치 있는 기능을 수행하며, 가족원 간의 교제와 사랑을 통해 정서적 · 심리적 안정감을 제공한다. 그리고 자녀를 양육 · 사회화하고 아프거나 불구인 가족원을 돌볼 뿐만 아니라, 출산을 제도화하고 성관계 규제에 대한 지침을 수립하여 사회적 · 정치적 기능을 수행한다. 경제적으로는 가족구성원에게 음식, 잠자리, 의복, 신체적 안전을 제공하며, 사회 전체적으로 질서와 안정을 촉진시키는 역할을 수행한다. 가족 내외부의 기능으로 구별하면, 가족 내 기능으로는 '성과 자녀의 출산 기능', '자녀양육과 사회화 기능', '경제공동체적 기능', '보호와 부양의 기능', '휴식과 오락의 기능' 및 '종교 기능' 등으로 나눌 수 있다. 또한, 대외적 기능으로는 '성의 통제 기능', '사회구성원의 충원 기능', '노동력 제공 및 생활 보장 기능', '사회의 전통 및 문화계승 기능', '사회 안정화 기능' 등이다(조추용 외, 2008).

학자에 따라 주장하는 바가 다르긴 하나, 가족의 기능을 요약하면 다음과 같다.

① 친밀한 관계의 근원 제공(부부결속, 정서적 지지, 성관계 등)
② 경제적 협조의 단위(공동생산과 소비, 재화와 서비스의 교환 등)
③ 자녀출산 및 자녀의 사회화(생식, 양육, 부모 가치관을 자녀에게 내재화 등)
④ 가족구성원의 지위와 사회적 역할 배분(가족구조 체제 유지 등)

〈표 1-2〉 가족의 기능

성격	대내적 기능	대외적 기능
고유 기능	애정, 성	성의 통제
	생식, 출산, 양육	종족 보존, 사회구성원 충원
기초 기능	생산(경제활동)	노동력 제공
	부양, 문화적 욕구충족	생활 보장, 경제 질서 유지
파생적 기능	교육(개인의 사회화)	문화 계승
	보호, 휴식	사회 안정화
	오락, 종교	

3) 가족의 유형

최근에는 기존의 가족형태와는 다른 다양한 가족형태의 출현, 가족기능의 사회적 전이, 또는 가족주의 가치관 및 가족구성원의 역할변화 등이 나타나고 있다. 이는 급격한 산업화와 도시화의 사회변동 속에서 경제성장과 사회제도적 변화가 이루어졌기 때문이다. 가족의 다양성을 시대적 변화로 인식하거나 역기능적 문제로 생각할 수도 있다. 가족의 유형은 가족구성원의 수, 혈연관계 범위, 결합형태, 가장의 권력 주체에 따라 나눌 수 있으며 재구조화되고 있다.

가구구성원의 수에 따른 유형으로는 대가족과 소가족으로, 혈연관계 범위에 따르면 확대가족, 핵가족, 수정확대가족, 수정핵가족으로 나눌 수 있다. 결합형태로는 직계가족, 방계가족, 부부가족, 과도기적 가족으로, 가장의 권력 주체에 따르면 부권가족, 모권가족, 평등가족 등으로 분류할 수 있다.

초기의 가족구조는 거의 대부분 대가족과 복합가족이었으나 점차 내외부의 변화 및 영향으로 가족구조에 많은 변화가 생기면서 다양한 가족구조 및 유형이 나타났다. 대내적으로는 성역할이나 가족관계, 가족주의 가치관의 변화와 함께 대외적으로는 전통적 확대가족의 감소, 부모–자녀 중심의 단순 핵가족에서 한부모가족, 동거가족, 독신가족 등의 다양한 가족의 출현에 영향을 미쳤다.

그 밖에도 출산력 감소, 이혼율 증가, 독신과 만혼 현상, 여성의 탈가족화 등 개인의 자발적 선택에 의한 유연한 가족이 이루어지고 있다. 최근 가족의 '유연화 경향'은 향후 가족의 다양화와 다원화에 더 많은 변화를 가져올 것이다. 예컨대, 이탈리아에서는 사람들이 한두 가족이 아니라 여러 가족이 동시에 함께하는 '동시적 가족'의 유형이 나타나고 있으며, '사이버가족', '계약가족' 등도 있다(MBN 뉴스, 2017).

본 장에서는 다양한 가족의 유형 중 대가족, 복합가족, 핵가족, 한부모가족, 조손가족, 재혼가족, 독신가족, 분거가족, 입양가족, 위탁가족, 다문화가족, 공동체가족, 노인가족, 무자녀가족, 동성애가족, 수정확대가족 등에 대해 간단히 살펴보고자 한다.

(1) 대가족

여러 세대의 가족이 한 집에 모여 사는 것으로서 결혼한 부부가 부모를 모시고 자녀와 함께 사는 가족형태이다. 주로 3세대가 함께 살기 때문에 세대 간의 정을 나눌 수 있으며, 세대 간의 교류가 자연스럽고 구성원의 수가 많아 집단의 크기가 크다. 서로 물질적 보조를 하고 경제적 책임을 공유하면서 살아가는 이점이 있으나 때로는 집단구성원이 많아 일어나는 갈등 등의 문제점도 함께 내포하고 있는 가족의 형태이다.

(2) 복합가족

중심인물(보통은 가장)과 그의 배우자와 때로는 첩, 자녀 등으로 구성된다. 이는 세계의 여러 곳과 전통적인 아프리카 사회에서 보편화되어 있으며, 특히 일부다처제가 허용되는 곳에서 흔히 볼 수가 있다.

예컨대, 우리나라의 왕조시대 또는 아랍국가, 서아프리카에서는 한 남성이 여러 명의 아내를 취할 수 있고 각 부인들은 자신과 자신의 자녀로 구성된 하위가족 단위의 가장이 되는 것이다. 남성을 가장으로 하는 경우가 훨씬 많지만 인도 남부의 토다스족처럼 여성이 가장이 되는 일처다부의 예도 있다.

(3) 핵가족

소가족이라고도 하며, 혼인으로 맺어진 부부와 그들의 미혼자녀로 구성된 가족으로 혈연, 인연, 입양과 관련된 일정 범위의 친족원으로 구성된 집단으로 기본형이라고 할 수 있다. 그러나 최근 핵가족의 확대는 혈연가족의 뿌리 깊은 공동체적 기능을 약화시키는 경향이 있는 것도 사실이다.

(4) 한부모가족

일반적으로 한부모가족이란 미혼이거나, 배우자와 사별했거나, 배우자와 이혼한 경우 부나 모 중의 한 사람이 단독으로 부모의 역할을 수행하는 가족의 형태라고 할 수 있다. 최근 이혼율이 증가함에 따라 한부모가족의 경우도 점차 늘어나고 있다. 그러나 아프리카 여러 지역에서는 한부모가족 중 편모가족이 핵가족보다 기초 가족단위로서 더욱 일반적인 경우도 있다고 한다.

(5) 조손가족

조부모와 손자 · 녀로 이루어진 가족으로 부모 대신 할아버지 혹은 할머니와 함께 거주하는 가족형태이다. 부모의 이혼, 재혼, 사별 등과 부모의 취업 또는 자녀의 학업 등의 이유로 인해 조손가족이 되기도 한다.

(6) 재혼가족

'혼합가족'이라고도 불리며, 한 번 또는 그 이상의 이혼과 사별, 결혼 등으로 가정을 이룬 남성이나 여성이 새롭게 다른 사람과 혼인을 하여 가정을 재구성하는 경우를 말한다.

(7) 독신가족 또는 1인가족

'나홀로 가족'이라고도 하며, 독신이란 형제나 자매가 없는 독자나 배우자가 없는 사람, 흔히 미혼이나 이혼, 사별 또는 별거 등으로 인하여 결혼하지 않은 상태로 법적 배우자 없이 혼자 사는 경우를 말한다. 이들은 단독으로 생계를 유지하는 최소 생활단위를 가지고 있다.

(8) 분거가족

직장이나 학업 등의 이유로 서로 떨어져 살지만, 가족의 유대감을 유지하는 가족을 말한다. 예컨대, 주말부부, 기러기가족 등이 있으며, 오늘날에는 여성의 경제활동 참여 증가, 교통 · 통신 수단의 발달, 해외 취업 증가, 자녀의 교육 등과 같은 이유로 분거가족의 수가 증가하고 있다.

(9) 입양가족

전쟁, 질병, 범죄, 경제적 문제, 법적 문제 등으로 인하여 아이의 양육이 불가능한 상황에 처하여 부모의 자의적인 판단하에 다른 사람에게 맡겨 자식으로 삼아 키우게 하는 것을 입양이라 하며, 입양한 자녀와 그 부모로 구성된 가족을 입양가족이라 한다. 즉, 혈연관계가 아닌 새로운 사람들에 의해서 양육되며, 이들은 법률적으로 부모-자녀관계를 맺게 된다. 이들은 상황에 따라 자기가 태어난 국가 또는 지역, 가정 및 가족을 떠나 다른 국가나 지역, 가정 및 가족 등 새로운 집단 구성원의 일원으로 자라게 된다.

(10) 위탁가족

친부모의 개인적인 사정으로 원가정에서 자랄 수 없는 아동에게 다른 가정을 제공하여, 가정과 같은 환경에서 다른 사람에게 맡겨 일시적으로 양육하도록 하는 가족을 말한다. 우리나라에서는 여성가족부 산하 건강가정지원센터의 사업 중 하나로 운영되고 있다.

(11) 다문화가족

결혼이민자 또는 귀화허가를 받은 자와 출생 시부터 살아온 나라의 국적을 가진 자가 함께 가족을 이루어 사는 것을 이른다. 즉, 우리와 다른 민족 · 문화적 배경을 가진 사람들로 구성되어 한 가족 내에 다양한 문화가 공존하고 있는 가정을 통칭하여 이르는 말이다(천정웅 외, 2015). 국제결혼가정, 외국인근로자가정, 새터민(북한이탈주민)가정, 입국재외동포가정 등을 포함하고 있다.

(12) 공동체가족

특정한 사회적 공간에서 운명이나 생활, 목적 등 공통의 가치와 유사한 정체성을 가진 두 사람 이상의 조직체로서 종족조직을 근간으로 하는 혈연공동체, 지역을 중심으로 형성된 지연공동체, 종교나 이념 및 기타 정신적 요소를 기반으로 하는 결사공동체 등이 있다. 즉, 서로 유대감을 나누고 일반적인 가족의 기능을 수행하며 살아가는 협조적인 생활공동체 가족을 이른다.

(13) 노인가족

만 65세 이상의 노인이 독신 또는 부부로 독립된 가구형태로 생활하거나 노인 한 명 이상과 함께 거주하는 가족을 말한다. 노부부 단독가족, 자녀동거 노부부가족, 독거노인 등이 있다. 과학 및 보건의료기술의 발달로 기대수명이 증가하면서 노인가족의 수도 점차 증가하고 있다.

(14) 무자녀가족

결혼은 하였으나 육아에 대한 부담, 부부중심의 결혼생활, 현대적 가치관 등에 따라 부부 상호 간의 합의 하에 자녀를 출산하지 않거나 불임 등의 다른 여러 가지 이유로 자녀가 없는 가족을 뜻하며, 최근 한국에서도 다양한 이유로 무자녀 가족이 증가하고 있다.

(15) 동성애가족

이성이 아닌 동성으로 이루어진 부부를 중심으로 부부 사이의 직접적인 혈연자녀는 불가능하나 인공수정이나 입양 등을 통해서 자녀를 두고 있다. 최근 다양화와 다원화 추세에 따라 동성애가족도 주류로의 편입 가능성이 있다.

그 밖에도 이혼한 남녀가 부부관계 종료와는 별도로 함께 자녀양육을 하며, 함께 살기도 하는 '이중핵가족'이 있으며, 이혼, 별거, 가출, 행방불명 등으로 인한 결손가정이 가족해체로 이어지면서 아동 및 청소년끼리만 함께 사는 '새싹가족'과 결혼한 자녀가 같은 공간에서 동거동재하기보다는 가까운 근거리에 살면서 자주 왕래하고 서로 협조하고 돌보는 '수정확대가족' 등이 있다.

2. 가족과 가족생활의 변화

오늘날의 가족은 직계가족의 감소, 1세대 가구의 증가, 1인 가구의 증가, 급격한 출산율의 저하, 이혼 및 재혼가족의 증가, 노인인구의 증가 등으로 가족의 변화를 엿볼 수 있다(이원숙, 2004). 구체적으로는 가족구조의 변화, 가족기능의 변화, 가족생활주기의 변화, 가족가치관의 변화, 가족의 안정성 변화, 부부관계 및 가족부양관의 변화 등이 있으며, 이와 관련하여 다양한 가족의 문제 등이 일어나고 있다.

특히, 가족의 변화는 서구세계와의 접촉을 통해 우리의 사회구조가 변동함으로써 야기된 제도적 측면의 변화와 의식의 변화가 있다. 먼저, 제도적 측면의 변화는 과거의 자급자족적인 농경사회에서 근대적인 산업국가로 변모하면서 가족집단이 이에 기능적으로 대처하기 위한 제도적 · 법적 변화라고 할 수 있다. 그리고 의식의 변화는 학교교육 또는 대중매체를 통한 남녀평등관 · 개인주의사상 등이 변화의 계기가 되었다.

1) 가족구조 및 기능의 변화

최근 저출산과 소자녀화의 영향으로 가족규모가 축소되고, 핵가족으로 단순화되고 있다. 가구의 축소 및 1인 가구의 증가, 세대 구성에서도 2, 3, 4세대의 감소와 1세대로 단순화되었고, 평균 가구원 수의 감소와 산업화 과정에서 흔히 일어나는 가족분화 및 핵가족화 현상이 주요 요인이다. 엄격한 부계 혈연중심의 직계가족에서 부부관계를 중심으로 한 핵가족으로 변화하고 있다. 이러한 핵가족화의 실상은 혈연가족의 뿌리 깊은 공동체적 기능을 약화시켰다. 구드(Goode)는 산업화가 진행될수록 '부부가족'의 형태가 많아진다고 하였다(Marvin & Suzanne, 2013, 재인용). 이원숙(2016)은 경제공동체기능의 약화, 성생활과 출산통제기능의 변화, 자녀양육기능 약화 및 사회화 기능 왜곡, 노인부양기능 약화 등이 가족기능 변화의 요인이 되고 있다고 하였다.

2) 가족의 생활주기 변화

가족의 생활주기는 가족 형성기의 단축, 자녀출산 기간의 축소, 빈 둥지 기간의 연장, 세대 간 공유 기간의 연장, 해체기 연장 등으로 많은 변화가 나타나고 있다. 가족생활주기는 시간이 경과함에 따라 가족의 생활이 변화하는 과정을 이르며, 이는 각 나라의 문화와 학자에 따라 차이가 있다.

듀발(Duvall, 1957)은 가족의 생활주기를 신혼부부(부부확립기로 무자녀 상태) 단계, 자녀출산 및 영아기 가족 단계, 유아기 가족 단계, 아동기 가족 단계, 청소년기 가족 단계, 진수기 가족 단계, 중년기 가족 단계, 노년기 가족 단계의 순으로 나누었다. 반면, 김승권 외(2000)는 가족의 생활주기를 가족형성기, 가족확대기, 가족확대 완료기, 가족축소기, 가족축소 완료기, 가족해체기로 나누고 있다. 특히, 현대에 이르러 가족형성기, 가족축소기는 늦어지는 반면 가족확대기는 단축되고 가족해체기가 길어지고 있다. 즉, 신혼부부 생활기간이 줄어드는 반면, 노부부가 함께 보내는 기간이 길어지고, 자녀양육기는 점차 짧아지고 있지만, 자녀들 독립 시기는 지연되고 있다. 특히, 젊은이의 가치관 변화로 만혼 또는 비혼이 늘어나는 것도 가족생활주기 변화요인 중 하나가 된다.

3) 가족가치관의 변화

가족인식 범위가 축소되어 직계 및 방계가족이 점차 가족의 범위에서 멀어져 가고 있다(여성가족부). 전통적 가족관으로는 가족 내에 성 · 연령 · 세대별 서열이 존재하고 지배 · 복종의 종적 관계가 있으며, 일방적인 효를 강조할 뿐만 아니라 '개인'보다는 가족이나 친족집단이 중요한 공동체적 연대를 우선하고 가족부양의 의무를 강요하고 권위적이며 위계적인 질서를 내세워 통제하는 불합리한 전통적 가족관에 대해 부정하는 의식이 나타나고 있다. 즉, 부부관계의 애정과 인격적 유대가 강조되는 핵가족화가 보편화되고 있다. 또한, 자녀관 및 자녀양육 태도에서도 연령대가 낮을수록 자녀의 보상적 · 비용적 측면에 부정적인 인식이 강하다. 그리고 다양한 가족형태 및 생활양식의 태도 또한 전반적으로 부정적이다.

4) 가족의 안정성 변화

혼인건수 및 조혼인율의 감소, 조이혼율의 증가, 조출생률의 감소로 변화를 가져왔다. 가족위기 시 극복을 위해 가족구성원 모두가 합심해서 무조건 참거나 매달리는 것보다는 가족의 연대의식과 결집력의 약화로 비민주적, 불합리, 불평등에 대해 스스로의 권리주장을 하기도 하고 때로는 개인 이기주의를 선택하는 경향도 있어 예전보다는 이혼율이 높아지는 추세에 있다. 핵가족화뿐만 아니라 합계출산율의 감소, 가족으로부터의 독립, 가족해체로 인한 다양한 가족의 형태가 증가하고 있다.

5) 부부관계 및 가족부양관의 변화

부부의사결정 시 부부 공동 및 아내 주도가 증가한 반면 무조건적인 남편 주도는 감소 추세에 있다. 또한, 부모부양 의무에 대해서도 예전의 가족 중 부모부양

책임자로 장남 및 아들 중심에서 모든 자녀가 공평하게 부양해야 한다는 인식으로 바뀌어 가고 있다. 여성의 사회참여 증가에 따른 가사노동의 감소로 더 이상 가족의 보호 및 부양의 책임보다는 사회와 국가가 대신 해야 한다고 인식하고 있다.

3. 한국의 가족과 가족생활의 변화

1) 가족구조 및 기능의 변화

한국의 경우, 가족구조로는 예전의 유교주의 관습에 의한 엄격한 부계 혈연중심의 직계가족에서 최근 부부관계를 중심으로 한 핵가족화와 함께 다양한 유형의 가족이 늘어나는 추세에 있다. 이러한 변화는 급격한 산업화·도시화가 주요한 요인이다. 최근 독신이나 이혼율의 증가로 편부모가족·조손녀가족·모자가족 등 혈연적 확대가족보다 핵가족이 지배적이며, 이 또한 계속 분화되어 독립적인 형태가 늘어나는 추세에 있다. 이처럼 가족관계의 많은 변화와 함께 일반화되는 경향이 있다.

〈표 1-3〉 우리나라의 세대 구성별 추계

(단위: 세대, %)

구분	2015		2020		2025		2030	
1세대	3,294,297	(17.3%)	3,780,963	(18.7%)	4,249,912	(20.2%)	4,682,212	(21.6%)
2세대	9,291,283	(48.9%)	9,134,070	(45.3%)	8,930,238	(42.5%)	8,694,374	(40.2%)
3세대 이상	1,033,988	(5.5%)	944,910	(4.7%)	859,232	(4.1%)	797,406	(3.7%)
1인 가구	5,179,573	(27.2%)	6,067,878	(30.1%)	6,700,512	(31.9%)	7,196,471	(33.3%)
비친족	213,754	(1.1%)	246,496	(1.2%)	273,762	(1.3%)	270,123	(1.2%)
합계	19,012,895	(100.0%)	20,174,317	(100.0%)	21,013,656	(100.0%)	21,640,586	(100.0%)

출처: KOSIS 국가통계포털(2018). 가구주의 연령/가구유형/가구원 수별 추계가구 재구성.

가족유형에는 혼인 시 성비의 차이와 도 · 농간의 사회경제적 · 문화적 차이 등으로 비혼과 만혼, 고령화 등으로 1인가족, 노인가족 등이 증가하고 있으며, 인구학적 요인으로 결혼이주여성의 유입과 함께 다문화가족이 증가하였다. 그밖에도 가족의 연대의식과 결집력의 약화로 이혼 및 재혼가족 등도 증가하여 다양한 가족유형이 나타나고 있다.

〈표 1-4〉 연령대별 1인 가구

(단위: 천 가구, %)

		1인 가구	연령대별 1인 가구 구성비							
			계	20세 미만	20~29세	30~39세	40~49세	50~59세	60~69세	70세 이상
여성	2005	1,753	100.0	1.2	18.1	12.5	11.7	11.5	18.5	26.5
	2010	2,218	100.0	1.1	16.0	12.7	11.1	13.4	16.2	29.4
	2015	2,610	100.0	1.1	15.4	13.1	11.8	15.3	15.6	27.6
	2017	2,766	100.0	1.4	15.8	12.5	11.1	14.9	15.8	28.5
	2018	2,843	100.0	1.3	16.0	12.1	10.8	14.6	15.9	29.3
	2025	3,234	100.0	0.9	14.6	11.1	8.7	12.8	17.5	34.4
	2035	3,650	100.0	0.8	11.7	9.1	6.3	9.4	14.7	47.9
남성	2005	1,418	100.0	1.6	25.5	28.9	19.0	11.6	7.5	5.9
	2010	1,924	100.0	1.3	21.2	26.4	19.8	15.3	8.7	7.3
	2015	2,593	100.0	0.1	18.7	23.5	20.9	18.4	10.1	7.3
	2017	2,797	100.0	1.3	18.8	22.0	20.5	18.7	11.1	7.6
	2018	2,896	100.0	1.2	18.9	21.2	20.3	18.8	11.7	7.9
	2025	3,466	100.0	0.8	16.4	18.2	18.8	19.9	15.9	10.0
	2035	3,985	100.0	0.7	12.4	15.2	17.4	19.3	18.5	16.5

※ 2017년 이후는 장래가구추계 자료임

자료: 통계청(2017). 「인구총조사」 각 년도, 「장래가구추계」.

통계청(2018)에 따르면 결혼이민자의 규모는 2012년 14만 7,591명에서 2017년 15만 3,649명으로 꾸준히 증가하는 추세에 있다.

〈표 1-5〉 결혼이민자 현황

연도	2016	2017	2018	2019	2020	20년 5월	21년 5월
인원	152,374	155,457	159,206	166,025	168,594	167,718	168,797
전년 대비 증감율(%)		2.0%	2.4%	4.3%	1.5%	-	0.6%

출처: 출입국외국인 정책본부 5월 31일 기준.

2) 가족기능의 변화

한국의 경우, 유교주의적 관습으로 엄격한 부계 혈연중심의 직계가족을 지켜왔으나 부부관계를 중심으로 한 핵가족으로 변화하고 있다. 이러한 핵가족화의 경향은 급격한 산업화가 주요한 원인이다. 그리고 최근 독신이나 이혼율의 증가로 편부모가족 · 조손녀가족 · 모자가족 등 혈연적 확대가족보다 핵가족이 지배적이며, 이 또한 계속 분화되어 독립적인 형태가 늘어나고 이러한 형태 변화에 따라 가족관계 구조에도 많은 변화와 함께 일반화되고 있다.

최근 세계화 및 외환위기 등의 영향으로 가족의 기능적 측면에서 변화가 나타나고 있다. 특히, 파슨즈(Parsons)의 구조기능주의적 관점에서 살펴볼 때, 가족기능 중 사회체계 유지를 위한 유형유지로 아버지는 가족의 생계를 책임지고, 주요문제 의사결정을 맡고, 어머니는 가사, 자녀보호 등을 맡아야 하나 노동시장의 불안정성 등으로 아버지와 남편으로서 한 집안을 책임지는 가장의 가족보호 및 부양기능의 약화로 가족기능에 변화가 나타나고 있다. 또한, 청년실업 등의 문제로 결혼에도 영향을 끼쳐 비혼, 만혼으로 1인가족이나 캥거루족, 리터루족 등이 나타나고 있으며, 자녀양육 부담으로 인해 출산을 미루거나 포기하는 무자녀가족, 통크족 등을 양산하고 있다. 그리고 노부모 부양에 대한 부양부담으로 인한 가족 간의 갈등과 노인보호기능도 약화되고 있다.

가족구성원이 가족 내에서의 욕구를 충족하지 못하고 가족구성원들이 역할을 적절히 수행하지 못할 때 가족의 기능과 관계가 원만하지 못하여 가족문제를 일으키는 경우가 많다. 가족 내부 요인으로는 가족구성원 간의 관계 및 내적 갈등과 배우자의 부정, 가정폭력 등이 있고 가족 외부 요인으로는 사회적 · 경제적 문제를 들 수 있다. 즉, 경제적 불안정, 불평등, 실업, 무주택, 교육기회 및 의료서비스 제공의 박탈, 이사, 사망 등이다. 그 밖에도 상대적으로 취약한 장애인가족, 빈곤가족, 입양가족, 북한이탈주민가족 등에 대한 문제도 증가하고 있다. 특히, 노동빈곤층의 경우 노동 접근성의 어려움이 있을 수도 있으나 일을 하고 있음에도 불구하고 빈곤한 상태가 지속되는 경우로 흔히 'Working poor'라고도 한다. 이처럼 혼인관의 변화와 사회경제적 변화에 따른 이혼과 재혼, 그리고 다양한 혼인 형태와 함께 다양한 가족의 문제가 나타나고 있다.

4. 가족연구의 이론과 관점

가족현상과 관련된 연구에서도 일부 학자들은 서로 다른 관점의 이론을 주장하였다. 특히, 조흥식 외(2017)는 구조기능론자의 낙관적인 관점과 마르크스주의자들의 갈등론적 비판적 관점, 여권론자의 비판적 관점에 대해 언급하였다. 이외에도 상징적 상호주의적 관점, 교환이론적 관점, 체계론적 관점 등에 대하여 알아보고자 한다.

1) 구조기능주의

대표적인 학자로는 파슨즈(Parsons, 1951)가 있으며, 그는 가족을 사회체계 유지를 위한 중요 유형유지기능을 담당하는 제도로 보았다.

구조기능론자들은 사회구조가 구성원의 행동을 유형화하는 방식에 관심을 가지는데 부모는 자녀에게 사회질서 도모 및 체제안정 유지에 필요한 가치관을 내면화시켜 사회체제가 개인에게 요구하는 인성 형성, 수행해야 할 사회적 역할을 교육시킨다. 그리고 산업화 요구에 가장 알맞은 가족형태는 핵가족으로 성별 노동 분화가 보다 효율적이라고 하였다. 즉, 아버지는 도구적 역할로 가족생계 책임, 주요 문제 의사결정 담당을 맡고, 어머니는 표출적 역할로 가사, 자녀보호 등을 담당한다. 이러한 가족기능이 통합되어 있지 않을 때 가족문제가 생긴다고 하였다(조흥식 외, 2017, 재인용).

2) 갈등주의

구조기능주의에 대한 반동으로 생겨났으며, 이는 사회과정에서 권력분화와 같은 갈등의 불가피성을 강조하였다. 특히, 가족 내 구조적 이해관계에서의 갈등 혹은 자원의 분배적 불평등으로 인한 갈등에 초점을 맞추었다. 이러한 현상들은 정상적인 것으로 사회변화의 원동력이 된다고 한다.

막스(Marx)와 엥겔스(Engels)는 자본주의의 착취적 속성이 개인의 주관적 생활을 가족에게 의존하게 한다고 하였다. 또한, 콜린스(Collins)는 사회구조적 불평등이 자원의 분배과정상 갈등을 발생시키며, 가족 내 성적 불평등, 세대 간 갈등 등 가족갈등과 관련이 있다고 하였다(조흥식 외, 2017, 재인용). 그리고 스프레이(Sprey, 1979)는 권위나 자원의 분배과정에서 가족갈등이 존재한다고 하였고 갈등해결을 위해 가족원의 적절한 대응방식이 필요하며, 갈등관리방법의 적절성에 따라 가족의 유지 또는 해체가 결정된다고 하였다.

3) 여권주의

가정 내 남성과 여성의 역할 구분을 당연시하고 가족을 안식처로 말하는 경향이 있다. 여권론자들은 가정 내에서의 여성의 노동과 희생에 주목하였으며, 남성과 여성 간의 전통적 역할분담에 대하여 비판하였다. 여권론자들은 가족구성원 모두가 가족생활을 동일하게 인식하거나 서로가 대등한 권력관계에 있다고 보지는 않았다. 특히, 부부간 역할분담, 가사에 대한 책임 소재, 부부 권력관계 등에 있어서 남성과 여성 간의 차이가 있음을 제시하였다. 특히, 여성의 행동을 제약하는 사회제도, 규범, 역할 등에 관심을 가졌으며, 남녀 모두 사회적으로 동등한 대우와 권리를 가져야 한다고 하였다. 자유주의 여권론자들은 남성과 여성 간의 조화로운 결혼생활을 위해서 점진적인 제도적 변화와 양성적 성역할 사회화를 강조하였으며, 사회주의 여권론자들은 가족생활에서의 남성의 지배를 가부장제와 자본주의의 산물로 보았기 때문이다.

여권론자들은 가족생활을 인간의 생물학적 특성에 기초한 자연적 현상이 아니라 사회적 산물로 간주하였는데 가족생활은 사회에 따라 다양한 형태로 존재하기 때문이다. 이들은 가족의 정서적 기능을 강조하는 구조기능주의의 이데올로기에 반대하며, 정서적인 관계는 가족 내에서만 가능한 것으로 보지 않았다.

여권론자들은 가족을 영어로 'the Family'라고 표현하는 것이 이데올로기적이라고 주장한다. 그 이유로는 가족을 단수로 표현하는 것은 가족생활에는 특정한 한 가지 유형만이 있음을 의미한다고 보았기 때문이다.

4) 상징적 상호주의

인간 행동은 상호 간 사회적 상호작용을 통해 결정된다는 것이 상징적 상호주의이다. 가족문제는 고정되어 있는 것이 아니라 가족구성원 상호 간의 역할과 기능에 관하여 어떤 현상이 문제가 된다고 상호 인지한다면 그것이 문제가 되는 것을 이른다.

미드(Mead, 1968)와 브루머(Blumer, 1969)는 사회현상을 각 개인이 특정한 상황에 처하여 그것을 어떻게 해석하고 인지하는가에 관심을 두었다. 즉, 가족의 본질은 가족원 간의 상호작용에 기초하고, 상호작용에 대한 개인의 지각이 가족관계를 형성하게 된다고 보았다. 즉, 가족원 간의 상호작용에 대한 개인 지각의 중요성을 강조하여, 각 개인은 자신에게 할당된 역할을 지각하고 다른 가족원들에 의해 그 역할에 대한 역할기대를 받게 된다(이영주 외, 2018). 또한, 블게스(Burgess, 1926)는 가족은 상호작용하는 "인격체들의 통합체(a unity of interacting personality)"라고 하였다.

5) 교환이론

시장의 경제논리에 인간관계를 적용한 것으로 인간관계는 물질적 교환관계의 합리적 선택, 호혜성(reciprocity)의 규범을 따르며, 인간은 대체적으로 자신의 만족감을 극대화시킬 수 있도록 하기 위해 자원을 교환하며, 이를 위해 여러 형태의 합리적인 계산을 하고 있다는 것이다.

호만스(Homans, 1961)와 블라우(Blau, 1964)는 인간은 이윤을 추구하는 존재로서 투자 대비 최대한의 이익을 기대하고 행동을 하며, 개인과 개인의 관계뿐만 아니라 사회적 상호작용의 한 형태로 흥정과 타협을 행한다고 하였다. 하여 가족은 개인의 집합체, 가족원 간 교환은 부부간, 부모-자녀 간 관계를 기점으로 시작, 사회와의 관계로 확대된다고 하였다.

6) 가족체계이론

가족을 개인이 아닌 전체로서의 맥락과 가족과 환경과의 상호작용으로 살펴보아야 하며, 전체로서의 가족을 강조하면서 가족을 개인이 아닌 전체 가족의 맥락에서 접근하여야 한다는 것이다. 즉, 가족은 주변 환경과 물리적·문화적·정서적·사회적 상호작용으로 발달하므로 가족구성원이 서로 관련되어 있으며, 각기 하나의 집단이나 체계로서 작용한다는 것이다. 미누친(Minuchin, 1974)은 가족을 사회와 관련된 부분 또는 하위체계 조직으로 보았으며, 하위체계는 배우자 하위체계, 부모-자녀 하위체계, 부모 하위체계, 개인 하위체계 등이 있으며, 환경과의 상호작용에 대해 강조하였다.

그 밖에도 스트레스 이론은 가족을 바라보는 관점에 있어 스트레스를 이해하고 사회적 지지를 활성화하는 개념적 틀로 유용하므로 참고할 필요가 있다.

생·각·해·보·기

- 가족이란 무엇인지 생각해 봅시다.
- 나의 가족과 가족생활의 변화에 대해 생각해 봅시다.
- 주변의 가족유형과 관련된 이론은 어떤 것이 있는지 생각해 봅시다.

C·H·A·P·T·E·R 02

가족복지의 이해

학습목표

1. 가족복지의 개념을 정립할 수 있다.
2. 가족복지의 필요성을 말할 수 있다.
3. 가족복지의 접근방법을 설명할 수 있다.

1. 가족복지의 개념

가족(family)은 사회를 구성하고 존속시키는 기본단위로서 개인의 인격 형성과 발달에 강한 영향력을 미치며, 사회 공통의 규범을 습득시키는 사회화 과정을 담당하는 중요한 기본집단이 된다. 그러므로 사회복지가 사회구성원 모두가 행복하고 건강하고 만족한 삶을 영위하기 위한 사회적 노력이라고 하면 가족복지(family social work)[1]는 가족과 그 구성원이 전 생애에 걸쳐서 행복하고 만족스러운 가족생활을 영위할 수 있도록 사회적 차원의 노력 및 제도적인 서비스를 말한다. 즉, 가족의 유지와 발전을 보장하려는 국가의 기본이념에 입각하여 가족생활을 보장하는 사회적 제반 활동을 총칭하는 의미가 된다.

하지만 가족복지를 개념적으로 고정화시키기는 단순하지가 않다. 왜냐하면 가족은 사회의 기본제도로서 모든 문제와 정책에 직접적 · 간접적으로 영향을 받을 수밖에 없고, 사회복지의 다른 분야(아동, 노인, 장애인, 여성문제 등)와 중첩이 되며, 구분이 곤란한 면이 많기 때문이다. 또 다른 이유는 가족문제를 규정할 때 가족구성원 간의 상호작용이나 역할관계가 고려된 가족의 전체성을 고려하지 않고, 가족복지의 대상을 실용적이고 편의적으로 개인단위로 규정하는 경우가 많기 때문이다(조흥식 · 김인숙 외, 1997).

---

1) 가족복지와 관련된 개념으로 가정, 가구가 있다. 사전적인 의미로 가족은 주로 부부를 중심으로 친족 관계에 있는 사람들의 집단 또는 그 구성원으로 혼인, 혈연, 입양 등으로 구성된 단위를 의미한다. 가정은 가까운 혈연관계에 있는 사람들의 생활공동체 또는 생활을 영위하는 장소에 초점을 두는 개념을 의미한다. 반면, 가구는 혈연관계와는 관계없이 주거와 생계를 같이하는 단위 또는 세대이다. 그러므로 가족은 가족 자체의 생성 · 유지 · 발전 · 해체에 관심을 가지며, 가정은 가족공동체의 양육 · 보호 · 교육 등에 초점을 두어 개념상의 차이가 있다. 또한, 「건강가정기본법」에서 '가족'은 혼인 · 혈연 · 입양으로 이루어진 사회의 기본단위이고 '가정'이라 함은 가족구성원이 생계 또는 주거를 함께 하는 생활공동체로서 구성원의 일상적인 부양 · 양육 · 보호 · 교육 등이 이루어지는 생활단위로 정의되어 있다. 따라서 복지의 대상이 가정, 가구가 아니라 가족 자체의 생성 · 발달 · 해체에 두므로 가족복지가 적절한 표현이 된다.

가족복지의 개념정의와 관련하여 『사회복지학 사전』(2009)에서 살펴보면 가족복지란 "가족생활을 보호 및 강화하고, 가족 내 상호 관계 그리고 사회적응상의 문제를 가진 개인과 가족을 원조하며, 가족의 사회적 기능을 향상시키기 위하여 국가와 민간기관이 제공하는 사회적 서비스를 말한다."라고 정의한다. 즉, 일시적 또는 장기적으로 가족이 당면하고 있는 생활상의 어려움, 즉 빈곤, 질병, 실업, 가족관계의 붕괴, 행동상의 문제, 신체적 또는 정신적 장애 등으로 가족의 기능이 상실되어 중대한 위기에 처한 가족을 대상으로 가족의 기능과 역할을 유지하고 가족구성원의 역량을 강화하여 가족 전체의 행복을 증진하게 하는 활동을 의미한다고 볼 수 있다.

가족복지의 개념과 관련하여 가족생활이 중대한 위기에 직면하거나 가족이 처한 문제를 해결하고 가족구성원의 생활을 강화시키기 위한 사회적인 서비스를 보통 가족복지사업이라고 한다. 이러한 가족복지사업이 다른 사회복지 분야, 즉 아동복지, 노인복지, 장애인복지 등과의 차이점은 그 대상이 개인이 아닌 가족구성원을 단위로 개입한다는 점이다. 따라서 가족복지는 가족구성원으로 개인이나 가족 전체에 관심을 두는 복지로서 가족 전체(family as a whole)를 대상으로 복지서비스를 제공한다는 점이 다른 복지 분야와 중요한 차이가 된다.

또한, 가족복지는 가족구성원을 보호하고 가족 간 갈등과 가족해체 등을 사전에 개입하여 예방하고 가족구성원 등이 사회구성원으로 역할과 기능을 잘 발휘할 수 있도록 도와주는 서비스도 제공한다. 가족구성원들이 생활해 나가는 데 있어서 부딪히는 어려운 문제들에 개입하여 해결과 지지와 지원하는 역할도 한다. 즉, 가족의 일시적 빈곤이나 자원의 결핍 그리고 가족 내 인간관계의 결함 등을 잘 해결하도록 개입하여 가족생활의 만족과 행복을 증진하도록 원조하는 활동을 의미한다.

이상에서 가족복지의 개념을 살펴본 결과 가족복지는 사회 · 문화적 양상에 따라 다양하게 의미를 가질 수 있음을 전제하면서 일반적인 가족복지에 대한 정의를 내리기 위하여 여러 학자들의 정의를 살펴보면 〈표 2-1〉과 같다.

〈표 2-1〉 학자별 가족복지의 개념정의

학자(년도)	개념정의
김영모 (1960)	가족의 생활을 강화하고 가족 내의 관계를 강화시키며, 가족구성원의 사회적 기능을 강화시키기 위하여 정부와 민간이 개입을 행하는 사회적 대책
Feldman & Scherz (1967)	전체로서의 가족은 물론 그 구성원들의 사회적 기능 수행을 효과적으로 증진시킴으로써 가족구성원 모두에게 행복을 도모하기 위한 사회복지의 한 분야
김만두 (1982)	가족의 집단성을 확립하도록 하고, 개개인의 가족구성원 인격의 성장과 발달을 원하며, 항상 변화하는 사회에 대응하여 적극적인 적응능력을 가질 수 있는 가족. 즉, 대사회적으로 적응하는 가족으로서의 확립을 목표로 전개하는 활동
한국보건사회연구원 (2003)	가족의 행복과 안녕(wellbeing)을 위한 총체적 노력을 의미하며, 가족이 사회의 기본단위로서 존속하고 발전할 수 있도록 가족의 생존과 복지를 보장해 주는 기능을 수행하는 과정
양옥경 (2004)	양육이나 돌봄, 그리고 빈곤문제와 같이 어떤 형태의 가족에서도 공통적으로 발생할 수 있는 문제에 대해 가족의 기능과 역할을 보완함으로써 가족 내 개인의 삶의 질을 증진시켜 주는 국가적 차원에서 수행되는 일련의 사회적 제도
조흥식 외 (2006)	가족의 전 생애에 걸쳐서 행복하고 안정된 바람직한 삶을 추구하는 사회구성원 전체의 집단적 노력을 말하는 것으로 가족해체, 가족붕괴, 가족구성원의 사회적 역기능 수행 등의 문제에 의도적으로 개입하는 것
한인영 외 (2017)	가족의 전체성에 바탕을 두고, 가족 전체와 가족구성원들이 사회와의 교류 속에서 욕구를 적절히 충족하고 발생 가능한 문제를 예방하고 해결하여 가족구성원들이 건강하고 행복한 상태를 유지함으로써 가족의 사회적 기능을 충실히 수행할 수 있도록 돕는 체계적이며 전문적인 노력으로 이와 관련된 모든 정책과 서비스

이러한 측면에서 가족복지의 개념을 정의하면 가족구성원 개개인의 욕구와 문제에 초점을 두기보다 가족구성원의 일원으로 가족과 가족구성원이 경험하는 문제를 예방하고 해결하여 가족이 건강하고 행복한 상태로 유지될 수 있도록 하는 국가제도와 사회적 서비스를 총칭한다고 볼 수 있다.

또한, 가족복지의 특성과 개입영역을 살펴보면 가족복지가 다른 사회복지 분야와 구별되는 본질적 특성은 집단인 가족 전체를 서비스 대상으로 한다는 점이다. 따라서 가족이 사회복지 고유의 직접적 원조 대상이고, 가족복지의 중심에 위치한다. 가족을 구성하는 개인과 그 가족을 하나의 단위로 보고 전체로서의 가족에 주목한다. 하지만 가족 전체는 개인의 문제를 취급할 경우 개인이 속한 가족의 가족환경이나 가족관계를 조사하는 정도를 의미하는 것이 아니다. 결국, 가족복지는 가족구성원 개개인보다 가족구성원들 간 상호작용의 결과로 대표되는 가족의 전체성에서 나타나는 욕구와 문제를 해결하는 것에 초점을 두는 특징이 있다.

가족복지의 주요 대상으로는 가족형태에 따라 한부모가족, 미혼모가족, 무자녀가족, 노인가족, 입양가족, 위탁가족, 맞벌이가족 등이며, 가족기능에 따라 알코올중독, 가정폭력, 가구주의 실직, 청소년비행, 치매노인 등 가족의 기능상의 상실이나 결함을 경험하고 있는 가족이 대상이 된다. 그리고 가족의 생활주기(신혼기, 자녀출산기, 학령기/사춘기 자녀를 둔 시기, 자녀독립기, 노년기)에 따른 과업을 잘 달성하도록 지원하는 예방적인 개입과 과업 달성에 실패한 가족에 대한 사후개입 등이 해당한다.

2. 가족복지의 필요성

가족복지의 필요성과 관련하여 산업화 이전에는 자녀의 출산과 양육과 교육 기능, 생산과 소비의 경제적 기능, 가족구성원의 보호와 부양 등 인간의 욕구와 당면하는 문제들을 가족 스스로 많은 기능을 수행함으로써 가족을 통하여 해결할 수 있었다. 그러나 산업화 이후에는 사회의 여러 상황이 급격히 변화하면서 가족이 수행하던 많은 기능이 축소되어 왔다. 하지만 가족이 해결해야 할 문제들은 더 많아지고 복잡하게 변화되면서 가족복지의 필요성이 증가한다고 볼 수 있다.

1) 가족기능의 약화와 가족개입의 관점 변화

가족은 사회의 기본단위이며 개인에 대해서는 생활과 생존, 성적 욕구 충족, 보호와 지지, 사회화 및 사회적 일체감을 제공하는 기능을 수행한다. 그러나 산업화 이후 전통적인 가족의 기능으로는 생산과 소비기능, 교육 및 오락기능에 이르기까지 자급자족하던 가족기능이 더 이상 가족단위로 이루어지지 않고 다른 기관으로 확장되었다. 변화된 가족의 기능으로는 전통적인 생산기능은 퇴조하고 소비기능이 강화되어 긍정적인 가족의 기능이 약화되었고, 과거에 비해 가족에게 기대되었던 주요 기능들이 약화되어 가족이나 구성원의 힘으로 해결할 수 없는 문제들이 많이 증가하였다. 하지만 현대의 가족은 개인과 사회의 존속을 위해 가족의 책임성이 강조되고 있는 실정이며, 가족의 역할과 책임을 잘 수행할 수 있도록 다양한 가족복지서비스에 대한 요구가 증대하고 있다.

또한, 산업화 이후 1980년대까지도 자유주의 국가에서 가족의 문제는 가족의 책임으로 간주하여 국가가 가족의 문제에 개입하지 않았다. 하지만 산업화의 발달이나 빈부격차의 심화 등으로 여성의 사회진출이 증가되었고 보수주의 복지를 추구하는 국가조차 가족의 욕구나 문제해결에 적극적으로 개입하는 계기가 되었다. 또한, 신자유주의자들조차도 사회복지제도의 개혁을 추진하면서 사회복지의 축소를 위하여 가족제도를 강화하는 가족복지 프로그램을 집중적으로 지원하는 경향이 증가되어 왔다(김윤재 외, 2015). 따라서 가족의 기능을 강화하고 잘 유지시키기 위해 구성원들에게 맞는 가족복지서비스 제공이 필요하게 되었다.

2) 다양한 가족형태의 등장과 욕구의 다양화

산업화 사회 이후 현대사회로 진행되면서 가족의 세대 수와 가구원 수가 감소하고 낮은 혼인율과 혼인 연령의 증가로 출산율이 감소하였으며, 전통적 여성의 역할이었던 양육과 돌봄의 사회화 등으로 가족구성원의 역할이 변화하여 다양한 형태의 가족이 출현하였다. 하지만 이러한 다양한 가족형태에 대한 사회의 시각은 병리적 접근인 경우가 많고 이러한 관점을 바탕으로 한 기존의 가족복지 정책은 오히려 가족문제를 심화시키고 심지어 가족해체의 요인으로 작용하기도 하였다(손병덕 외, 2014).

따라서 현대사회에서 한부모가족, 미혼모가족, 입양가족과 다문화가족 주말부부가족, 동성부부가족, 공동체가족 등 다양한 형태의 가족이 보편화되면서 이러한 가족을 문제를 가진 가족으로 보고 접근하던 기존의 가족복지정책으로는 가족의 욕구를 충족시키기 어렵게 되었는데 이를 극복할 수 있는 새로운 접근방식이 요구되고 있다.

〈표 2-2〉 가족의 다양한 형태

구분	유형	특징
구조적 측면	한부모가족	부모 중 한쪽이 사망, 이혼, 유기, 별거 및 미혼부모로 인하여 한쪽 부모가 없거나 한쪽 부모의 역할을 할 수 없는 한부모로 이루어진 가족
	미혼모가족	결혼하지 않은 상태에서 아기를 임신하여 분만한 여성으로 이루어진 가족
	무자녀가족	자녀 없이 부부로만 구성된 가족
	노인가족	65세 이상 또는 노인 2인 이상으로 구성된 가족
가족구성원 특성 측면	재혼가족	이미 한 번 이상 결혼을 했던 사람이 다른 배우자와의 사별이나 이별로 인하여 새로운 가정을 재구성한 가족
	입양가족	생물학적 과정이 아닌 법적 · 사회적 관계에 의해서 친자관계로 맺어진 가족
	다문화가족	결혼이민자 또는 귀화허가를 받은 자와 출생 시부터 대한민국 국적을 취득한 자로 이루어진 가족
생활양식 측면	맞벌이가족	결혼한 부부가 모두 직업을 가진 경우에 부부만 또는 부부와 자녀 또는 조부모와 친척들로 구성된 가족
	주말부부가족	통근결혼과 유사하며, 자녀 및 기타 이유로 부부가 떨어져 지내다가 주말에 만나는 가족
	기러기가족	자녀의 외국 유학 교육을 위해 국내에서 혼자 생활하는 배우자 가족
탈근대적 측면	동거가족	결혼을 하지 않고 남녀가 서로 같이 사는 형태의 가족
	독신 및 1인가족	독립된 공간에서 일상생활을 혼자 영위하는 가족
	공동체가족	개별가족의 문제점을 극복하는 개인 및 가족들의 복합체 가족, 생활협동조합, 육아협동조합, 환경운동 등
	사이버가족	인터넷, SNS 등으로 실제 가족과 같은 사이버 공간에서 가족생활을 영위하는 가족
	동성가족	동일한 성으로 이루어진 가족

출처: 김보람(2012) 재구성.

3) 사회문제 해결책으로 가족의 유용성

인간이 만든 여러 사회제도 중 가족제도는 인간과 사회의 문제를 해결하는 데 있어서 효율적인 단위라는 사실이 강조되고 있다. 국가정책적 측면에서는 가족의 기능과 역할을 부정한 사회주의 국가의 경험이 대표적인 예라고 할 수 있다.

또한, 인간의 문제를 해결하고자 하는 접근방법으로 개인을 대상으로 한 개별적인 접근보다 가족을 단위로 한 가족치료가 문제해결에 보다 효과적이라는 결과가 나온 것도 한 예라고 볼 수 있다(이영주 외, 2018).

3. 가족복지의 접근방법

가족복지의 접근방법은 학자마다 다양하다. 빈곤가족의 증대, 실업률 증가, 육아 및 노인부양의 정책적 지원 등 사회 · 국가적 차원의 접근을 의미하는 간접적 또는 거시적 접근방법과 출산과 양육문제, 노부모 부양문제, 가족갈등문제의 상담 그리고 가족치료 등 개인적이고 직접적인 접근인 미시적 접근방법으로 구분할 수 있다.

1) 거시적 접근방법

거시적 접근방법은 간접적 접근방법이라고도 하는데 가족문제를 사회 전체의 문제, 즉 가족이 전체 사회의 제도적 구조와의 관계에서 보다 잘 존속할 수 있는 사회적 조건 또는 환경을 조성해 가는 접근방법을 말한다. 가족과 관련하여 제기된 문제들을 사회구조적 문제로 인식하여 개인구성원의 책임이 아닌 사회적 책임 또는 국가적 책임으로 접근하는 방법을 의미한다. 그러므로 가족의 문제를 개인차원이 아닌 사회적 위험으로 나타난 사회구조적 문제로 보며, 사회적 책임 내지 국가적 책임 차원에서 해결하려고 하는 가족복지정책이 중심이 된다.

거시적 접근방법은 가족복지를 위한 사회적 환경 조성으로 직접적으로 가족과의 만남 속에서 이루어지기보다는 간접적인 사회정책이나 행정의 차원에서 논의될 수 있다. 그러므로 가족의 삶의 질 향상을 위해 예방적인 관점에서 정부가 시행하는 정책이나 행정 그리고 서비스 활동이 여기에 해당한다. 거시적 접근방법은 일반적으로 명시적 가족정책과 묵시적 가족정책으로 구분할 수 있다.

명시적 가족정책이란 정책을 입안할 때 그 대상이 가족복지 향상임을 분명하게 밝히는 것이다. 따라서 명시적 가족정책은 정부가 특정한 기획과 정책을 시행할 때 그것이 가족과 관련된 것이며, 가족정책의 목표라고 승인을 얻을 수 있는 것이 해당된다. 명시적 가족정책으로는 가족계획, 육아서비스, 아동수당, 가족상담, 각종 조세혜택, 주택지원정책 등이다(김은영 외, 2010).

묵시적 가족정책은 가족의 복지에 국가나 사회가 특정적이고 그리고 일차로 개입하는 것이 아니라 정부나 행정기관이 행하는 활동이 간접적으로 가족복지에 영향을 미치는 사회정책이나 제도를 의미한다. 묵시적 가족정책의 사례로는 공단조성이나 수출 특구 등을 설치할 때 주택가와 일정 정도 떨어진 지역에 허가하는 제도나 도로 건설, 통상규제와 이민정책 등이 해당한다(장수복 외, 2017).

2) 미시적 접근방법

미시적 접근방법은 가족복지 욕구를 지닌 가족에게 가족의 욕구와 문제를 해결하기 위해 직접적으로 개입하는 접근방법을 말한다. 여기서는 가족의 문제가 가족 내적 요인, 즉 가족구조의 결함, 역기능적인 가족관계, 가족기능의 약화, 가족생활주기 발달과업의 미성취 등으로 발생한다고 본다. 따라서 구체적인 어려움에 처해 있거나 처할 가능성이 있는 가족에게 직접적으로 개입하여 문제해결을 돕는 구체적 서비스 방법을 의미한다(원영희 · 손화희, 2016).

가족복지서비스는 특수한 욕구를 가진 가족구성원들의 특별한 문제를 취급하는 가족복지기관의 서비스 활동으로 거시적 가족복지의 제도적 개념을 상호 보완하는 성격을 가지고 있다. 미시적 접근방법과 관련된 가족복지기관의 목표는 가족 내의 개인 및 그 구성원들로 하여금 가족생활에서 원만한 인간관계를 맺게 하는 데 있다.

가족복지의 미시적 접근방법과 관련된 사회복지실천 서비스 영역으로는 가족상담 및 치료, 부모역할 훈련 프로그램, 가족사회사업과 가족상담이나 가족치료, 이혼 숙려기간 중의 상담 등 가족관계 증진을 위한 서비스, 치매노인과 만성질환자 가족 등을 위한 가족보호 서비스 그리고 부모역할 훈련 프로그램과 같은 가정생활 교육 프로그램 등이 있다.

가족복지 접근방법을 요약하여 정리하면 〈표 2-3〉과 같다.

〈표 2-3〉 가족복지 접근방법

접근방법	세부영역	주요 내용
거시적 방법	가족복지정책	가족계획, 육아정책, 소득공제, 가족소득지원, 건강지원, 주택정책 등 가족구성원을 대상으로 하는 제도와 프로그램, 제도적 · 환경적 · 거시적으로 접근
	가족복지행정	가족문제 서비스 전달체계 구성, 가족문제 대책 추진위원회 결성, 가족문제별 가족원조활동, 지원조직의 결성 등 조직환경 또는 지원적 과정 포함
미시적 방법	가족복지서비스, 가족사회사업	가족보호 서비스, 가족상담, 가족치료, 부부상담, 가족생활교육, 결혼지원서비스, 가족옹호, 부모역할 훈련 프로그램 등

4. 가족복지의 관점

가족복지를 바라보는 관점은 다양하다. 가족복지의 대상인 가족을 바라보는 일반적인 사회 통념은 정상적 가족을 의미한다. 가족은 형태로 본다면 부모가 있고, 그 부모가 낳은 자녀가 있으며, 그 자녀가 성장하고 결혼하여 아이를 가지고 다음 세대의 독립된 가구를 형성하게 되는 가족의 형태가 정상적인 가족이 된다. 정상적인 가족은 기능 면에서 본다면 사회구성원을 재생산하고, 자녀를 양육 · 교육 · 사회화시켜 사회체계의 통합을 위한 기능을 담당한다. 반면에 전통적으로 내려오는 가족의 기능과 역할은 기득권 측면에서 기득권을 유지하고 성역할에 따른 불평등과 그 영향력을 강화하기 위한 대비책으로 보아 현재의 시각을 개선해야 한다고 보는 관점이 있다.

1) 구조기능주의 관점

파슨스(Parsons)가 제시한 구조기능주의 관점에서 본다면 우리가 살고 있는 사회는 유기체처럼 상호 의존하는 여러 부분으로 되어 있고, 각 부분은 사회 전체가 유지될 수 있도록 각 기능을 수행한다. 이는 균형을 강조함과 아울러 사회의 각 부분이 합의된 가치와 규범에 따라 움직이기 때문에 인간의 행위를 어느 정도 예측할 수 있다는 가정을 전제로 한다.

따라서 가족을 기능적인 관점으로 본다면 핵가족은 경쟁사회로부터 가족구성원을 보호해 주는 안식처의 역할을 해야 하는데 산업화는 직장과 가족의 이원화된 분리현상을 가져왔고, 가족은 생계부양과 가사노동의 역할분담을 담당하게 되어 가사와 자녀양육이 여성의 역할 중에서 가장 중요한 역할이 된다. 이런 가족구성원의 역할분담은 서로 사랑에 의해 결합되고 가족 내에 일어나는 일은 합리성과 타당성에 근거를 두고 있는 구조기능주의 이론의 핵심이 된다.

그러나 기능론적 관점은 현대의 성 평등적 관점에 의해 비판을 받게 되는데 기능주의론에서 보는 소비적 기능의 가족은 경제생산단위로서의 가족에 대한 성격을 은폐화시키거나 합리화시키는 면에서 비판의 대상이 된다. 또한, 여성이 가지는 가사노동의 경제적 · 생산적 가치와 지역사회 내에서의 사회적 가치를 간과함으로써 가족이 실제로 사회 속에서 어떤 역할을 담당하는가에 대한 개념 구성을 불가능하게 한다는 비판에 직면한다.

구조기능주의 이론은 여성주의적 관점에서 보면 가족 안에서 성별 분업에 기초를 둔 남녀의 위계관계를 은폐하고 중산층 가족으로 가족의 수준을 정하며, 기능주의 관점 자체가 변화와 갈등을 설명하지 못한다는 한계를 가진다.

2) 성인지적 관점

가족에 대한 성인지적 관점(gender perspective)은 임상모델이나 기술이 아니라 성역할에 따른 불평등과 그 영향에 대한 시각이나 태도로 볼 수 있다.

성인지적 관점이란 각종 제도나 정책에 포함된 특정 개념이 특정 성에 유리하거나 불리하지 않은지, 성역할 고정관념이 개입되어 있는지 아닌지 등의 문제점을 검토하는 관점을 말한다. 여성과 남성이 지닌 생물학적 · 사회문화적 경험의 차이에 의해 서로 다른 이해나 요구를 가지고 있다는 사실을 제도나 정책에 반영하기 위함이다. 각종 제도와 정책이 여성과 남성에게 미치는 영향을 고려하고, 남녀 성차별의 개선이라는 문제의식에 기반하여 등장한 개념이다(이정민, 2013).

가족에 대한 성인지적 관점은 임상모델이나 기술이 아니라 성역할에 따른 불평등과 그 영향에 대한 시각이나 태도로 볼 수 있다(Cater, 1992). 그러므로 성인지적 관점에서는 전형적 가족이라는 이데올로기 자체와 가족 내에서 성역할로 인해 일어나는 여러 문제에 민감하게 관심을 가지며, 성이 생물학적으로 주어진 것이라는 신념에 대한 비판을 가지고 가족 내에서 성별 간의 역할분담은 공평한가의 문제를 제기한다. 또한, 성인지적 관점의 기반은 남성과 여성이 처한 특정 상황에 대한 의미가 다르다는 사실에 근거하며, 따라서 남녀별로 서로 다른 실천적 접근이 이루어져야 한다는 점을 강조한다.

생 · 각 · 해 · 보 · 기

- 현대사회에서 가족복지가 중요하게 대두되는 이유를 생각해 봅시다.
- 우리 주위에 가족복지서비스를 받는 가족을 조사해 봅시다.

PART 2

가족복지 정책

C·H·A·P·T·E·R 03

복지국가의 가족복지 정책 지위와 역할

학습목표

1. 가족복지정책의 필요성을 제시할 수 있다.
2. 가족복지정책의 주요 내용을 열거하고 설명할 수 있다.

가족복지정책은 국가나 사회가 지향하는 이상적인 가족상에 접근하도록 가족형태와 가족기능을 구현하기 위한 수단으로 활용할 수 있다. 예를 들어, 산업화 시대를 거치면서 가족복지정책은 가족 내 남성과 여성의 역할을 고착화시키고 노동자의 재생산영역 보호에 초점을 두었다. 이것은 가족복지정책을 수립하는 주체가 가족의 사회적 역할과 기능을 어떻게 인식하고 있는가? 또는 가족에 대한 국가의 개입을 어느 정도 수준에서 설정할 것인가에 따라 가족복지정책의 내용과 개입 수준이 달라질 수 있음을 의미한다(장수복 외, 2017).

1. 복지국가와 가족정책

1) 복지국가의 개념

복지국가는 일반적으로 국민의 비복지를 제거하고 복지를 향상시키기 위해 노력하는 국가로, 국민의 복지 향상을 가장 중요한 책임과 의무로 삼는 국가로 정의된다. 학자들의 정의를 살펴보면 모든 국민에게 최소한의 소득, 영양, 보건, 주택 및 교육 등을 자선이 아니라 정치적 권리로서 보장하는 국가(Wilensky, 1975) 또는 국민 최저 수준의 삶을 보장하도록 정부 책임을 제도화한 국가(Mishra, 1990) 등으로 규정되지만 이런 개념정의의 문제점으로는 국가에서 제공하는 복지를 어느 수준까지 설정하고 목표가 무엇인지가 불분명하거나 불명확하다.

따라서 학자들의 가치관이나 이데올로기적 입장 그리고 이론적 입지에 따라 커다란 편차가 있어 복지국가에 대한 하나의 통일된 정의 도출은 불가능하다. 그럼에도 불구하고 복지국가의 개념정의를 가장 포괄적으로 이해할 수 있는 정의를 모색해 본다면 브리그스(Briggs)의 정의를 제시한다(김태성 · 성경륭, 2014).

브리그스가 제시한 복지국가는 시장기제의 작동에서 오는 문제들을 수정하기 위해 정치와 행정을 통해 조직화된 권력을 다음과 같은 세 가지 방향에서 의도적으로 사용하는 국가로 규정된다. 첫째, 개인의 능력과 재산이 시장에서 가지는 가치와는 무관하게 모든 개인과 가족에게 최소한의 수입을 보장한다. 둘째, 개인과 가족에게 위기를 초래하는 사회적 위험(질병, 노령, 실업 등)에 대응할 수 있도록 보호하여 삶의 불안전을 감소시킨다. 셋째, 지위나 계급의 차이에 관계없이 모든 국민에게 일정 범위의 사회적 서비스를 가능한 한 최고 수준으로 제공한다. 이러한 점을 요약해 보면 복지국가는 시장에서의 가치, 지위나 계급의 차이에 관계없이 모든 국민에게 최소한의 수입을 보장하고 제반 사회적 위험으로부터 국민들의 삶의 안전을 보장하는 국가로 그 개념을 정의할 수 있다.

2) 복지국가와 가족정책의 관계

복지국가를 국민들의 복지 향상을 가장 중요한 책임과 의무로 삼는 국가로 정의할 때 가족은 복지국가 정책에 따른 서비스 수혜의 가장 중요한 대상이라고 할 수 있다. 그 이유는 가족단위는 구성원 개개인의 보호를 위한 최소 단위인 동시에 복지국가가 제공하는 서비스의 통로이고, 복지국가가 지향하는 사회복지정책의 근간은 가족을 대상으로 설정하므로 복지국가에서 수립되는 복지정책이 가족정책과 밀접한 관련성을 지니기 때문이다(원영희 · 손화희, 2016).

복지국가와 가족정책과의 관계에 대해 복지의 책임 소재를 분석한 대표적 학자로 에스핑-앤더슨(Esping-Anderson, 1999)이 있다. 그는 가족중심의 책임을 강조하는 가족주의(familism)와 가족에 대한 사회적 책임을 강조하는 탈가족주의(de-familization)의 양축을 중심으로 서구국가들을 분석하였다. 또한, 국가와 시장경제, 그리고 가족 간의 관계에서 몇 가지 다른 유형을 발견하였다. 복지국가의 형태를 탈상품화(decommodification)[1] 정도에 따라 자유주의 복지체제(liberal

1) 탈상품화란 근로자가 자신의 노동력을 상품으로 내다 팔지 않고도 살 수 있는 정도를 나타내는 것이다. 자신이 노동시장에서 일을 할 수 없는 상황에 처했을 때 국가가 어느 정도 수준의 급여를 제공해 주는가의 정도를 나타내는 개념으로 탈상품화가 높을수록 복지 선진국을 의미한다. 즉, 자본주의 사회에서 노동력의 가치와 무관하게 제공되는 국가복지는 노동자 계급의 불안정한 시장 지위를 보완해 주는 강력한 노동력이 탈상품화 수단이 된다.

welfare state), 조합주의 복지체제(corporatist regime), 그리고 사회민주주의 복지체제(social democratic)로 분류하였다(김혜경 외, 2011).

(1) 자유주의 복지체제

자유주의 복지체제는 노동시장에서 적절한 소득을 획득하지 못하는 사람들을 대상으로 국민 최저 수준의 복지급여를 제공하고 자기부조와 시장경쟁을 강조하며, 소득조사에 의한 공적 부조(public assistance) 프로그램을 상대적으로 중시한다. 따라서 복지급여 대상을 저소득층에 초점을 맞추는 경향이 있으며, 자격기준 또한 매우 까다롭다. 이러한 체제에서는 전통적 가족의 기능과 역할이 강조되면서 가족이 복지의 일차적 책임을 진다. 가족의 책임기능에 문제가 발생하였을 때 국가의 개입이 이루어지며, 그것도 최소한의 개입에 그치고자 한다. 이러한 형태의 대표적 국가로는 미국, 캐나다, 호주 등이 있다.

(2) 조합(보수)주의 복지체제

조합주의 복지체제는 시장의 효율성이나 노동의 상품성은 큰 관심사가 아니며, 사회권 여부도 논의 대상이 아니다. 가장 중요한 것은 복지 대상자를 공직자, 사무직 그리고 노동자와 같은 직업 범주에 따라 구분하여 계층 차이를 얼마나 잘 유지하는가의 문제에 둔다. 개인의 자유와 권리보다 전통적인 공동체를 강조하며, 국가는 직무경력 경험을 위해 교육과 직업훈련을 적극적으로 지원한다. 소득보장은 주로 사회보험을 통해 이루어지며, 소득보장 수준은 국민 최저 이상이 된다. 조합주의 복지체제에서는 국가가 주된 사회복지 제공자의 역할을 도맡아 하므로 민간 주도하에 복지가 상대적으로 덜 강조된다. 사적 보험이나 직업상의 혜택은 복지의 역할을 담당하지 못하며, 계층 차이를 강조하는 국가의 정책으로 인하여 부의 재분배 효과는 그리 크지 못하다. 대표적 국가로는 오스트리아, 프랑스, 독일 등 유럽 대륙의 국가와 일본이 해당된다.

(3) 사회민주주의 복지체제

사회민주주의 복지체제에서는 전통적인 불평등 시장이 초래한 불평등의 감소를 위해 국가가 적극적으로 노력하고 사회적 평등과 전 국가적인 사회 연대성의 제고를 위해 국가가 적극적으로 개입하는 형태의 복지체제를 말한다.

이런 복지체제의 국가는 조세, 임금격차 축소정책, 각종 복지급여, 적극적인 노동시장 정책 등 각종 국가정책을 통해 소득의 평등이 확대되고 모든 시민이 평균적인 생활수준을 향유하도록 하며, 최소한의 욕구 평등성보다는 최고 수준의 평등성을 추구한다.

이러한 체제에서는 가족의 기능에 보완하는 정책이 아니라 가족의 역할을 적극적으로 공유하고 가족기능의 사회화에 국가가 앞장선다. 그리하여 국가는 가족복지정책을 통하여 사회구성원에게 사적 생활을 영위해 나가는 데 불편함이 없도록 가족 관련 문제를 직접적으로 해결해 나가는 책임을 다하고 있다. 이러한 형태의 대표적 국가로는 북유럽의 덴마크, 스웨덴, 노르웨이, 핀란드 등에서 볼 수 있다.

이상에서 에스핑-앤더슨(Esping-Anderson, 1999)이 제시한 복지국가의 체제와 가족정책과 관련성을 정리하면 〈표 3-1〉과 같다.

〈표 3-1〉 에스핑-앤더슨의 복지국가와 가족정책의 연관성

복지국가 체제	가족복지 형태	국가의 역할과 개입	대표적 국가
자유주의	가족주의	국가 개입 최소화, 가족 스스로 책임과 전통적 가족기능 강조	미국, 캐나다, 호주
조합주의	이원적 가족주의	국가가 상당 부분 개입하나 가족이 보호와 양육기능의 책임 주체로 역할 강화	오스트리아, 프랑스, 독일, 네덜란드
사회민주주의	탈가족주의	국가가 가족에게 부양과 양육의 책임을 전가하지 않음	덴마크, 스웨덴, 노르웨이, 핀란드

출처: Esping-Anderson(1999).

이상에서 살펴본 바와 같이 가족정책과 가족복지정책은 혼용하여 사용되는 측면이 있지만 추구하는 방향과 내포하고 있는 내용은 차이가 있다. 즉, 가족정책은 국가가 가족단위의 구성원을 위한 포괄적이고 미래지향적인 측면에서 제시하는 제도나 방침을 의미하는 것으로 추구하는 방향이 거시적인 측면에 초점을 맞춘다. 하지만 가족복지정책은 미시적 측면에서 가족단위의 구성원에게 직접적으로 영향을 미치는 구체적이고 실제적인 정책이라는 점에 초점을 두고 있다. 따라서 여기에서는 국가가 의도적인 방향으로 변화를 가져오려는 가족정책보다는 국가가 가족구성원을 지원하거나 가족단위의 발전을 위해 시행하는 구체적인 정책이란 측면에서 가족복지정책의 개념을 도입하고자 한다.

2. 가족복지정책의 개념

가족복지와 관련된 정책은 가족정책과 가족복지정책으로 구분할 수 있는데 이들 개념은 학자들 간 명확한 합의가 이루어지지 않은 체 혼용하여 사용되고 있다. 그럼에도 불구하고 각각의 개념에는 차이가 있다. 가족정책이 국가가 가족의 기능이나 역할에 의도적으로 영향을 미침으로써 원하는 방향의 변화를 가져오려는 체계적 개입 계획이라면, 가족복지정책은 가족의 복지를 실천하기 위해 국가가 가족을 위해 행하는 정책이라는 측면에서 구분된다고 볼 수 있다(원영희 · 손화희, 2016). 즉, 가족복지정책이란 가족의 복리 증진을 위해 하나의 단위로서의 가족 또는 가족구성원 각각의 욕구를 충족시키기 위한 국가의 정책이라 정의할 수 있다.

가족복지정책의 개념과 관련하여 학자들의 정의를 살펴보면 다음과 같다. 먼저 캐머먼과 칸(Kamerman & Kahn, 1978)은 가족복지정책이란 정부가 가족에 대해서 그리고 가족을 위해 행하는 모든 활동이라고 정의하면서 명시성 측면에서 세 가지 차원으로 구분하였다. 가족을 대상으로 하고 있음을 명시하는 정책으로 보육정책, 아동복지정책 등이 있고 가족을 암묵적으로 대상으로 하는 정책으로는 조세정책, 연금정책, 주택정책 등이 있으며, 가족에게 간접적으로 영향을 미치는 정책으로 이민정책 등을 제시하였다.

고티에(Gauthier, 1996)는 가족정책을 협의와 광의의 정책으로 나누어 정의하였는데 협의의 가족정책으로는 가족의 소득 유지, 모성보호, 아동보호, 노인보호 등을 포함하였고, 광의의 가족정책으로는 가족법, 각종 사회복지서비스, 기타 공공정책 등을 포함하여 정의하였다. 또한, 저출산 및 인구고령화, 여성의 노동시장 참여확대 등 인구사회학적 변화에 대해 국가의 개입이 가족복지정책을 통해 이루어진다고 하면서 가족복지정책의 모델을 〈표 3-2〉와 같이 네 가지로 제시하였다.

〈표 3-2〉 고티에의 가족정책 모델

유형별	정책적 관심	국가의 개입	정책 특징	해당국가
가족친화적이거나 비개입주의적 모델	전통적 가족 유지	최소한의 정부 개입	• 고용주의 부담을 최소화하기 위해 낮은 수준의 모성휴가, 아동보육서비스 등 낮은 수준 • 급여의 책임은 국가가 아닌 사적 기업주/민간의 역할	미국, 영국
전통주의 모델	전통적 남성부양 가족제도의 유지	국가의 가족지원 개입은 중간 정도	• 취업모 세제 지원, 휴가급여, 보육정책 미진 • 전통적 가족유형 지지	독일
가족친화적 출산장려주의 모델	저출산	출산장려 가족지원은 국가의 책임	• 자녀수당, 셋 이상 자녀에 대한 현금지원, 모성휴가, 보육시설 지원 • 낙태 관대	프랑스
양성평등주의적 모델	남녀 간의 평등증진	취업모에 대한 국가의 공적 지원	• 전통적 가족유형보다 평등한 성역할 모델 추구 • 아버지의 양육활동 참여 조장, 부성휴가, 자녀간병휴가, 아동수당	덴마크, 스웨덴

출처: 원영희 · 손화희(2016). 가족복지론.

3. 가족복지정책의 대상

가족복지정책의 대상은 기본적으로 가족이 된다. 가족복지가 기존의 다른 복지 분야와 다른 점은 가족 전체에 초점을 두어 서비스된다는 것이다. 다른 분야의 복지는 장애인, 노인, 아동, 청소년, 여성 등은 각각 개인이 복지 대상이 되어 서비스를 제공받지만 가족복지는 가족에 초점을 두고 가족구성원이라는 사실에 근거하여 복지를 제공하는 점에서 차이가 있다. 그러므로 가족복지의 대상은 전체로서의 가족에 접근이 요구되며, 또한 가족복지의 대상은 국가와 가족의 입장에서 본 가족의 문제와 가족의 욕구라고 할 수 있다.

구체적으로 가족복지의 대상은 가족복지가 이루어지는 과정에서 국가의 정책이나 제도 그리고 행정조직에 따라 그 대상이 규정된다. 가족복지의 대상은 일반적으로 가족의 구조, 가족의 기능, 가족의 생활주기에 따라 구체적으로 세 가지 기준으로 분류할 수 있다.

1) 가족구조상의 특성에 따른 대상

가족구조상의 특성에 따라 가족복지의 대상을 규정하는 것으로 맞벌이가족, 미혼모가족, 이혼 및 재혼가족, 소년소녀가장 가족, 노인가족, 기러기가족, 다문화가족 등 가족의 구조상의 다양화를 고려하여 각 가족이 지닌 특성에 따라 복지 개입을 달리하는 경우가 해당된다.

2) 가족기능상의 문제에 따른 대상

가족기능상의 문제에 따른 대상은 알코올중독, 학대, 청소년비행, 소득상실 등 가족이 병리적 또는 경제적 측면 등에서 가족기능상의 결손을 경험하는 가족과 장애로 인한 심리적 · 의료적 문제를 겪고 있는 가족이 그 대상이 된다.

3) 가족 생활주기에 따라 발생하게 되는 다양한 욕구에 따른 대상

가족 생활주기에 따라 발생하는 다양한 욕구에 따른 대상은 가족 생활주기상 가족 전체가 당면하는 복지욕구에 따라 개입하는 경우로 가족의 주기에 따라 다양한 변화와 문제 또는 위기를 경험하게 된다. 예를 들면, 부부만의 시기, 자녀출산과 양육기, 자녀학령기, 자녀청소년기, 자녀독립기, 부모의 중년기와 노년기 등 가족 생활주기에 따라 가족구성원 개개인은 물론 가족 자체가 당면하게 되는 복지욕구는 다양하며, 이에 따라 복지 개입을 달리하는 경우가 대상이 된다.

4. 가족복지정책의 내용

가족복지정책의 내용은 일반적으로 정책의 주체, 범주 그리고 유형 등의 세 가지로 분류하지만, 우리나라의 경우 가족복지정책의 흐름이 보편적인 가족복지 측면보다는 요보호 가정에 대해 사후적으로 개입하는 데 치중하여 가족정책의 내용을 구분하고 체계화를 하기에는 일관성이 부족하다는 부분이 제기되고 있다. 주무부처도 일반가정 또는 정상적인 가정은 여성가족부, 기초수급가정이나 다문화가정 등은 보건복지부로 이원화되어 있어 통합적인 가족정책의 시행이나 일관된 서비스 제공에서 혼란스러운 부분이 있다. 아래에서는 여성가족부가 제시하는 가족정책의 비전과 핵심과제를 살펴보고 우리나라 가족정책의 핵심역할을 하는 「건강가정기본법」상에서 제시하는 건강가정기본계획을 알아본다.

1) 가족정책의 비전과 핵심과제

먼저 여성가족부가 제시하는 가족정책의 비전과 핵심과제를 살펴보면 [그림 3-1]과 같다.

정책목표	여성 · 가족 · 청소년이 함께 만드는 성평등한 민주사회

일터와 삶터에서의 성차별 해소	여성폭력 예방 및 대응력 강화	다양한 가족의 삶의 질 향상	청소년 역량강화와 균형 있는 성장
실천과제			
1. 양성평등 정책 추진체계 개편 및 실행력 강화 2. 소통과 거버넌스로 양성평등문화 확산 3. 혁신성장을 위한 여성 일자리 창출 4. 성별 임금격차 해소 등 성차별 고용환경 개선 5. 공공 · 민간 · 지역에서의 여성의사결정 권한 강화	1. 신속하고 강력한 여성폭력 대응체계 마련 2. 여성폭력 피해자 중심의 지원서비스 내실화 3. 예방교육 실효성 제고 및 홍보 강화 4. 아동 · 청소년 대상 성범죄 예방 및 대응 강화 5. 일본군 '위안부' 피해자 명예와 존엄 회복 및 생활안정 지원	1. 가족역량 강화를 위한 기반 조성 2. 지역사회 중심 돌봄공동체 활성화 3. 아이돌봄 서비스 확대로 육아의 국가책임성 강화 4. 다양한 가족의 안정적 양육 및 자립지원 확대 5. 다문화가족 인권 보호 및 참여확대	1. 청소년 활동 및 성장지원 기반 혁신 2. 청소년의 진로찾기 지원 강화 3. 청소년 근로권익 보호를 위한 찾아가는 서비스 확대 4. 위기청소년을 위한 촘촘한 안전망 5. 청소년 민주시민 역량 제고와 지자체 청소년 정책 활성화

[그림 3-1] 가족정책의 비전 및 실천과제

출처: 보건복지부 홈페이지(www.mohw.go.kr).

가족복지정책의 대표법인 「건강가정기본법」은 2005년도에 시행되어 가족복지에 대해 독자적이고 포괄적인 정책의 틀이 마련되어 있다. 가족복지정책의 핵심이 되는 건강가정기본계획은 현재 3차까지 진행되고 있으며, 주요 내용을 정리해 보면 다음과 같다.

2) 건강가정기본법의 주요 내용

「건강가정기본법」 제1조의 목적에서 "이 법은 건강한 가정생활의 영위와 가족의 유지 및 발전을 위한 국민의 권리 · 의무와 국가 및 지방자치단체 등의 책임을 명백히 하고, 가정문제의 적절한 해결방안을 강구하며, 가족구성원의 복지증진에 이바지할 수 있는 지원정책을 강화함으로써 건강가정 구현에 기여하는 것을 목적으로 한다."라고 규정하고 있다. 또한, 「건강가정기본법」에 의한 건강가정사업을 살펴보면 〈표 3-3〉과 같다.

〈표 3-3〉 건강가정사업

사업유형	주요 내용
가정지원사업	• 가족구성원의 정신적 · 신체적 건강지원 • 소득보장 등 경제생활의 안정 • 안정된 주거생활 • 태아검진 및 출산 · 양육의 지원 • 직장과 가정의 양립 • 음란물 · 유흥가 · 폭력 등 위해환경으로부터의 보호 • 가정폭력으로부터의 보호 • 가정친화적 사회 분위기의 조성 • 그 밖에 건강한 가정의 기능을 강화 · 지원할 수 있는 관련 사항
가정생활문화사업	• 가족여가문화 • 양성평등한 가족문화 • 가족단위 자원봉사활동 • 건강한 의식주 생활문화 • 합리적인 소비문화 • 지역사회 공동체문화 • 그 밖에 건강가정의 생활문화와 관련된 사항
건강가정교육사업	• 결혼준비교육 • 부모교육 • 가족윤리교육 • 가족가치실현 및 가정생활관련 교육 등
자원봉사활동 지원	• 자원봉사활동사업을 육성하고 장려

「건강가정기본법」 제15조에 의해 여성가족부장관은 관계 중앙행정기관의 장과 협의하여 건강가정기본계획(이하 '기본계획'이라 한다)을 5년마다 수립하여야 하는데 기본계획에 포함되어야 하는 사항은 다음과 같다.

- 가족기능의 강화 및 가정의 잠재력 개발을 통한 가정의 자립 증진 대책
- 사회통합과 문화계승을 위한 가족공동체문화의 조성
- 다양한 가족의 욕구충족을 통한 건강가정 구현
- 민주적인 가족관계와 양성평등적인 역할분담
- 가정친화적인 사회환경의 조성
- 가족의 양육 · 부양 등의 부담 완화와 가족해체 예방을 통한 사회비용 절감
- 위기가족에 대한 긴급 지원책
- 가족의 건강증진을 통한 건강사회 구현
- 가족지원정책의 추진과 관련한 재정조달 방안
- 1인 가구의 복지증진을 위한 대책

3) 제3차 기본계획 주요 내용

「건강가정기본법」 제15조에 의해 수립된 제3차 건강가정기본계획(2016~2020)의 주요 내용은 다음과 같다.[2)]

(1) 기본계획의 수립방향

첫째로 생애주기별 · 가족유형별 수요에 따른 맞춤형 가족정책 강화를 위해 보편적 가족서비스로서의 가족교육 · 상담 여가활동 등을 지원하고 가족규모의 축소, 맞벌이가족, 한부모가족 증가 등 가족형태의 다양화에 따라 유형별 가족에 맞춘 정책 및 서비스 지원을 강화한다.

---

2) 보건복지부 제공 제3차 건강가정기본계획(2016~2020) 자료를 발췌 · 요약한 내용임

둘째로 정부–가족–지역사회 연계를 통한 돌봄지원 강화를 위해 자녀돌봄과 노인돌봄에 대한 사회적 책임 강조와 동시에 가족 및 지역사회의 돌봄책임의 분담과 연계를 강조함으로써 다양한 돌봄 수요에 따른 지원방식의 다양화를 추구한다. 특히, 지역사회를 기반으로 한 돌봄 공동체 및 돌봄 인프라를 확충하여 이웃 간 돌봄을 활성화하고 지역사회 중심의 자녀양육 및 친화환경을 조성한다.

셋째로 남성과 기업의 참여를 기반으로 일 · 가정 양립실천 강화를 위해 배우자 출산휴가와 남성 육아휴직 활성화 그리고 남성 대상 맞춤형 교육 등을 통하여 남성의 일 · 가정 양립지원을 강화하고, 가족 친화 인증제도 내실화 및 일 · 가정 양립 홍보 등을 통하여 기업에서 자발적으로 일 · 가정 양립 문화를 실천하도록 유도한다.

넷째로 가족정책 환경 변화에 대응한 추진체계 강화를 위해 가족구조 및 정책 환경 변화를 반영하고 미래 가족의 변화를 예측하여 가족정책의 패러다임 전환 및 중장기 발전과제를 발굴 · 추진하고 가족지원서비스 전달체계의 접근성과 기능 재정비 등으로 보편적 가족정책 전달체계로서 위상을 강화하여 효율적인 가족정책 · 서비스를 추진한다.

(2) 제3차 기본계획 비전 및 목표

정책목표	모든 가족이 함께 행복한 사회 구현
정책비전	▶ 다양한 가족의 삶의 질 향상 ▶ 남녀 모두 일 · 가정 양립 실현

정책과제	
1. 가족관계 증진을 위한 서비스 기반 조성	1-1. 맞춤형 가족교육 지원 1-2. 가족상담 활성화 1-3. 가족여가활동 확대
2. 가족유형별 맞춤형 서비스 지원 강화	2-1. 맞벌이 가족지원 2-2. 한부모가족 지원 2-3. 다문화가족 지원 2-4. 취약 · 위기가족 지원
3. 정부-가족-지역사회 연계를 통한 돌봄지원 강화	3-1. 아이 키우기 좋은 여건 조성 3-2. 돌봄 부담해소를 위한 지역사회 조성 3-3. 가족돌봄 여건 조성
4. 남성과 여성, 기업이 함께하는 일 · 가정 양립실천	4-1. 일 · 가정 양립 제도 정착 4-2. 남성의 일 · 가정 양립지원 강화 4-3. 기업의 일 · 가정 양립실천 촉진
5. 생애주기별 출산친화적 사회문화 조성	5-1. 고비용 결혼문화 개선 5-2. 임산부 배려문화 조성 5-3. 행복한 육아문화 확산 5-4. 양성평등 가족문화 조성
6. 가족환경 변화에 대응한 정책 추진체계 강화	6-1. 가족정책 법 · 제도 정비 6-2. 가족정책 전달체계 강화 6-3. 새로운 가족환경 변화에 선제적 대응

[그림 3-2] 가족복지정책 수행과제

출처: 여성가족부. 제3차 건강가정기본계획.

(3) 제3차 기본계획의 특징

제3차 건강가정기본계획의 주요 특징으로는 가족관계 증진을 위한 서비스 기반조성을 위한 정책과제 신설을 통하여 보편적 가족서비스를 주요 정책과제로 부각하였으며, 일 · 가정 양립을 여성만의 문제가 아닌 남성과 기업 모두가 함께 실천해야 한다는 점을 강조하여 정책과제를 발굴하였다. 또한, 맞벌이 가족지원, 남성의 일 · 가정 양립지원 강화, 임산부 보호 등 새로운 정책 수요가 증가하고 있는 분야의 단위과제를 신설하고 작은 결혼문화, 임산부 배려문화, 소비주의적 육아문화 개선 등 생애주기별 출산친화적인 사회문화 조성을 강조하는 특징이 있다.

생 · 각 · 해 · 보 · 기

- 가족복지정책의 주무부처인 여성가족부의 주요 업무에 대해 조사해 봅시다.
- 건강가정지원센터의 역할에 대해 살펴보고 가족복지와 관련된 제도를 조사해 봅시다.

C·H·A·P·T·E·R **04**

가족복지정책의 실제

학습목표

1. 노동권 보장정책을 이해하고 보육정책에 대해 설명할 수 있다.
2. 부모권 보장정책과 일 · 가족양립정책에 대해 설명할 수 있다.
3. 노인돌봄 관련 정책 중 노인장기요양보험제도에 대해 알 수 있다.
4. 가족정책의 전달체계에 대해 설명할 수 있다.

가족복지정책은 가족의 복지를 실천하기 위해 국가가 가족을 위해 행하는 정책이다. 가족의 복리 증진과 가족 또는 각각의 가족구성원의 욕구를 충족시키기 위해 우리나라는 노동권을 보장하는 정책과 부모의 권리를 보장하는 정책을 시행하고 있다.

1. 노동권 보장정책

노동권은 임금노동을 수행할 수 있는 권리이다. 2004년에 제정된 「영유아보육법」은 '보호자의 경제적 · 사회적 활동을 원활하게 함'으로써 노동권을 보장함과 동시에 '영유아의 보호와 건전한 교육을 통하여 건강한 사회구성원으로 육성하는' 것을 목적으로 하며, 전 국민이 참여하도록 법제화하였다. 노동권 보장을 위한 정책으로는 보육정책과 방과후 보육정책이 있다.

1) 보육정책

(1) 보육정책의 발전과정

우리나라의 보육정책은 1921년 저소득층 자녀 위주의 탁아사업(1921)으로 시작되었다고 볼 수 있다. 보육이란 영유아를 건강하고 안전하게 보호 · 양육하고 영유아의 발달특성에 맞는 교육을 제공하는 어린이집 및 가정양육지원에 관한 사회복지서비스를 말한다.

가정에서 정상적인 양육을 받기 어려운 경우에 하루 중의 일정한 시간동안 타인에 의해 주어지는 보호를 목적으로 한 제도인데 초기엔 주로 영세민이나 보호능력이 없는 시민의 자녀보호에 중점을 둔 자선적 의미로 사용되었다. 1961년 「영유아복리법」이 제정되고, 1982년에는 「유아교육진흥법」이 제정되고 새마을유아원 운영이 운영되었다. 「남녀고용평등법」에 따라 직장 탁아제가 도입(1987)되었고, 1991년에는 「영유아보육법」을 제정, '탁아'에서 '보육'으로 개념이 전환되었다.

보육정책은 영유아를 보호, 교육받을 권리와 어머니들의 일할 권리를 보장해 주기 위한 것으로 전문적인 사회복지서비스로서 보호와 교육을 통합한 개념으로 보고 있다. 영유아가 속한 가정의 사회계층과 어머니의 취업 여부를 떠나 모든 아이가 풍부한 인간관계 속에서 심리적으로 건강하게 자라나도록 지원해 주는 것이며, 이를 위한 책임이 개인뿐만 아니라 사회적 · 국가적 책임이라는 차원에서 다루어지고 있다.

여성의 사회진출 증가에 대응한 보육서비스 공급에 중점을 두고 여성가족부는 「영유아보육법」을 근거로 2006년에는 여성가족부에서 수립한 '제1차 중장기보육계획'(2006~2008)인 '새싹플랜'을 발표하여 보육료 지원제도인 기본보조금제도와 민간보육시설 확대, 영아전담시설 지원, 취업부모의 일 · 가족 양립지원정책 그리고 시간연장보육, 시간제보육, 야간보육, 농어촌보육서비스와 같은 수요자 요구에 따른 보육서비스 제공 등 영유아보육을 위한 다양한 정책을 실시해 오고 있다.

한편, 보건복지부와 관련 부처에서는 '저출산 · 고령사회기본계획'인 '새로마지플랜 2010'을 발표하여 출산과 양육에 유리한 환경 조성이라는 정책과제를 제시하여 일 · 가정 양립을 위한 사회시스템 구축의 일환으로 육아휴직제도의 활성화와 휴직급여 인상, 국공립 보육시설의 확충 등 구체적 정책을 추진하여 실시하고 있다.

2018년부터 제3차 중장기보육기본계획(2018~2022)이 발표되고 보육의 공공성 강화, 효과적 보육서비스 제공을 위한 보육체계 개편, 보육서비스의 품질 향상, 부모양육지원 확대에 중점을 두고 있다.

「영유아보육법」이 개정되면서 2019년 9월부터 500세대 이상 아파트 단지에는 국공립어린이집 설치가 의무화되었다. 이와 함께 보육정책 개선 방향은 보육서비스의 질적 수준 향상을 위해 자율신청에 따른 '평가인증제'에서 모든 어린이집에 대한 '평가의무제'로 바뀌었다. 비용 역시 국가에서 전액 부담할 예정으로, 만약 평가를 받은 어린이집이 아동학대, 부정수급 등 법 위반 행위가 적발될 경우 평가등급이 최하위로 조정된다. 부모와 보호자가 좀 더 안심하고 어린이집에 보낼 수 있도록 보육정책은 계속 바뀌고 있다.

그간 변해 온 보육정책의 내용은 다음과 같다.[1)]

- 저소득층 자녀 위주의 탁아사업(1921)
- 「유아교육진흥법」 제정, 새마을유아원 운영(1982)
- 「남녀고용평등법」에 따라 직장 탁아제 도입(1987)
- 「영유아보육법」을 제정, '탁아'에서 '보육'으로 전환(1991)
- 제1차 중장기보육기본계획 '새싹플랜'(2006~2008, 여성가족부): 여성의 사회진출 증가에 대응한 보육서비스 공급 중점
- 제1차 중장기보육기본계획을 보완한 '아이사랑플랜'(2009~2012, 보건복지부): 국가책임 강화, 보육서비스를 '영유아' 중심으로 설정
- 제2차 중장기보육기본계획(2013~2017): 무상보육 도입과 수요자 맞춤 지원 중점
- 보육료 · 양육수당 전 계층 지원 실시(2013)
- 3~5세 공통의 보육 · 교육과정인 '누리과정' 도입(2013)
- 입소대기시스템(전산화) 도입(2014)
- 모든 어린이집에 CCTV 설치(2015)
- 임신 · 출산 · 육아 관련 웹사이트 통합, '아이사랑' 포털(2015)
- '맞춤형 보육' 도입 · 시행(2016)
- 제3차 중장기보육기본계획(2018~2022): 보육의 공공성 강화, 효과적 보육서비스 제공을 위한 보육체계 개편, 보육서비스의 품질 향상, 부모양육지원 확대

1) http://www.mohw.go.kr/react/policy/ 보건복지부 보육정책 참조함

(2) 보육정책의 내용

❶ 맞춤형 보육

만 0~2세 대상으로 아이와 부모의 필요에 따라 다양한 보육서비스 요구 상황에 맞게 지원을 다양화하고자 2016년 7월부터 시행하고 있다. 맞벌이 가정 등 장시간 어린이집 이용이 필요한 가구에게 필요한 만큼 충분한 보육서비스를 제공하여 일 · 가정 양립을 지원할 수 있는 제도이다.

기본 맞춤반 운영시간은 오전 9시~오후 3시(6시간)이나, 지역별 · 어린이집별 사정에 따라 어린이집과 부모가 협의하여 일 6시간 서비스 제공을 준수하면서 9~15시 전후 1시간 범위 내에서 탄력적으로 조정할 수 있다.

❷ 누리과정

만 3~5세 유아에 대한 유아 공통과정(누리과정)을 도입하였는데 유아의 심신 건강과 조화로운 발달을 도와 민주시민의 기초를 형성하는 것을 목적으로 하고 있다. 교육과정은 질서, 배려, 협력 등 기본생활습관과 바른 인성을 기르고 자율성과 창의성을 기르는 데 중점을 두고 전인발달을 이루도록 구성하였다. 또한, 사람과 자연을 존중하고, 우리 문화를 이해하는 데 중점을 두도록 하였다. 만 3~5세 유아의 발달특성을 고려하여 연령별로 초등학교 교육과정과 0~2세 표준보육과정의 연계성을 고려하였다. '3~5세 연령별 누리과정'은 신체운동 · 건강, 의사소통, 사회관계, 예술경험, 자연탐구의 5개 영역을 중심으로 구성하였다. 2012년 3월부터 모든 만 5세를 대상으로 어린이집 보육료와 유치원 교육비를 지원하고 있으며, 2013년 3월부터 그 대상을 만 3~4세까지 확대하여 실시하고 있다.

2) 방과후 보육정책[2)]

방과후 보육은 기본적으로 여성의 경제 참여에 따른 여성 노동권 보장을 위한 아동보육환경의 필요와 저소득 소외계층의 교육격차 해소라는 두 가지 목적이 공존하여 영유아를 위한 '초등돌봄교실', '방과후학교', '방과후학교 연계형 돌봄교실', '지역아동센터', '청소년 방과 후 아카데미' 등이 진행되고 있다.

현재 보육시설에 대한 지원의 일환으로 방과 후 보육서비스 확대, 보육시간 연장, 휴일이나 공휴일 보육 지원, 영유아 및 장애아 전담이나 장애아통합보육시설 등의 지원을 확대하고 있다. 위스타트(We Start)와 드림스타트(Dream Start)를 통해 국민기초생활보장수급자 및 차상위계층을 대상으로 방과후 보육을 확대하고 있으며, 아이돌보미 파견을 통해 가정 내 보육정책을 지원하고 있다.

(1) 초등돌봄교실 추진배경

핵가족화 심화, 여성 경제활동 인구 증가 등 양육환경이 변화함에 따라 돌봄에 대한 사회적 요구도 점차 증가하였다. 영유아 보육 지원에 비해 초등학생 대상 돌봄 지원은 상대적으로 부족하여 방과후 · 방학중 돌봄 사각지대가 발생하였고 학교와 지역사회 간의 유기적 협력과 연계를 통해 촘촘한 돌봄 서비스 제공의 필요성이 대두되었다.

초등돌봄교실의 개념

'초등돌봄교실'(이하 '돌봄교실')이란 별도 시설(전용 또는 겸용교실 등)이 갖추어진 공간에서 돌봄이 필요한 학생들을 대상으로 정규수업 이외에 이루어지는 돌봄활동을 말한다.

---

2) https://www.afterschool.go.kr/info/infomation.do 교육부, 시도교육청, 한국교육개발원이 함께하는 방과후 포털시스템을 참조함

(2) 방과후학교

학생과 학부모의 요구와 선택을 반영하여 수익자 부담 또는 재정 지원으로 이루어지는 정규수업 이외의 교육 및 돌봄 활동으로, 학교 계획에 따라 일정한 기간 동안 지속적으로 운영하는 학교교육활동이다.

학교는 학생과 학부모의 요구를 바탕으로 방과후학교 또는 방학중 프로그램을 개설할 수 있으며, 학생들의 자발적인 참여를 원칙으로 한다.[3]

편성 및 운영 원칙은 다음과 같다.

- 학교의 장이 학교 여건과 학생 · 학부모의 요구를 고려하여, 학교운영위원회의 심의(자문)를 거쳐 자율적으로 운영
- 방과후학교 프로그램은 학생과 학부모의 선택에 의한 자율적 참여를 기반으로 운영
- 단위학교는 방과후학교 연간운영계획을 수립하여 학교교육계획에 반영하며, 학년 초 정규수업 시작과 동시에 방과후학교를 운영할 수 있도록 함
- 학교의 장이 학교 여건과 학생 · 학부모의 선택에 의한 자율적 참여를 기반으로 운영
- 방과후학교 프로그램은 학생 · 학부모의 선택에 의한 자율적 참여를 기반으로 운영
- 단위학교는 방과후학교 연간운영계획을 수립하여 학교교육계획에 반영하며, 학년 초 정규수업 시작과 동시에 방과후학교를 운영할 수 있도록 함

(3) 방과후학교 연계형 돌봄교실의 개념

'방과후학교 연계형 돌봄교실'이란 방과 후 돌봄이 필요한 맞벌이 · 저소득층 · 한부모가정 등의 학생 중 방과후학교 프로그램에 참여하면서, 오후돌봄교실을

3) 초 · 중등교육과정 총론, 교육부 고시 제2013-7호, 제2015-74호

이용하지 않는 학생 등을 대상으로 별도의 공간에서 이루어지는 돌봄활동을 말한다.

- 오후돌봄
  - 1~2학년에서 전 학년으로 점차 확대하고, 기 구축된 돌봄교실에서 맞벌이 · 저소득층 · 한부모가정 등의 돌봄이 꼭 필요한 학생을 대상으로 한다. 다만, 시 · 도 및 학교 여건에 따라 담임 등이 추천한 학생(예: 일시적 실직, 일시적 경력단절 등으로 구직 중인 가정의 자녀 등)도 포함한다.
  - 저학년 학생을 우선으로 수용하고, 추가 수용이 가능한 경우 학교 여건에 따라 우선순위(예: 맞벌이 · 저소득층 · 한부모가정 등의 자녀 중 '18년 오후돌봄 참여학생, 저학년 우선, 저녁돌봄 참여 여부, 방과후학교 참여 여부 등)를 정해 수용한다.
- 방과후학교 연계형 돌봄교실은 별도의 공간에서 방과후에 돌봄이 필요한 맞벌이 · 저소득층 · 한부모가정 등의 학생 중 방과후학교 프로그램에 참여하면서, 오후돌봄교실을 이용하지 않는 학생을 대상으로 한다.
- 저녁돌봄교실은 오후돌봄교실에 참여한 맞벌이 · 저소득층 · 한부모가정 등의 추가 돌봄이 필요한 학생을 대상으로 한다.
- 단위학교는 학교의 여건에 따라 대상자를 확대 · 운영할 수 있다.

(4) 지역아동센터[4)]

지역아동센터는 방과 후 돌봄이 필요한 지역사회 아동의 건전육성을 위하여 보호 · 교육하고 건전한 놀이와 오락의 제공, 보호자와 지역사회의 연계 등 종합적인 복지 및 서비스를 제공하고자 마련한 제도이다. 2004년부터 시작하였는데 「아동복지법」을 개정하여 '지역아동센터(구: 공부방)'를 아동복지시설로 법제화하였

4) 보건복지부 2019지역아동센터 지원사업안내서 참고함

고, 총 895개소 시설에 23,347명의 아동서비스를 지원하였다.

지역아동센터는 「아동복지법」 제50조에 따라 설치 · 신고된 지역아동센터로서 24개월 이상 운영시설 중 진입평가의 결과를 반영하여 선정하고 있다.

지원내역으로는 아동보호(안전한 보호, 급식 등), 교육 기능(일상생활 지도, 학습능력 제고 등), 정서적 지원(상담 · 가족지원), 문화서비스(체험활동, 공연) 등으로 지역사회 내 아동돌봄에 대한 사전 예방적 기능 및 사후 연계 활동을 제공 및 지원하고 있다.

(5) 청소년 방과 후 아카데미

청소년 방과 후 아카데미는 「청소년 기본법」 제48조의 2(청소년 방과 후 활동의 지원)에 의거하여 방과 후 돌봄이 필요한 청소년에게 체험활동, 학습지원, 급식 · 상담 등 종합서비스를 제공하고자 마련한 제도이다. 취약계층 청소년에게 활동 · 복지 · 보호 · 지도 등 다양한 지원을 통해 건강한 성장과 스스로 자립할 수 있는 역량을 배양하고 취약계층 청소년의 사교육비 절감 및 방과 후 비행 노출을 예방하고자 하였다.

지원대상은 방과 후 돌봄이 필요한 청소년(초 4~중 3)이며, 우선지원대상은 저소득층(기준중위소득 69% 미만), 한부모, 조손, 다문화, 장애가정, 2자녀 이상 가정, 맞벌이 가정 등 방과 후 돌봄이 필요한 청소년을 우선적으로 하고 있다.

지원내용은 지역 여건 및 학부모의 수요를 고려한 체험활동, 기초학습, 급식, 상담, 부모교육 및 캠프 운영 등이며, 운영시간은 방과 후부터 저녁 9시까지이며, 일일 4시간 이상 연중 운영하고 있다. 주중에는 5~6일 운영(일요일, 공휴일 휴일 권장)하고 있으며, 주중활동은 1주 20시간 이상, 주말활동은 월 1회 5시간 이상(급식 포함)운영하고 있다. 지역 내 청소년수련관, 청소년문화의집, 종합사회복지관 등 공공시설에서 운영하고 있다.

2. 부모권 보장정책과 일 · 가족양립정책

부모권은 아동을 돌볼 수 있는 권리를 말한다. 가정에서 직접 자녀를 양육할 권리인 부모권을 희망하는 개인에게는 그러한 욕구도 충족시킬 수 있는 정책을 시행하고 있다. 일 · 가족양립정책이란 노동권(임금노동을 수행할 수 있는 권리)과 부모권(아동을 돌볼 수 있는 권리)이 노동하는 주체인 부 · 모의 관점에서 통합된 것을 의미한다. 경제활동 참가와 부모로서의 권리와 책임을 다할 수 있도록 돕고 있으며, 여성의 자녀출산과 관련된 문제, 육아양육의 문제 그리고 남성의 자녀돌봄을 위한 역할분담의 복합적 문제들을 정책적으로 지원하고 있다. 이와 관련된 법적 근거로는 「근로기준법」, 사회보장법 중 「고용보험법」과 「남녀고용평등과 일 · 가정 양립지원에 관한 법률」이 있다.

육아휴직, 출산전후휴가, 가족돌봄제도는 2002년 1월에 시행된 「근로복지법」과 2008년 6월에 시행된 「남녀고용평등과 일 · 가정 양립지원에 관한 법률」을 기반으로 하는 법령으로서 맞벌이가족과 한부모가족을 위한 정책이다. 「근로기준법」 제5장(제65~75조)의 내용과 「고용보험법」 제5장(제70~77조)에 육아휴직 급여 및 육아기 근로시간 단축 급여, 「남녀고용평등과 일 · 가정 양립지원에 관한 법률」 제3장(제18~22조)의 내용을 중심으로 여성의 육아휴직 및 출산전후휴가, 가족돌봄에 대해 명시되어 있다.

1) 부모권 보장정책과 근로기준법[5)]

다음은 「근로기준법」에 있는 임신 중이거나 출산 후 여성에 대한 권리보장에 관한 내용이다.

---

5) 「근로기준법」 제5장(제65~73조)

(1) 사용 금지

사용자는 임신 중이거나 산후 1년이 지나지 않은 여성인 '임산부'는 도덕상 또는 보건상 유해 · 위험한 사업에는 일하지 못하도록 하고 있다.

(2) 야간근로와 휴일근로의 제한

사용자는 18세 이상의 여성을 오후 10시부터 오전 6시까지의 시간 및 휴일에 근로 시키려면 근로자의 동의를 받아야 한다.

(3) 시간외근로

사용자는 산후 1년이 지나지 아니한 여성에 대하여는 단체협약이 있는 경우라도 1일에 2시간, 1주에 6시간, 1년에 150시간을 초과하는 시간외근로를 시키지 못한다.

(4) 갱내근로의 금지

사용자는 여성을 갱내(坑內)에서 근로시키지 못한다. 다만, 보건 · 의료, 보도 · 취재 등 대통령령으로 정하는 업무를 수행하기 위하여 일시적으로 필요한 경우에는 예외로 한다.

(5) 생리휴가

사용자는 여성 근로자가 청구하면 월 1일의 생리휴가를 주어야 한다.

(6) 태아검진 시간의 허용 등

① 사용자는 임신한 여성근로자가 임산부 정기건강진단을 받는 데 필요한 시간을 청구하는 경우 이를 허용해 주어야 한다.

② 사용자는 제1항에 따른 건강진단 시간을 이유로 그 근로자의 임금을 삭감해서는 안 된다.

(7) 육아 시간

생후 1년 미만의 유아(乳兒)를 가진 여성 근로자가 청구하면 1일 2회 각각 30분 이상의 유급 수유시간을 주어야 한다.

2) 육아휴직과 일 · 가족양립정책

다음은 「남녀고용평등과 일 · 가정 양립지원에 관한 법률」 제19조의 육아휴직과 「고용보험법」 제5장(제70~77조)에 있는 육아휴직 급여와 육아기 근로시간 단축 급여, 출산전후휴가 급여에 대한 내용이다.

(1) 육아휴직[6)]

① 사업주는 근로자가 만 8세 이하 또는 초등학교 2학년 이하의 자녀(입양한 자녀 포함)를 양육하기 위하여 휴직을 신청하는 경우에 이를 허용해야 한다.

② 육아휴직의 기간은 1년 이내로 한다.

③ 사업주는 육아휴직을 이유로 해고나 그 밖의 불리한 처우를 해서는 안 되며, 육아휴직 기간에는 그 근로자를 해고하지 못한다. 다만, 사업을 계속할 수 없는 경우에는 예외로 한다.

④ 사업주는 육아휴직을 마친 후에는 휴직 전과 같은 업무 또는 같은 수준의 임금을 지급하는 직무에 복귀시켜야 한다.

⑤ 기간제근로자 또는 파견근로자의 육아휴직 기간은 근로자파견기간에 산입하지 않는다.

(2) 육아휴직 급여

① 고용노동부장관은 육아휴직을 30일 이상 부여받은 피보험자 중 육아휴직을 시작한 날 이전에 피보험 단위기간이 180일 이상이면 육아휴직 급여를 지급

---

6) 「남녀고용평등과 일 · 가정 양립지원에 관한 법률」 제19조

한다.

② 육아휴직 급여를 지급받으려는 사람은 육아휴직을 시작한 날 이후 1개월부터 육아휴직이 끝난 날 이후 12개월 이내에 신청해야 한다.

③ 피보험자가 제2항에 따라 육아휴직 급여 지급신청을 하는 경우 육아휴직 기간 중에 이직하거나 고용노동부령으로 정하는 기준에 해당하는 취업을 한 사실이 있는 경우에는 해당 신청서에 그 사실을 기재해야 한다.

(3) 육아기 근로시간 단축[7)]

① 사업주는 근로자가 만 8세 이하 또는 초등학교 2학년 이하의 자녀를 양육하기 위하여 근로시간의 단축을 신청하는 경우에 이를 허용해야 한다. 다만, 대체인력 채용이 불가능한 경우, 정상적인 사업 운영에 중대한 지장을 초래하는 경우 등 대통령령으로 정하는 경우에는 예외로 한다.

② 사업주가 육아기 근로시간 단축을 허용하지 아니하는 경우에는 해당 근로자에게 그 사유를 서면으로 통보하고 육아휴직을 사용하게 하거나 출근 및 퇴근 시간 조정 등 다른 조치를 통하여 지원할 수 있는지를 해당 근로자와 협의해야 한다.

③ 사업주가 해당 근로자에게 육아기 근로시간 단축을 허용하는 경우 단축 후 근로시간은 주당 15시간 이상이어야 하고 35시간을 넘어서는 안 된다.

④ 육아기 근로시간 단축의 기간은 1년 이내로 한다.

⑤ 사업주는 육아기 근로시간 단축을 이유로 해당 근로자에게 해고나 그 밖의 불리한 처우를 해서는 안 된다.

⑥ 사업주는 근로자의 육아기 근로시간 단축기간이 끝난 후에 그 근로자를 육아기 근로시간 단축 전과 같은 업무 또는 같은 수준의 임금을 지급하는 직무에 복귀시켜야 한다.

7) 「남녀고용평등과 일 · 가정 양립지원에 관한 법률」 제19조의 2

(4) 육아휴직과 육아기 근로시간 단축의 사용형태

① 근로자는 육아휴직을 1회에 한정하여 나누어 사용할 수 있다.

② 근로자는 육아기 근로시간 단축을 나누어 사용할 수 있다. 이 경우 나누어 사용하는 1회의 기간은 3개월(근로계약기간의 만료로 3개월 이상 근로시간 단축을 사용할 수 없는 기간제근로자에 대해서는 남은 근로계약기간을 말한다) 이상이 되어야 한다.

3) 출산전후휴가와 모성보호

다음은「근로기준법」제5장 제74조 및「남녀고용평등과 일 · 가정 양립지원에 관한 법률」제3장에 있는 모성보호(제18~22조)에 대한 내용으로 출산전후휴가에 대한 살펴보고자 한다.

(1) 출산전후휴가와 임산부의 보호[8)]

① 사용자는 임신 중의 여성에게 출산 전과 출산 후를 통하여 90일(한 번에 둘 이상 자녀를 임신한 경우에는 120일)의 출산전후휴가를 주어야 한다. 이 경우 휴가 기간의 배정은 출산 후에 45일(한 번에 둘 이상 자녀를 임신한 경우에는 60일) 이상이 되어야 한다.

② 사용자는 임신 중인 여성 근로자가 유산의 경험 등 대통령령으로 정하는 사유로 제1항의 휴가를 청구하는 경우 출산 전 어느 때라도 휴가를 나누어 사용할 수 있도록 하여야 한다. 이 경우 출산 후의 휴가 기간은 연속하여 45일(한 번에 둘 이상 자녀를 임신한 경우에는 60일) 이상이 되어야 한다.

③ 사용자는 임신 중인 여성이 유산 또는 사산한 경우로서 그 근로자가 청구하면 대통령령으로 정하는 바에 따라 유산 · 사산 휴가를 주어야 한다. 다만,

8)「근로기준법」제5장 제74조

인공 임신중절 수술(「모자보건법」 제14조 제1항에 따른 경우는 제외한다)에 따른 유산의 경우는 예외로 한다.

④ 제1항부터 제3항까지의 규정에 따른 휴가 중 최초 60일(한 번에 둘 이상 자녀를 임신한 경우에는 75일)은 유급으로 한다. 다만, 「남녀고용평등과 일·가정 양립지원에 관한 법률」 제18조에 따라 출산전후휴가급여 등이 지급된 경우에는 그 금액의 한도에서 지급의 책임을 면한다.

⑤ 사용자는 임신 중의 여성 근로자에게 시간외근로를 하게 해서는 안 되고, 그 근로자의 요구가 있는 경우에는 쉬운 종류의 근로로 전환해야 한다.

⑥ 사업주는 제1항에 따른 출산전후휴가 종료 후에는 휴가 전과 동일한 업무 또는 동등한 수준의 임금을 지급하는 직무에 복귀시켜야 한다.

⑦ 사용자는 임신 후 12주 이내 또는 36주 이후에 있는 여성 근로자가 1일 2시간의 근로시간 단축을 신청하는 경우 이를 허용해야 한다. 다만, 1일 근로시간이 8시간 미만인 근로자에 대하여는 1일 근로시간이 6시간이 되도록 근로시간 단축을 허용할 수 있다.

⑧ 사용자는 제7항에 따른 근로시간 단축을 이유로 해당 근로자의 임금을 삭감해서는 안 된다.

(2) 출산전후휴가 등에 대한 지원

① 국가는 제18조의 2에 따른 배우자 출산휴가, 「근로기준법」 제74조에 따른 출산전후휴가 또는 유산·사산 휴가를 사용한 근로자 중 일정한 요건에 해당하는 자에게 그 휴가기간에 대하여 통상임금에 상당하는 금액을 지급할 수 있다.

② 제1항에 따라 지급된 출산전후휴가급여 등은 그 금액의 한도에서 제18조의 2 제1항 또는 「근로기준법」 제74조 제4항에 따라 사업주가 지급한 것으로 본다.

③ 출산전후휴가급여 등을 지급하기 위하여 필요한 비용은 국가재정이나 「사회보장기본법」에 따른 사회보험에서 분담할 수 있다.

④ 근로자가 출산전후휴가급여 등을 받으려는 경우 사업주는 관계 서류의 작성 · 확인 등 모든 절차에 적극 협력해야 한다.

(3) 배우자 출산휴가[9)]

① 사업주는 근로자가 배우자의 출산을 이유로 휴가를 청구하는 경우에 10일의 휴가를 주어야 한다. 이 경우 사용한 휴가기간은 유급으로 한다.

② 제1항 후단에도 불구하고 출산전후휴가 급여 등이 지급된 경우에는 그 금액의 한도에서 지급의 책임을 면한다.

③ 배우자 출산휴가는 근로자의 배우자가 출산한 날부터 90일이 지나면 청구할 수 없다.

④ 배우자 출산휴가는 1회에 한정하여 나누어 사용할 수 있다.[10)]

⑤ 사업주는 배우자 출산휴가를 이유로 근로자를 해고하거나 그 밖의 불리한 처우를 하여서는 안 된다.

(4) 출산전후휴가 급여 등

고용노동부장관은 출산전후휴가 또는 유산 · 사산휴가를 받은 경우와 배우자 출산휴가를 받은 경우에 요건을 모두 갖춘 경우 출산전후휴가 급여 등을 지급한다.

① 휴가가 끝난 날 이전에 피보험 단위기간이 통산하여 180일 이상일 것

② 휴가를 시작한 날[11)] 이후 1개월부터 휴가가 끝난 날 이후 12개월 이내에 신청할 것. 다만, 그 기간에 대통령령으로 정하는 사유로 출산전후휴가급여 등을 신청할 수 없었던 자는 그 사유가 끝난 후 30일 이내에 신청해야 한다.

---

9) 2019. 8. 27. 개정

10) 2019. 8. 27. 개정

11) 출산전후휴가 또는 유산 · 사산휴가를 받은 피보험자가 속한 사업장이 우선지원 대상기업이 아닌 경우에는 휴가 시작 후 60일(한 번에 둘 이상의 자녀를 임신한 경우에는 75일)이 지난 날로 본다.

(5) 난임치료휴가

① 사업주는 근로자가 인공수정 또는 체외수정 등 난임치료를 받기 위하여 휴가를 청구하는 경우에 연간 3일 이내의 휴가를 주어야 하며, 이 경우 최초 1일은 유급으로 한다. 다만, 근로자가 청구한 시기에 휴가를 주는 것이 정상적인 사업 운영에 중대한 지장을 초래하는 경우에는 근로자와 협의하여 그 시기를 변경할 수 있다.

② 사업주는 난임치료휴가를 이유로 해고, 징계 등 불리한 처우를 해서는 아니 된다.

4) 가족 돌봄과 일 · 가족양립정책

(1) 근로자의 가족 돌봄 등을 위한 지원[12)]

① 사업주는 근로자가 조부모, 부모, 배우자, 배우자의 부모, 자녀 또는 손자녀의 질병, 사고, 노령으로 인하여 그 가족을 돌보기 위한 휴직을 신청하는 경우 이를 허용하여야 한다. 다만, 대체인력 채용이 불가능한 경우, 정상적인 사업 운영에 중대한 지장을 초래하는 경우, 본인 외에도 조부모의 직계비속 또는 손자녀의 직계존속이 있는 경우 등 대통령령으로 정하는 경우에는 예외로 한다.

② 사업주는 근로자가 가족(조부모 또는 손자녀의 경우 근로자 본인 외에도 직계비속 또는 직계존속이 있는 등 대통령령으로 정하는 경우는 제외한다)의 질병, 사고, 노령 또는 자녀의 양육으로 인하여 긴급하게 그 가족을 돌보기 위한 휴가를 신청하는 경우 이를 허용해야 한다. 다만, 근로자가 청구한 시기에 가족돌봄휴가를 주는 것이 정상적인 사업 운영에 중대한 지장을 초래하는 경우에는 근로자와 협의하여 그 시기를 변경할 수 있다.[13)]

---

12) 「남녀고용평등과 일 · 가정 양립지원에 관한 법률」 제22조의 2

13) 2019. 8. 27. 신설

③ 사업주가 가족돌봄휴직을 허용하지 아니하는 경우에는 해당 근로자에게 그 사유를 서면으로 통보하고, 다음 각 호의 어느 하나에 해당하는 조치를 하도록 노력해야 한다.

1. 업무를 시작하고 마치는 시간 조정
2. 연장근로의 제한
3. 근로시간의 단축, 탄력적 운영 등 근로시간의 조정
4. 그 밖에 사업장 사정에 맞는 지원조치

④ 가족돌봄휴직 및 가족돌봄휴가의 사용기간과 분할횟수는 다음 각 호에 따른다.[14)]

1. 가족돌봄휴직 기간은 연간 최장 90일로 하며, 이를 나누어 사용할 수 있을 것. 이 경우 나누어 사용하는 1회의 기간은 30일 이상이 되어야 한다.
2. 가족돌봄휴가 기간은 연간 최장 10일로 하며, 일단위로 사용할 수 있을 것. 다만, 가족돌봄휴가 기간은 가족돌봄휴직 기간에 포함된다.

⑤ 사업주는 가족돌봄휴직 또는 가족돌봄휴가를 이유로 해당 근로자를 해고하거나 근로조건을 악화시키는 등 불리한 처우를 하여서는 안 된다.

⑥ 가족돌봄휴직 및 가족돌봄휴가 기간은 근속기간에 포함한다. 다만, 「근로기준법」에 따른 평균임금 산정기간에서는 제외한다.

⑦ 사업주는 소속 근로자가 건전하게 직장과 가정을 유지하는 데에 도움이 될 수 있도록 필요한 심리상담 서비스를 제공하도록 노력하여야 한다.

⑧ 고용노동부장관은 사업주가 제1항 또는 제2항에 따른 조치를 하는 경우에는 고용 효과 등을 고려하여 필요한 지원을 할 수 있다.

⑨ 가족돌봄휴직 및 가족돌봄휴가의 신청방법 및 절차 등에 관하여 필요한 사항은 대통령령으로 정한다.

---

14) 2019. 8. 27. 신설

(2) 일 · 가정 양립지원 기반 조성[15)]

① 고용노동부장관은 일 · 가정 양립프로그램의 도입 · 확산, 모성보호 조치의 원활한 운영 등을 지원하기 위하여 조사 · 연구 및 홍보 등의 사업을 하고, 전문적인 상담 서비스와 관련 정보 등을 사업주와 근로자에게 제공해야 한다.

② 고용노동부장관은 제1항에 따른 업무와 직장보육시설 설치 · 운영의 지원에 관한 업무를 대통령령으로 정하는 바에 따라 공공기관 또는 민간에 위탁하여 수행할 수 있다.

③ 고용노동부장관은 제2항에 따라 업무를 위탁받은 기관에 업무 수행에 사용되는 경비를 지원할 수 있다.

(3) 가족돌봄 등을 위한 근로시간 단축[16)]

① 사업주는 근로자가 다음 각 호의 어느 하나에 해당하는 사유로 근로시간의 단축을 신청하는 경우에 이를 허용하여야 한다. 다만, 대체인력 채용이 불가능한 경우, 정상적인 사업 운영에 중대한 지장을 초래하는 경우 등 대통령령으로 정하는 경우에는 예외로 한다.

1. 근로자가 가족의 질병, 사고, 노령으로 인하여 그 가족을 돌보기 위한 경우
2. 근로자 자신의 질병이나 사고로 인한 부상 등의 사유로 자신의 건강을 돌보기 위한 경우
3. 55세 이상의 근로자가 은퇴를 준비하기 위한 경우
4. 근로자의 학업을 위한 경우

② 제1항 단서에 따라 사업주가 근로시간 단축을 허용하지 아니하는 경우에는 해당 근로자에게 그 사유를 서면으로 통보하고 휴직을 사용하게 하거나 그

15)「남녀고용평등과 일 · 가정 양립지원에 관한 법률」제22조의 3

16) 2019. 10. 1.부터 시행

밖의 조치를 통하여 지원할 수 있는지를 해당 근로자와 협의해야 한다.

③ 사업주가 제1항에 따라 해당 근로자에게 근로시간 단축을 허용하는 경우 단축 후 근로시간은 주당 15시간 이상이어야 하고 30시간을 넘어서는 안 된다.

④ 근로시간 단축의 기간은 1년 이내로 한다. 다만, 제1항 제1호부터 제3호까지의 어느 하나에 해당하는 근로자는 합리적 이유가 있는 경우에 추가로 2년의 범위 안에서 근로시간 단축의 기간을 연장할 수 있다.

⑤ 사업주는 근로시간 단축을 이유로 해당 근로자에게 해고나 그 밖의 불리한 처우를 해서는 안 된다.

⑥ 사업주는 근로자의 근로시간 단축기간이 끝난 후에 그 근로자를 근로시간 단축 전과 같은 업무 또는 같은 수준의 임금을 지급하는 직무에 복귀시켜야 한다.

⑦ 근로시간 단축의 신청방법 및 절차 등 필요한 사항은 대통령령으로 정한다.

3. 노인돌봄 관련 정책: 노인장기요양보험제도

1) 노인장기요양보험제도

고령이나 노인성 질병 등의 사유로 일상생활을 혼자서 수행하기 어려운 노인 등에게 제공하는 신체활동 또는 가사활동 지원 등의 장기요양급여에 관한 사항을 규정하여 노후의 건강증진 및 생활안정을 도모하고 그 가족의 부담을 덜어줌으로써 국민의 삶의 질을 향상하도록 함을 목적으로 한다.[17] 건강보험제도와는 별개로 운영되고 있으며, 관리운영은 국민건강보험공단으로 일원하여 운영하고 있다.

적용대상은 65세 이상의 노인 또는 65세 미만의 자로서 치매 · 뇌혈관성질환 등 대통령령으로 정하는 노인성 질병을 가진 자를 대상으로 장기요양급여 서비스를

17)「노인장기요양보험」 제1조

제공한다. 장기요양급여란 6개월 이상 동안 혼자서 일상생활을 수행하기 어렵다고 인정되는 자에게 신체활동 · 가사활동의 지원 또는 간병 등의 서비스나 이에 갈음하여 지급하는 현금 등을 말한다. 장기요양기관에 소속되어 노인 등의 신체활동 또는 가사활동 지원 등의 업무를 수행하는 자를 장기요양요원이라고 하는데, 장기요양사업을 운영하는 기관에서 장기요양급여를 제공하고 있다.[18)]

장기요양급여 서비스로는 재가급여와 시설급여, 특별현금급여가 있다.

(1) 재가급여[19)]

❶ 방문요양

장기요양요원이 수급자의 가정 등을 방문하여 신체활동 및 가사활동 등을 지원하는 장기요양급여

❷ 방문목욕

장기요양요원이 목욕설비를 갖춘 장비를 이용하여 수급자의 가정 등을 방문하여 목욕을 제공하는 장기요양급여

❸ 방문간호

장기요양요원인 간호사 등이 의사, 한의사 또는 치과의사의 지시서에 따라 수급자의 가정 등을 방문하여 간호, 진료의 보조, 요양에 관한 상담 또는 구강위생 등을 제공하는 장기요양급여

❹ 주·야간보호

수급자를 하루 중 일정한 시간 동안 장기요양기관에 보호하여 신체활동 지원 및 심신기능의 유지 · 향상을 위한 교육 · 훈련 등을 제공하는 장기요양급여

18)「노인장기요양보험」 제2조

19)「노인장기요양보험」 제23조

❺ 단기보호

수급자를 보건복지부령으로 정하는 범위 안에서 일정 기간 동안 장기요양기관에 보호하여 신체활동 지원 및 심신기능의 유지 · 향상을 위한 교육 · 훈련 등을 제공하는 장기요양급여

❻ 기타재가급여

수급자의 일상생활 · 신체활동 지원 및 인지기능의 유지 · 향상에 필요한 용구를 제공하거나 가정을 방문하여 재활에 관한 지원 등을 제공하는 장기요양급여로서 대통령령으로 정하는 것

(2) 시설급여

장기요양기관에 장기간 입소한 수급자에게 신체활동 지원 및 심신기능의 유지 · 향상을 위한 교육 · 훈련 등을 제공하는 장기요양급여

(3) 특별현금급여[20]

❶ 가족요양비

아래의 경우 가족요양비를 제공한다.

① 도서 · 벽지 등 장기요양기관이 현저히 부족한 지역으로서 지역에 거주하는 자
② 천재지변이나 그 밖에 이와 유사한 사유로 인하여 장기요양기관이 제공하는 장기요양급여를 이용하기가 어렵다고 보건복지부장관이 인정하는 자
③ 신체 · 정신 또는 성격 등 사유로 인하여 가족 등으로부터 장기요양을 받아야 하는 자

20)「노인장기요양보험」 제24~26조

❷ 특례요양비: 특례장기요양급여

공단은 수급자가 장기요양기관이 아닌 노인요양시설 등의 기관 또는 시설에서 재가급여 또는 시설급여에 상당한 장기요양급여를 받은 경우 해당 장기요양급여 비용의 일부를 해당 수급자에게 특례요양비로 지급할 수 있다.

❸ 요양병원간병비: 요양병원장기요양급여

공단은 수급자가 요양병원에 입원한 때 대통령령으로 정하는 기준에 따라 장기요양에 사용되는 비용의 일부를 요양병원간병비로 지급할 수 있다.

4. 가족정책의 전달체계

현행 가족복지서비스 전달체계는 보건복지가족부와 여성부의 전달체계를 통해 이루어지고 있다. 가족복지 전달체계는 아동, 청소년 노인 등을 포함하며, 폭이 넓어서 구체적으로 설정하기는 어렵다. 2001년 여성부가 출범한 이후 2005년 여성가족부로 명칭을 변경하고 가족정책이 나오기 시작했다. 주로 중앙은 보건복지부와 여성가족부 소관으로 되어 있으며, 지방은 지역사회 종합복지관과 건강가정지원센터, 다문화가족지원센터에서 개인과 가족을 연결시켜 서비스를 제공하고 있다.

그 외에도 지역아동센터, 청소년지원센터, 청소년수련관, 노인복지관, 가정상담소, 성폭력상담소에서 서비스를 제공하고 있다. 보건복지가족부는 일반적인 가족의 문제에 대한 상담, 연계, 사례관리 등의 서비스를 제공하고 있으나 전통적으로 종합사회복지관은 저소득층을, 건강가정지원센터는 중산층을 주요 대상으로 한다. 건강가정지원센터는 「건강가정기본법」의 법적 토대에서 설립되었고, 다문화가족지원센터는 「다문화가족지원법」의 토대에서 설립되었으며 여성가족부 소관이다.

여성부는 특수한 욕구를 지닌 가족의 문제에 대한 상담, 연계 등의 서비스를 제공하고 있으며, 상담 문제의 유형에 따라 가정폭력상담소, 성폭력상담소, 통합상담소로 구분하고 있다. 상담소는 일반적인 상담 서비스는 유사하나 전문화된 상담 서비스에는 차이가 있다.

가족정책에서 서비스를 제공하는 가족복지서비스의 전달체계는 세 가지 형태로 구분된다(고경환 외, 2008).

1) 공공부문

사회복지전담공무원이 국민기초생활수급자를 대상으로 공적 부조 서비스를 제공하며, 중앙정부 차원의 공공행정에서 이루어진다.

2) 공공부문과 민간부문의 혼합

사회복지관은 저소득층 가구를 대상으로 기초적인 서비스와 부가적 서비스를 제공한다. 이때 서비스 제공은 사회복지관을 통해서 이루어지나 재원은 국비와 지방비에서 충당한다.

3) 민간부문

민간부문의 가족 및 여성 관련 상담소들은 시장에서 클라이언트 가족의 자기부조 원리를 매개로 중산층의 가족을 치료하는데(양심영, 2000), 최근에는 정부의 재원이 투입되면서 공공부문과 민간부문의 혼합이 증가하고 있으나 여전히 민간부문에 남겨진 상담소의 수가 더 많다. 이상을 토대로 한국의 가족복지서비스 전달체계를 살펴보면 〈표 4-1〉과 같다.

〈표 4-1〉 가족복지서비스 전달체계

전달체계	서비스내용	전달체계유형	주요 대상
행정복지센터[21)]	공공부조	중앙+지방정부 혼합체계	저소득층
종합사회복지관	가족복지	정부+민간 혼합체계	저소득층
건강가정지원센터	가족교육 · 상담 · 문화	정부+민간 혼합체계	중산층
상담소	가족 및 여성 상담	정부+민간 혼합체계 순수 민간 부분	중산층

출처: 고경환 외(2008)의 내용을 재구성함.

생·각·해·보·기

- 노동권을 보장하기 위하여 어느 부분을 더 보완하면 좋을지 생각해 봅시다.
- 부모권 보장정책과 일 · 가족양립정책에서 더 보완해야 할 점이 있다면 무엇이 있을지 생각해 봅시다.
- 노인장기요양보험제도는 완벽한 제도인가 생각해 보고 부족한 점이 있다면 어떻게 보완하면 좋을지 토론해 봅시다.

---

21) 과거에 주민센터 또는 동사무소라고 불린 곳. 구청이나 시청이 구와 시에 관계된 여러 가지 민원을 처리하는 곳이라면 행정복지센터는 동네에서 우리의 생활을 가까이서 돕는 공공기관이다. 주민들을 위한 여러 가지 프로그램을 운영하고 있다.

CHAPTER 05

가족복지정책 관련 법[1]

학습목표

1. 「건강가정기본법」의 정책목표와 내용을 설명할 수 있다.
2. 「한부모가족지원법」의 정책목표와 지원내용을 설명할 수 있다.
3. 「영유아보육법」의 정책목표와 지원내용을 설명할 수 있다.
4. 「다문화가족지원법」의 정책목표와 지원내용을 설명할 수 있다.

1) 국가법령정보센터 http://www.law.go.kr/에 있는 법의 내용을 중심으로 2019. 10. 1. 현재 개정되거나 신설된 내용으로 구성함

우리는 왜 법을 알아야 하는가?

정책은 바람직한 가족상태를 이룩하려는 정책목표와 이를 달성하기 위해 필요한 정책수단에 대하여 권위 있는 정부기관이 공식적으로 결정한 기본방침이라고 정의할 수 있다. 가족복지정책은 가족의 복지라는 정책의 목표를 가지며, 정책목표를 달성하기 위해서는 수단이 있어야 하는데 그것이 법이다. 따라서 가족복지 정책이 실현되기 전에 우선 그에 맞는 법부터 만들게 된다. 법은 정책의 목적이며, 수단이 된다.

본 장에서는 가족복지와 관련하여 「건강가정기본법」, 「한부모가족지원법」, 「영유아보육법」, 「다문화가족지원법」에서도 꼭 알아야 할 내용 등을 2020년 1월 현재 시행되고 있는 내용으로 간추려 살펴보고자 한다. 일반적으로 제1조에서 그 법을 만드는 목적을 명시하고 정부와 지방자치단체의 책임, 용어의 정의, 대상자의 범위, 지원내용 등이 나온다. 부분적으로 때로는 획기적으로 계속 개정되어 왔으며, 앞으로도 부족한 부분을 보완하기 위해 계속 변화될 것이다. 법의 내용은 매년 조금씩 변화하기에 관련된 법을 찾아보고 시행령, 시행규칙까지 세밀하게 찾아 보는 것이 필요하다.

1인 가구가 급속하게 증가하고 있다. 1인 가구의 복지증진을 위한 정책들이 논의되고 있는데 관련된 법이 곧 만들어질 것으로 예상된다. 현재 제정된 법 중에서 어느 부분은 잘 되어 있는지 혹은 보완이 필요한 부분은 어느 부분인지 등 생각해 보는 기회가 되길 바란다.

1. 건강가정기본법[2)]

「건강가정기본법」은 1997년 외환위기 이후 증가하는 이혼율과 여성의 경제활동 참여확대로 인한 결혼과 출산의 감소 등에서 비롯한 가족의 위기에 국가가 적극적

2) 「건강가정기본법」은 이미 본서 재3장 4절에 언급되어 있으며, 참고하길 바람

으로 대응하겠다는 취지에서 시작된 법률안으로 시민단체 및 학계를 중심으로 한 최초의 입법 활동은 가정학계에서 먼저 시작되었다.

2001년 2월 '가정복지기본법(안)'이 발의되고, 보건복지부의 '건강가정육성기본법안' 제정공표(2003. 7. 18.) 이후 건강가정육성기본법(안) 발의를 거치고 국회 보건복지위원회 '건강가정육성기본법' 공청회 이후 '건강가정기본법'(대안)이 국회를 통과하고 「건강가정기본법」이 2005년 1월 1일부터 시행되었다. 2005년 6월 정부조직법 개정으로 가족 업무를 보건복지부에서 여성부로 이관하면서 「건강가정기본법」에 대한 개정 논의가 다시 활발하게 이루어졌고 현재에 이르고 있다.

1) 건강가정기본법

가족구성원은 부양 · 자녀양육 · 가사노동 등 가정생활의 운영에 함께 참여하고 서로 존중하며 신뢰하는 것을 기본가치로 삼고 있다.

(1) 목적

「건강가정기본법」은 건강한 가정생활을 영위하고 가족의 유지 및 발전을 위한 국민의 권리 · 의무와 국가 및 지방자치단체 등의 책임에 대해 밝히고 있다. 또한, 가정문제의 적절한 해결방안을 강구하고 가족구성원의 복지증진에 이바지할 수 있는 지원정책을 강화함으로써 건강가정 구현에 기여하는 것이 목적이다.

(2) 국가 및 지방자치단체의 책임

국가 및 지방자치단체는 건강가정을 위하여 필요한 제도와 여건을 조성하고 이를 위한 시책을 강구하여 추진할 책임이 있다. 시책을 강구함에 있어서는 가족구성원의 특성과 가정유형을 고려해야 한다. 국가 및 지방자치단체는 민주적인 가정 형성, 가정친화적 환경 조성, 양성평등적인 가족가치 실현 및 가사노동의 정당한 가치평가를 위하여 노력해야 한다.

(3) 혼인과 출산

모든 국민은 혼인과 출산에 대해 사회적 중요성을 인식해야 한다. 따라서 국가 및 지방자치단체는 출산과 육아에 대한 사회적 책임을 인식하고 모·부성권 보호 및 태아의 건강보장 등 적절한 출산·육아환경을 조성하기 위하여 적극적으로 지원하고 있다.[3]

(4) 가족해체 예방

가족구성원은 가족해체를 예방하기 위하여 노력해야 하며, 국가 및 지방자치단체는 가족해체를 예방하기 위하여 필요한 제도와 시책을 강구하고 있다. 또한, 건강한 가정구현에 기여할 수 있도록 지역사회자원을 최대한 개발하고 활용하려고 노력하고 있다.

2) 건강가정정책

건강한 가정을 만들기 위한 정책을 위해 국가 및 지방자치단체는 계획을 수립하고 교육 및 연구 활동을 하며, 가족실태조사 등을 하고 있다.

(1) 건강가정기본계획의 수립

여성가족부장관은 건강한 가정을 위한 정책과 관련하여 관계 중앙행정기관의 장과 협의하여 건강가정기본계획을 5년마다 수립하도록 되어 있다.

건강가정 기본계획에는 다음의 내용이 포함되어야 한다.

- 가족기능의 강화 및 가정의 잠재력 개발을 통한 가정의 자립 증진 대책
- 사회통합과 문화계승을 위한 가족공동체문화의 조성
- 다양한 가족의 욕구충족을 통한 건강가정 구현

3) 2016. 5. 29. 개정

- 민주적인 가족관계와 양성평등적인 역할분담
- 가정친화적인 사회환경의 조성
- 가족의 양육 · 부양 등의 부담 완화와 가족해체 예방을 통한 사회비용 절감
- 위기가족에 대한 긴급 지원책
- 가족의 건강증진을 통한 건강사회 구현
- 가족지원정책의 추진과 관련한 재정조달 방안

(2) 교육 · 연구의 진흥

건강가정과 관련된 연구를 진흥하고 전문가를 양성하고 건강가정을 위한 교육 프로그램을 지속적으로 개발하여 제공하고 있다.

(3) 가족실태조사

개인과 가족의 생활실태를 파악하고, 건강가정 구현 및 가정문제 예방 등을 위한 서비스의 욕구와 수요를 파악하기 위하여 5년마다 가족실태조사를 실시하고 그 결과를 발표하고 있다.

3) 건강가정사업(제21~33조)

건강가정사업으로는 가정에 대한 지원과 위기에 처한 가족에게는 위기가족긴급 지원을 하고 있으며, 자녀양육을 위한 지원, 가족의 복지증진, 건강증진, 부양지원 사업 등을 하고 있다.

(1) 가정에 대한 지원

건강한 가정을 위하여 국가 및 지방자치단체는 임신 · 출산 · 수유 및 육아와 관련된 모 · 부성권 보장을 위한 육아휴직 및 유급휴가시책이 확산되도록 노력하고 있다. 한부모가족, 노인단독가정, 장애인가정, 미혼모가정, 공동생활가정, 자활공

동체 등 사회적 보호를 필요로 하는 가정에 대하여도 적극적으로 지원하고 있다.

가정이 원활한 기능을 수행하도록 지원해야 할 구체적 사항은 다음과 같다.

- 가족구성원의 정신적 · 신체적 건강지원
- 소득보장 등 경제생활의 안정
- 안정된 주거생활
- 태아검진 및 출산 · 양육의 지원
- 직장과 가정의 양립
- 음란물 · 유흥가 · 폭력 등 위해환경으로부터의 보호
- 가정폭력으로부터의 보호
- 가정친화적 사회 분위기의 조성
- 그 밖에 건강한 가정의 기능을 강화 · 지원할 수 있는 관련 사항

(2) 위기가족긴급지원

위기가족긴급지원은 재난에 의하여 가족의 부양 · 양육 · 보호 · 교육 등 가족기능이 현저하게 저하된 경우 원활한 가족기능을 수행하는 데에 긴급하게 필요한 범위에서 지원을 하는 것이다.

위기가족긴급지원의 종류 및 내용은 다음과 같다.

- 아이돌봄지원, 가사돌봄지원 등 가족돌봄
- 가족상담, 집단프로그램, 자조모임 운영 등 가족의 심리 · 정서지원
- 법률구조, 의료지원, 복지서비스 등 연계
- 그 밖에 여성가족부장관이 필요하다고 인정하는 지원

심리 · 정서지원의 지원기간은 3년 이내로 하되, 필요한 경우 1년의 범위에서 한 번 연장할 수 있다.

(3) 자녀양육지원의 강화

자녀를 양육하는 가정에 대하여 자녀양육으로 인한 부담을 완화하고 아동의 행복추구권을 보장하기 위하여 보육, 방과후 서비스, 양성이 평등한 육아휴직제 등의 정책을 펴고 있다. 따라서 국가 및 지방자치단체는 다양한 가족형태를 고려하여 아동양육지원사업 시책(아이돌보미 서비스 포함)을 수립하여 시행하고 있다.

또한, 아동양육지원사업을 예산의 범위에서 지원하고 있으며, 가사노동의 가치에 대한 사회적 인식을 제고하고 이를 관련 법 · 제도 및 가족정책에 반영하도록 노력하고 있다.

(4) 가족단위 복지증진

가족의 복지증진을 위해 사회보험 · 공공부조 등 사회보장제도의 운용과 관련하여 보험료의 산정 · 부과, 급여 등을 운용함에 있어서 가족을 지지하는 시책을 개발 · 추진하고 있다. 그리고 경제 · 사회, 교육 · 문화, 체육, 지역사회 개발 등 각 분야의 제도 · 정책 및 사업을 수립 · 추진함에 있어서도 가족을 우대하는 방안을 강구하고 있다.

(5) 가족의 건강증진

가족의 건강증진을 위해 영유아, 아동, 청소년, 중 · 장년, 노인 등 생애주기에 따르는 가족구성원의 종합적인 건강증진대책을 마련하고 있다.

(6) 가족부양의 지원

가족부양 지원사업으로 영유아 혹은 노인 등 부양지원을 요하는 가족구성원이 있는 가정에 대하여 부양부담을 완화하기 위한 노력을 강구하고 있다. 또한, 질환이나 장애로 가족 내 수발을 요하는 가족구성원이 있는 가정을 적극 지원하며, 보호시설을 이용할 수 있도록 전문보호시설을 확대하고 있다. 그리고 가족구성원 중 장기요양을 필요로 하는 질병이나 사고로 간병을 요할 경우는 가족간호를 위한 휴가 등의 시책도 마련하고자 노력하고 있다.

(7) 민주적이고 양성평등한 가족관계의 증진

부부 및 세대 간에 가족갈등이 있는 경우, 이를 예방 · 상담하고, 민주적이고 양성평등한 가족관계를 증진시킬 수 있도록 가족지원서비스를 확대하고, 다양한 가족생활교육 · 부모교육 · 가족상담 · 평등가족홍보 등의 사업을 추진하고 있다.

가정폭력이 있는 가정의 경우는 가정폭력 피해자와 피해자 가족에 대한 개입에 있어 전문가의 체계적인 개입과 서비스가 이루어지도록 노력해야 한다.

(8) 가족단위의 시민적 역할증진

가족의 결속력과 가족구성원의 발전을 위하여 가족이 시민으로서의 역할을 증진할 수 있는 기회와 서비스를 제공할 뿐만 아니라, 가족단위의 자원봉사 참여가 확대되도록 노력하고 있다.

2. 한부모가족지원법

가정이란 혼인관계 및 혈연관계로 맺어진 구성원들이 공동 생활하는 장소 또는 조직체이다. 사회가 산업화 · 도시화되면서부터 가정에 변화가 있었고 현대사회는 가정의 다양성을 추구하며 변화를 거듭해 오고 있다. 최근에는 이혼의 급증에 따라 한 부모 가정이 증가하는 추세에 있다.

한부모가정은 경제적 문제, 자녀양육 및 가사부담 과중의 문제, 심리 · 정서적 문제, 사회적 차별 등의 다양한 문제에 직면하고 있다. 이에 따라 1989년 모자가정의 생활안정과 자립을 위한 「모자복지법」을 제정하였고 2002년 「모 · 부자복지법」으로 개정되었으나, 여러 형태의 한부모가정 증가와 확대되는 대상가족의 범주와 복지욕구를 충족시키기에는 절대적으로 미흡하였다. 2007년 「모 · 부자복지법」을 「한부모가족지원법」으로 개정하여 조손가정까지도 보호대상이 되었으며, 자녀가 취학 중일 때는 20세 미만에서 22세 미만으로 확대에 따른 보호기간 연장, 무료법률구조사업도 실시하게 되었다. 한부모가정의 경제적 문제, 주거문제 및 사회적 편견과 차별 등 산재해 있는 문제들을 해결하면서 한부모가정이 빈곤으로부터 탈출하여 사회구성원들의 기초생활을 보장하여 줄 수 있는 사회적 안전망을 구축하고자 노력하고 있다(황은숙, 2015).

1) 한부모가족지원법

(1) 목적

「한부모가족지원법」은 한부모가족이 건강하고 문화적인 생활을 영위할 수 있도록 한부모가족의 생활안정과 복지증진에 이바지함을 목적으로 한다.

국가와 지방자치단체는 한부모가족의 복지를 증진하고 한부모가족의 권익을 지원하며, 한부모가족에 대한 사회적 편견과 차별을 예방하고, 사회구성원이 한부모가족을 이해하고 존중할 수 있도록 교육 및 홍보 등을 해야 한다. 또한, 청소년 한부모가족의 자립을 위하여 노력해야 한다. 그리고 모든 국민은 함께 한부모가족의 복지증진에 협력해야 한다.

(2) 한부모가족의 권리와 책임

한부모가족의 모(母) 또는 부(父)는 임신과 출산 및 양육을 사유로 합리적인 이유없이 교육 · 고용 등에서 차별을 받지 않아야 한다. 그리고 한부모가족의 모 또는 부와 아동은 자신이 가지고 있는 자산과 노동능력 등을 최대한으로 활용하여 자립과 생활 향상을 위하여 노력해야 한다.

(3) 한부모가족 정의

'한부모가족'이란 모자가족 또는 부자가족을 말한다. 즉, '모' 또는 '부' 둘 중에서 다음 어느 하나에 해당하는 자로서 아동인 자녀를 양육하는 자를 말한다.

- 배우자와 사별 또는 이혼하거나 배우자로부터 유기(遺棄)된 자
- 정신이나 신체의 장애로 장기간 노동능력을 상실한 배우자를 가진 자
- 교정시설 · 치료감호시설에 입소한 배우자 또는 병역복무 중인 배우자를 가진 사람
- 미혼자

그리고 '청소년 한부모'란 24세 이하의 모 또는 부를 말하며, '모자가족'이란 모가 세대주인 가족을 말한다. '부자가족'이란 부가 세대주인 가족을 말한다. '아동'이란 18세 미만인 자를 말한다.

(4) 지원대상자의 범위

한부모가족으로 지원받는 대상자의 범위로 아동의 연령을 초과하는 자녀가 있는 한부모가족의 경우에는 그 자녀를 제외한 나머지 가족구성원을 지원대상자로 한다.

출산 후 해당 아동을 양육하지 아니하는 미혼모도 미혼모자가족복지시설을 이용할 때에는 이 법에 따른 지원대상자이다.

다음의 경우도 지원대상자가 된다.

- 부모가 사망하거나 생사가 분명하지 아니한 아동
- 부모가 정신 또는 신체의 장애 · 질병으로 장기간 노동능력을 상실한 아동
- 부모의 장기복역 등으로 부양을 받을 수 없는 아동
- 부모가 이혼하거나 유기하여 부양을 받을 수 없는 아동
- 국내에 체류하고 있는 외국인 중 대한민국 국민과 혼인하여 대한민국 국적의 아동을 양육하고 있는 사람

(5) 실태조사 등

여성가족부장관은 한부모가족 지원을 위한 정책수립에 활용하기 위하여 3년마다 한부모가족에 대한 실태조사를 실시하고 그 결과를 공표해야 한다.

2) 한부모가족지원사업

(1) 복지급여의 내용

한부모가족지원사업 복지급여로 생계비, 아동교육지원비, 아동양육비 및 그 밖에 대통령령으로 정하는 비용을 지급하고 있다. 미혼모나 미혼부가 5세 이하의 아동을 양육하거나 청소년 한부모가 아동을 양육하는 경우 아동양육비를 지급하고 있다.

(2) 복지급여 지급 및 대여

복지급여를 받는 지원대상자의 신청이 있는 경우 복지급여를 지원대상자 명의의 지정된 계좌로 입금하도록 하고 있다. 또한, 한부모가족의 생활안정과 자립을 촉진하기 위하여 국가나 지방자치단체는 사업에 필요한 자금, 아동교육비, 의료비, 주택자금 등 한부모가족의 복지를 위하여 필요한 자금을 빌려주고 있다.

(3) 고용의 촉진

한부모가족의 모 또는 부와 아동의 직업능력을 개발하기 위하여 능력 및 적성 등을 고려한 직업능력개발훈련을 실시하도록 하고 있으며, 국가 또는 지방자치단체는 한부모가족의 모 또는 부와 아동의 고용을 촉진하기 위하여 적합한 직업을 알선하고 각종 사업장에 모 또는 부와 아동이 우선 고용되도록 힘쓰고 있다.

(4) 공공시설에 매점 및 시설 우선 이용

국가나 지방자치단체가 운영하는 공공시설의 장은 그 공공시설에 각종 매점 및 시설의 설치를 허가하는 경우 이를 한부모가족 또는 한부모가족복지단체에 우선적으로 허가하고 있다.

그리고 한부모가족의 아동이 공공의 아동 편의시설과 그 밖의 공공시설을 우선적으로 이용할 수 있도록 하고 있다.

(5) 가족지원서비스

국가나 지방자치단체는 한부모가족에게 다음의 가족지원서비스를 제공하고 있다.

- 아동의 양육 및 교육 서비스
- 장애인, 노인, 만성질환자 등의 부양 서비스
- 취사, 청소, 세탁 등 가사 서비스
- 교육 · 상담 등 가족관계 증진 서비스
- 인지청구 및 자녀양육비 청구 등을 위한 법률상담, 소송대리 등 법률구조서비스
- 그 밖에 대통령령으로 정하는 한부모가족에 대한 가족지원서비스

또한, 청소년 한부모가 학업을 할 수 있도록 청소년 한부모의 선택에 따라 지원을 하고 있다. 학교에서의 학적 유지를 위한 지원 및 교육비 지원 또는 검정고시 지원, 학력 인정 평생교육시설에 대한 교육비 지원, 청소년 한부모의 교육 지원을 위하여 한부모가족복지시설에 순회교육 등의 지원을 하고 있다. 여성가족부장관은 청소년 한부모가 학업을 계속할 수 있도록 교육부장관에게 협조를 요청해야 하며, 청소년 한부모가 주거 마련 등 자립에 필요한 자산을 형성할 수 있도록 재정적 지원도 해야 한다고 「한부모지원법」에 명시하고 있다.

(6) 건강관리 지원

한국여성재단의 연구보고서에 따르면 출산 이후 건강상태가 악화되었다고 응답한 양육미혼모의 비율이 59.1%에 달한다. 이에 비해 월 평균 의료비 지출은 67.3%가 1만 원 미만이라고 답하여 건강상태에 비해 의료비 지출이 크지 않은 것으로 조사되는 등 저소득 양육미혼모의 신체적 · 정신적 건강관리가 매우 열악한 상황인 것으로 나타났다. 이에 국가와 지방자치단체가 미혼모 · 부와 그 자녀가 건강하게 생활할 수 있도록 건강관리를 위한 지원을 할 수 있도록 하였다. 현재 미혼모자가족복지시설 운영비에서 '미혼모 특수치료비' 항목으로 의료비를 지원하고 있으나, 법적 근거가 미흡한 실정이므로 지원근거를 법률에 명시하는 한편, 미혼모가 출산한 자녀에 대한 의료비도 지원할 수 있도록 함으로써 의료복지 사각지대를 해소하려고 개정하였다.[4] 새로 신설된 주요 내용은 다음과 같다.

- 국가와 지방자치단체는 미혼모 · 부와 그 자녀가 건강하게 생활할 수 있도록 산전(産前) · 분만 · 산후(産後)관리, 질병의 예방 · 상담 · 치료, 영양 · 건강에 관한 교육 등 건강관리를 위한 지원을 할 수 있도록 함[5]
- 국가와 지방자치단체는 기본생활지원 미혼모자가족복지시설에 입소한 미혼모 등의 신청이 있는 경우에는 미혼모 등 본인 및 함께 생활하는 자녀에 대한 의료비를 추가적으로 지원할 수 있도록 함[6]

(7) 한부모가족복지시설

「한부모지원법」에 따른 한부모가족복지시설에는 미혼모자가족복지시설, 모자가족/부자가족복지시설과 일시지원복지시설 및 한부모가족복지상담소 등이 있다.

한부모가족복지시설에서는 생계가 어려운 모자가족 혹은 부자가족에게 일정 기

4) 2018. 12. 18. 일부 개정, 2019. 6. 19. 시행
5) 제17조의 6 제1항 신설
6) 제17조의 6 제2항 신설

간 동안 주거와 생계를 지원하는 기본생활지원사업과 독립적인 생활이 어려운 모자가족에게 일정 기간 동안 공동생활을 통하여 자립을 준비할 수 있도록 주거 등을 지원하는 공동생활지원사업을 한다. 또한, 자립욕구가 강한 모자가족에게 일정 기간 동안 주거를 지원하는 자립생활지원사업을 하고 있다.

❶ 미혼모자가족복지시설

미혼모자가족과 출산 미혼모 등에게 편의를 제공하는 시설을 말한다. 미혼 여성의 임신 · 출산 시 안전 분만 및 심신의 건강 회복과 출산 후의 아동의 양육지원을 위하여 일정 기간 동안 주거와 생계를 지원하는 기본생활지원사업과 출산 후 해당 아동을 양육하지 아니하는 미혼모 또는 미혼모와 그 출산 아동으로 구성된 미혼모자가족에게 일정 기간 동안 공동생활을 통하여 자립을 준비할 수 있도록 주거 등을 지원하는 공동생활지원사업을 한다.

❷ 일시지원복지시설

배우자(사실혼 관계에 있는 사람을 포함한다)가 있으나 배우자의 물리적 · 정신적 학대로 아동의 건전한 양육이나 모의 건강에 지장을 초래할 우려가 있을 경우 일시적 또는 일정 기간 동안 모와 아동 또는 모에게 주거와 생계를 지원하는 시설을 말한다.

❸ 한부모가족복지상담소

한부모가족에 대한 위기 · 자립 상담 또는 문제해결 지원 등을 목적으로 하는 시설이다.

(8) 국민주택의 분양 및 임대

국가나 지방자치단체는 「주택법」에서 정하는 바에 따라 국민주택을 분양하거나 임대할 때에는 한부모가족에게 일정 비율이 우선 분양받을 수 있도록 제도화하고 있다.

3. 영유아보육법

「영유아보육법」은 여성의 사회참여 증가와 핵가족화에 따른 탁아 수용의 급증에 따라 1991.1.14. 법률 제4328호로 제정되었다. 현대사회의 산업화에 따른 여성의 사회참여 증가 및 가족구조의 핵가족화에 따른 탁아 수용의 급증에 따라 아동보호와 교육문제는 개인적 차원을 넘어 사회적 · 국가적 차원에서 해결이 불가피하게 되어 영유아의 보호와 교육에 관한 별도의 입법을 통하여 보육시설의 조속한 확대 및 체계화로 아동이 건전한 보호 · 교육 및 보육자의 경제적 · 사회적 활동의 지원을 통하여 가정 복지증진을 도모하기 위하여 제정되었다고 법제처는 밝히고 있다.

아동복지와 관련된 법으로 「영유아보육법」과 「유아교육법」이 있다. 「영유아보육법」의 소관부처는 보건복지부이며, 「유아교육법」의 주무부처는 교육부이다. 「영유아보육법」의 적용대상인 '영유아'는 6세 미만의 취학 전 아동인 반면, 「유아교육법」의 적용대상인 유아는 만 3세부터 초등학교 취학 전까지의 어린이이다. 이와 같이 법률의 적용대상은 중첩적인데, 어린이집 또는 유치원 중 하나를 선택함에 따라 적용되는 법률이나 내용이 달라진다. 본 장에는 「영유아보육법」의 내용을 다루고자 한다.

1) 영유아보육법 총칙[7)]

(1) 목적

「영유아보육법」은 영유아의 심신을 보호하고 건전하게 교육하여 건강한 사회구성원으로 육성함과 아울러 보호자의 경제적 · 사회적 활동이 원활하게 이루어지도록 함으로써 영유아 및 가정의 복지증진에 이바지함을 목적으로 한다.

---

7) 「영유아보육법」 제1~9조

(2) 정의

「영유아보육법」에서 정한 정의는 다음과 같다.

- 영유아란 6세 미만의 취학 전 아동을 말한다.
- 보육이란 영유아를 건강하고 안전하게 보호 · 양육하고 영유아의 발달특성에 맞는 교육을 제공하는 어린이집 및 가정양육지원에 관한 사회복지서비스를 말한다.
- 어린이집이란 보호자의 위탁을 받아 영유아를 보육하는 기관을 말한다.
- 보호자란 친권자 · 후견인, 그 밖의 자로서 영유아를 사실상 보호하고 있는 자를 말한다.
- 보육교직원이란 어린이집 영유아의 보육, 건강관리 및 보호자와의 상담, 그 밖에 어린이집의 관리 · 운영 등의 업무를 담당하는 자로서 어린이집의 원장 및 보육교사와 그 밖의 직원을 말한다.

(3) 보육 이념과 가치

① 보육은 영유아의 이익을 최우선적으로 고려하여 제공되어야 한다.

② 보육은 영유아가 안전하고 쾌적한 환경에서 건강하게 성장할 수 있도록 해야 한다.

③ 영유아는 자신이나 보호자의 성, 연령, 종교, 사회적 신분, 재산, 장애, 인종 및 출생지역 등에 따른 어떠한 종류의 차별도 받지 아니하고 보육되어야 한다.

(4) 영유아를 위한 책임

① 모든 국민은 영유아를 건전하게 보육할 책임을 진다.

② 국가와 지방자치단체는 보호자와 더불어 영유아를 건전하게 보육할 책임을 지며, 이에 필요한 재원을 안정적으로 확보하도록 노력해야 한다.

③ 영유아의 보호자에게 영유아의 성장 · 양육방법, 보호자의 역할, 영유아의 인권 등에 대한 교육을 실시하도록 하고 있다.

④ 특별자치도지사 · 시장 · 군수 · 구청장은 영유아의 보육을 위하여 적절하게 어린이집을 확보해야 한다.

⑤ 국가와 지방자치단체는 보육교직원의 양성 및 근로여건 개선을 위하여 노력해야 한다.

(5) 육아종합지원센터

① 육아종합지원센터는 보육에 관한 정보를 제공하고 보육전문요원 및 보육교직원의 정서적 · 심리적 상담 등을 하는 곳이다.

② 영유아에게 시간제보육 서비스를 제공하거나 보육에 관한 정보의 수집 · 제공 및 상담을 위하여 보건복지부장관은 중앙육아종합지원센터를, 각 시도에서는 지방육아종합지원센터를 설치 · 운영하고 있다.

(6) 한국보육진흥원의 설립 및 운영

① 보육서비스의 질 향상을 도모하고 보육정책을 체계적으로 지원하기 위하여 한국보육진흥원을 설립한다.

② 진흥원은 다음의 일을 수행한다.

- 어린이집 평가척도 개발
- 보육사업에 관한 교육 · 훈련 및 홍보
- 영유아 보육프로그램 및 교재 · 교구 개발
- 보육교직원 연수프로그램 개발 및 교재 개발
- 보건복지부장관으로부터 위탁받은 업무
- 보육정책과 관련하여 보건복지부장관이 필요하다고 인정하는 업무

(7) 보육실태조사

보건복지부장관은 「영유아보육법」의 적절한 시행을 위하여 보육실태조사를 3년마다 한다.

2) 어린이집 설치 및 운영[8)]

(1) 어린이집의 종류

「영유아보육법」에 의거한 어린이집은 다음과 같다.

① 국공립어린이집: 국가나 지방자치단체가 설치 · 운영하는 어린이집
② 사회복지법인어린이집: 「사회복지사업법」에 따른 사회복지법인이 설치 · 운영하는 어린이집
③ 법인 · 단체등어린이집: 각종 법인(사회복지법인을 제외한 비영리법인)이나 단체 등이 설치 · 운영하는 어린이집으로서 대통령령으로 정하는 어린이집
④ 직장어린이집: 사업주가 사업장의 근로자를 위하여 설치 · 운영하는 어린이집(국가나 지방자치단체의 장이 소속 공무원 및 국가나 지방자치단체의 장과 근로계약을 체결한 자로서 공무원이 아닌 자를 위하여 설치 · 운영하는 어린이집을 포함한다)
⑤ 가정어린이집: 개인이 가정이나 그에 준하는 곳에 설치 · 운영하는 어린이집
⑥ 협동어린이집: 보호자 또는 보호자와 보육교직원이 조합(영리를 목적으로 하지 아니하는 조합에 한정한다)을 결성하여 설치 · 운영하는 어린이집
⑦ 민간어린이집: 제1호부터 제6호까지의 규정에 해당하지 아니하는 어린이집

8) 「영유아보육법」 제10~16조

(2) 국공립어린이집의 설치 등[9]

국가나 지방자치단체는 국공립어린이집을 설치 · 운영해야 하는데, 도시 저소득 주민 밀집 주거지역 및 농어촌지역 등 취약지역과 산업단지지역에 우선적으로 설치해야 한다.

(3) 폐쇄회로 텔레비전(CCTV)의 설치 등

어린이집을 설치 · 운영하는 자는 아동학대 방지 등 영유아의 안전과 어린이집의 보안을 위하여 「개인정보 보호법」 및 관련 법령에 따른 폐쇄회로 텔레비전을 설치 · 관리하는 것을 의무사항으로 명시하고 있다.

3) 건강 · 영양 및 안전(제31~33조)

(1) 건강관리 및 응급조치

① 어린이집의 원장은 영유아와 보육교직원에 대하여 정기적으로 건강진단을 실시하고, 영유아의 건강진단 실시 여부를 어린이집 생활기록부에 기록하여 관리하는 등 건강관리를 하도록 하고 있다.

② 어린이집의 원장은 영유아에게 질병 · 사고 또는 재해 등으로 인하여 위급 상태가 발생한 경우 즉시 응급의료기관에 이송해야 한다.

(2) 예방접종 여부의 확인

① 어린이집의 원장은 영유아에 대하여 매년 정기적으로 「감염병의 예방 및 관리에 관한 법률」 제33조의 2에 따른 예방접종통합관리시스템을 활용하여 영유아의 예방접종에 관한 사실을 확인해야 한다.

② 어린이집의 원장은 예방접종을 받지 아니한 영유아에게는 필요한 예방접종

9) 2018. 12. 24. 신설

을 받도록 보호자를 지도할 수 있으며, 필요한 경우 관할 보건소장에게 예방접종 지원 등의 협조를 요청할 수 있다.

③ 어린이집의 원장은 영유아의 예방접종 여부 확인 및 관리를 위하여 어린이집 생활기록에 예방접종 여부 및 내역에 관한 사항을 기록하여 관리해야 한다.

(3) 치료 및 예방조치

① 어린이집의 원장은 제31조에 따른 건강진단 결과 질병에 감염되었거나 감염될 우려가 있는 영유아에 대하여 그 보호자와 협의하여 질병의 치료와 예방에 필요한 조치를 해야 한다.

② 어린이집의 원장은 제31조에 따른 건강진단의 결과나 그 밖에 의사의 진단 결과 감염병에 감염 또는 감염된 것으로 의심되거나 감염될 우려가 있는 영유아, 어린이집 거주자 및 보육교직원을 보건복지부령으로 정하는 바에 따라 어린이집으로부터 격리시키는 등 필요한 조치를 할 수 있다.

③ 어린이집의 원장은 간호사(간호조무사를 포함한다)로 하여금 영유아가 의사의 처방, 지시에 따라 투약 행위를 할 때 이를 보조하게 할 수 있다. 이 경우 어린이집의 원장은 보호자의 동의를 받아야 한다.

(4) 급식 관리

어린이집의 원장은 영유아에게 보건복지부령으로 정하는 바에 따라 균형 있고 위생적이며 안전한 급식을 하는 것을 의무화하고 있다.

(5) 어린이집 차량안전관리

어린이집의 원장은 영유아의 통학을 위하여 차량을 운영하는 경우 「도로교통법」 제52조에 따라 미리 어린이통학버스로 관할 경찰서장에게 신고한 후 운행해야 한다.

4) 무상보육[10)]

무상보육에 대하여 많은 논의가 있었는데 개정 및 신설된 내용은 다음과 같다.

① 국가와 지방자치단체는 어린이집이나 유치원을 이용하지 아니하는 영유아에 대하여 영유아의 연령을 고려하여 양육에 필요한 비용을 지원할 수 있도록 개정했다.[11)]

② 표준보육비용에 대해서 2019년 신설하였는데 2020년 1월 16일부터 시행하고 있다. 보건복지부장관은 표준보육비용을 결정하기 위하여 필요한 조사를 3년마다 실시하며, 조사 결과를 바탕으로 중앙보육정책위원회의 심의를 거쳐 표준보육비용을 결정하도록 하는 내용이다.

③ 국가와 지방자치단체는 양육에 필요한 비용을 지원받는 영유아가 90일 이상 지속하여 해외에 체류하는 경우에는 그 기간 동안 양육에 필요한 비용의 지원을 정지하도록 하고 있다.[12)]

5) 기본보육과 연장보육 및 이행강제금[13)]

어린이집은 1일 12시간 이상 운영하는 것을 원칙으로 하고, 보육교사는 1일 8시간 근무를 원칙으로 하고 있지만 현실적으로 늦은 시간까지 남겨진 영유아는 안정적인 보육서비스를 제공받지 못하고 보육교사는 적정 근로시간을 보장받지 못하고 있었다. 이러한 문제를 해소하기 위하여 어린이집의 보육시간을 기본보육과 연장보육으로 구분하여 보육시간별로 이를 전담하는 보육교사를 배치할 수 있도록 일부 개정하였다. 그리고 해당 어린이집을 이용하는 모든 영유아에게 필수적으로 제공되는 과정인 기본보육과 이를 초과하여 보호자의 욕구 등에 따라 제공

10) 제34조 2018. 12. 24. 개정
11) 2018. 12. 24. 개정
12) 2015. 5. 18. 신설
13) 2019. 4. 30. 일부 개정, 2019. 11. 1. 시행

되는 연장보육을 구분하여 운영할 수 있도록 하였다.

> [보육시간의 구분]
>
> 어린이집은 다음 각 호와 같이 보육시간을 구분하여 운영할 수 있다.
>
> ① 기본보육: 어린이집을 이용하는 모든 영유아에게 필수적으로 제공되는 과정으로, 보건복지부령으로 정하는 시간 이하의 보육
>
> ② 연장보육: 기본보육을 초과하여 보호자의 욕구 등에 따라 제공되는 보육

또한, 사업장에서 직장어린이집 설치를 의무화하고 있는데 미이행 시 직장어린이집 미설치 기간과 사유 등을 고려하여 이행강제금 금액을 100분의 50의 범위에서 가중할 수 있도록 규정하는 등의 내용을 신설하였다.

4. 다문화가족지원법

2000년 이후 급증하고 있는 결혼이민자 및 그 자녀 등으로 구성되는 다문화가족이 언어 및 문화적 차이로 인하여 겪는 사회적 부적응과 가족구성원 간의 갈등 해소를 위해 국가적 차원의 지원 필요성을 인식하게 되었다. 이에 2008년 다문화가족의 구성원이 우리 사회의 구성원으로 순조롭게 통합되어 안정적인 가족생활을 영위할수 있도록 지원하기 위한 법률적 근거로서 「다문화가족지원법」을 제정하였다.

다문화가족상담 · 부부교육 · 부모교육 및 가족생활교육 등을 추진하고 문화의 차이 등을 고려한 언어통역, 법률상담 및 행정지원 등의 전문적인 서비스를 제공하도록 하는 등 다문화가족에 대한 지원정책의 제도적인 틀을 제공하고 있다. 이후 여러 차례의 개정을 거쳐 지금에 이르고 있다. 이러한 「다문화가족지원법」은 다문화가족구성원 중 외국인 배우자와 그 자녀에 대한 평등한 관계 유지와 폭

력 피해로부터의 보호, 언어교육과 통역 등 다문화가정의 지속을 전제로 적용되고 있다. 그러나 최근 배우자 또는 배우자 가족과의 갈등이나 경제적 원인으로 인하여 이혼하거나 별거하면서 다문화가정이 해체되는 경우가 적지 않다. 가족해체 이후 결혼이주여성과 그 자녀로 새롭게 형성되는 다문화 한부모가족의 경우 다양한 사회적 위험에 노출될 가능성이 크기 때문에 '사회통합'이라는 큰 틀에서 학문적 · 정책적 관심이 요청된다(박은경, 2017).

1) 다문화가족지원법 총칙(제1~4조)

(1) 목적

「다문화가족지원법」은 다문화가족구성원이 안정적인 가족생활을 영위하고 사회구성원으로서의 역할과 책임을 다할 수 있도록 함으로써 이들의 삶의 질 향상과 사회통합에 이바지함을 목적으로 한다.

(2) 정의

「다문화가족지원법」에서 사용하는 용어의 뜻은 다음과 같다.

① '다문화가족'이란 다음 각 목의 어느 하나에 해당하는 가족을 말한다.
- 「재한외국인 처우 기본법」의 결혼이민자와 「국적법」 규정에 따라 대한민국 국적을 취득한 자로 이루어진 가족
- 「국적법」에 따라 대한민국 국적을 취득한 자와 같은 법 제2조부터 제4조까지의 규정에 따라 대한민국 국적을 취득한 자로 이루어진 가족

② '결혼이민자 등'이란 다문화가족의 구성원으로서 「재한외국인 처우 기본법」의 결혼이민자와 「국적법」에 따라 귀화허가를 받은 자, 다문화가족의 구성원으로서 다음 각 목의 어느 하나에 해당하는 자를 말한다.

③ '아동 · 청소년'이란 24세 이하인 사람을 말한다.

(3) 국가와 지방자치단체의 책무

① 국가와 지방자치단체는 다문화가족구성원이 안정적인 가족생활을 영위하고 경제 · 사회 · 문화 등 각 분야에서 사회구성원으로서의 역할과 책임을 다할 수 있도록 필요한 제도와 여건을 조성하고 이를 위한 시책을 수립 · 시행해야 한다.

② 지방자치단체에서는 다문화가족 지원을 담당할 기구와 공무원을 두어야 한다.

③ 국가와 지방자치단체는 이 법에 따른 시책 중 외국인정책 관련 사항에 대하여는 「재한외국인 처우 기본법」의 규정에 따른다.

(4) 다문화가족 지원을 위한 기본계획의 수립

① 여성가족부장관은 다문화가족 지원을 위하여 5년마다 다문화가족정책에 관한 기본계획을 수립해야 한다.

② 기본계획에는 다음 사항을 포함해야 한다.

- 다문화가족 지원정책의 기본방향
- 다문화가족 지원을 위한 분야별 발전시책과 평가에 관한 사항
- 다문화가족 지원을 위한 제도 개선에 관한 사항
- 다문화가족구성원의 경제 · 사회 · 문화 등 각 분야에서 활동 증진에 관한 사항
- 다문화가족 지원을 위한 재원 확보 및 배분에 관한 사항
- 그 밖에 다문화가족 지원을 위하여 필요한 사항

(5) 연도별 시행계획의 수립 · 시행

① 여성가족부장관, 관계 중앙행정기관의 장과 시 · 도지사는 매년 기본계획에 따라 다문화가족정책에 관한 시행계획을 수립 · 시행해야 한다.

② 관계 중앙행정기관의 장과 시 · 도지사는 전년도의 시행계획에 따른 추진실

적 및 다음 연도의 시행계획을 대통령령으로 정하는 바에 따라 매년 여성가족부장관에게 제출해야 한다.

(6) 실태조사 등

① 여성가족부장관은 다문화가족의 현황 및 실태를 파악하고 다문화가족 지원을 위한 정책수립에 활용하기 위하여 3년마다 다문화가족에 대한 실태조사를 실시하고 그 결과를 공표해야 한다.
② 여성가족부장관은 실태조사를 위하여 관계 공공기관 또는 관련 법인 · 단체에 대하여 필요한 자료의 제출 등 협조를 요청할 수 있다. 이 경우 자료의 제출 등 협조를 요청받은 관계 공공기관 또는 관련 법인 · 단체 등은 특별한 사유가 없는 한 이에 협조해야 한다.

2) 다문화가족 지원정책 및 서비스

(1) 다문화가족에 대한 이해증진(제5조)

① 국가와 지방자치단체는 다문화가족에 대한 사회적 차별 및 편견을 예방하고 사회구성원이 문화적 다양성을 인정하고 존중할 수 있도록 다문화 이해교육을 실시하고 홍보 등 필요한 조치를 해야 한다.
② 여성가족부장관은 홍보영상을 제작하여 방송사업자에게 배포해야 한다.
③ 여성가족부장관은 지상파방송사업자에게 비상업적 공익광고 편성비율의 범위에서 홍보영상을 채널별로 송출하도록 요청할 수 있다.
④ 지상파방송사업자는 제2항의 홍보영상 외에 독자적으로 홍보영상을 제작하여 송출할 수 있다.
⑤ 교육부장관과 특별시 · 광역시 · 특별자치시 · 도 · 특별자치도의 교육감은 「유아교육법」, 「초 · 중등교육법」 또는 「고등교육법」에 따른 학교에서 다문화가족에 대한 이해를 돕는 교육을 실시하기 위한 시책을 수립 · 시행해야 한

다. 이 경우 실태조사의 결과 중 다문화가족구성원인 아동 · 청소년의 교육 현황 및 아동 · 청소년의 다문화가족에 대한 인식 등에 관한 사항을 반영해야 한다.

⑥ 교육부장관과 특별시 · 광역시 · 특별자치시 · 도 · 특별자치도의 교육감은 「유아교육법」 및 「초 · 중등교육법」에 따른 학교의 교원에 대하여 대통령령으로 정하는 바에 따라 다문화 이해교육 관련 연수를 실시해야 한다.

(2) 생활정보 제공 및 교육 지원

① 국가와 지방자치단체는 결혼이민자 등이 대한민국에서 생활하는 데 필요한 기본적 정보(아동 · 청소년에 대한 학습 및 생활지도 관련 정보를 포함한다)를 제공하고, 사회적응교육과 직업교육 · 훈련 및 언어소통능력 향상을 위한 한국어교육 등을 받을 수 있도록 필요한 지원을 할 수 있다.

② 국가와 지방자치단체는 결혼이민자 등의 배우자 및 가족구성원이 결혼이민자 등의 출신 국가 및 문화 등을 이해하는 데 필요한 기본적 정보를 제공하고 관련 교육을 지원할 수 있다.

③ 국가와 지방자치단체는 제1항 및 제2항에 따른 교육을 실시함에 있어 거주지 및 가정환경 등으로 인하여 서비스에서 소외되는 결혼이민자 등과 배우자 및 그 가족구성원이 없도록 방문교육이나 원격교육 등 다양한 방법으로 교육을 지원하고, 교재와 강사 등의 전문성을 강화하기 위한 시책을 수립 · 시행해야 한다.

④ 국가와 지방자치단체는 방문교육의 비용을 결혼이민자 등의 가구 소득수준, 교육의 종류 등 여성가족부장관이 정하여 고시하는 기준에 따라 차등 지원할 수 있다.

⑤ 결혼이민자 등의 배우자 등 다문화가족구성원은 결혼이민자 등이 한국어교육 등 사회적응에 필요한 다양한 교육을 받을 수 있도록 노력해야 한다.

(3) 다문화가족지원센터의 설치 · 운영 등(제12조)

① 국가와 지방자치단체는 다문화가족지원센터를 설치 · 운영할 수 있다.

② 국가 또는 지방자치단체는 지원센터의 설치 · 운영을 대통령령으로 정하는 법인이나 단체에 위탁할 수 있다.

③ 국가 또는 지방자치단체 아닌 자가 지원센터를 설치 · 운영하고자 할 때에는 미리 시 · 도지사 또는 시장 · 군수 · 구청장(자치구의 구청장을 말한다.)의 지정을 받아야 한다.

④ 지원센터는 다음의 업무를 수행한다.

- 다문화가족을 위한 교육 · 상담 등 지원사업의 실시
- 결혼이민자 등에 대한 한국어교육
- 다문화가족 지원서비스 정보제공 및 홍보
- 다문화가족 지원 관련 기관 · 단체와의 서비스 연계
- 일자리에 관한 정보제공 및 일자리의 알선
- 다문화가족을 위한 통역 · 번역 지원사업
- 그 밖에 다문화가족 지원을 위하여 필요한 사업

⑤ 지원센터에는 다문화가족에 대한 교육 · 상담 등의 업무를 수행하기 위하여 관련 분야에 대한 학식과 경험을 가진 전문인력을 두어야 한다.

⑥ 국가와 지방자치단체는 지정한 지원센터에 대하여 예산의 범위에서 업무를 수행하는 데에 필요한 비용 및 지원센터의 운영에 드는 비용의 전부 또는 일부를 보조할 수 있다.

⑦ 다문화가족지원센터의 설치 · 운영 기준, 위탁 · 지정 기간 및 절차 등에 필요한 사항은 대통령령으로 정하고, 전문인력의 기준 등에 필요한 사항은 여성가족부령으로 정한다.

(4) 다문화가족지원사업 전문인력 양성(제13조)

① 국가 또는 지방자치단체는 다문화가족지원 및 다문화 이해교육 등의 사업 추진에 필요한 전문인력을 양성하는 데 노력해야 한다.

② 여성가족부장관은 전문인력을 양성하기 위하여 대통령령으로 정하는 바에 따라 대학이나 연구소 등 적절한 인력과 시설 등을 갖춘 기관이나 단체를 전문인력 양성기관으로 지정하여 관리할 수 있다.

③ 국가 또는 지방자치단체는 제2항에 따라 지정된 전문인력 양성기관에 대하여 예산의 범위에서 필요한 경비의 전부 또는 일부를 지원할 수 있다.

생·각·해·보·기

- 「건강가정 기본법」에서 더 보완하고 고쳐야 할 내용에는 무엇이 있을지 생각해 봅시다.
- 1인 가구를 위한 법을 만든다면 어떤 내용이 들어가면 좋을지 토론해 봅시다.
- 「한부모가족지원법」에서 좋은 점과 부족한 부분은 무엇인지 토론해 봅시다.
- 「영유아보육법」에서 더 고치고 보완해야 할 부분은 무엇인지 생각해 봅시다.
- 「다문화가족지원법」에서 향후 보완하고 싶은 부분은 어느 부분인지 생각해 봅시다.

PART 3

가족복지 실천

C·H·A·P·T·E·R **06**

가족복지 실천과정: 초기 단계

학습목표

1. 가족복지 실천의 발굴 및 접수 단계에 대해 학습한다.
2. 가족복지 실천과정에서 가족과의 관계형성과 사회복지사의 구체적 역할을 이해한다.
3. 가족복지 실천과정에서 사정 단계의 방법과 도구를 학습한다.
4. 가족복지 실천개입 계획을 수립한다.

가족 대상 사회복지 실천과정은 사례관리 과정으로 설명할 수 있다. 먼저, 어려움과 문제를 가진 가족 클라이언트가 기관과 전문가를 처음 찾아오게 되는 접수 단계를 시작으로, 두 번째는 가족의 어려움을 확인하고 이해하는 관계형성을 단계적으로 진행한다. 세 번째, 직·간접적인 사정도구를 활용하여 가족의 문제와 어려움을 사정하고 네 번째, 구체적인 변화 목표를 계획하고 수립하는 단계까지, 일련의 사례관리 과정을 통해 가족복지 실천과정을 살펴볼 수 있다. 이번 장에서는 가족복지 실천과정에서의 접수 및 관계형성의 단계, 사정 및 계획 수립의 단계에 대해 알아보고자 한다.

1. 가족 클라이언트 발굴 및 접수 단계

1) 클라이언트 발굴

일반적으로 가족 대상 클라이언트의 사례 발굴은 크게 세 가지 과정으로 이루어진다. 사례 발굴이란 사례관리자가 여러 가지 의뢰 경로를 통해 가족 대상 클라이언트를 확보하게 되는 과정을 말한다.

첫 번째 사례 발굴은 지역사회의 시·군·구청, 읍·면·동의 주민센터 등의 공공기관과 법무부, 보호관찰소, 기타 아동보호 전문기관 등 가족 관련 여러 전문기관 및 민간기관으로부터 의뢰가 이루어지는 경우이다. 이러한 의뢰 과정이 가족 클라이언트의 욕구에 의해 진행되는 경우에는 가족의 자발적인 의지와 협조를 통해 접수과정이 안정적으로 이루어질 수 있다. 반면, 의뢰가 이루어지는 이유가 법원에 의한 판결, 또는 보호관찰소의 치료 명령으로 인한 의무적인 의뢰 과정인 경우에는 가족 클라이언트의 비자발적이고 비협조인 태도로 인해 사례 발굴 초기 과정부터 어려움을 경험할 수 있다. 외부 기관의 의뢰를 통해 가족 클라이언트의 발굴이 보다 원활하게 이루어지기 위해서는 유관기관 협력 및 홍보를 통하여 명확한 의뢰 과정 절차 시스템을 갖추고 있어야 한다.

두 번째 가족 대상 클라이언트의 사례 발굴 과정은 직접적인 클라이언트 가족이나 클라이언트 주변의 요청을 통해 발굴이 이루어지게 된다. 자발적으로 전문기관을 찾아오는 가족은 자신의 문제에 대한 다양한 인식 수준을 갖고 기관의 서비스를 요청하게 된다. 가족문제의 심각성을 인식하고 문제의 변화를 위해 기관을 찾아오는 가족은 서비스에 대한 이해도가 높고 서비스를 통해 변화 의지도 높은 경우도 있다. 반면, 가족의 문제가 이미 오랫동안 지속되어 왔고, 가족의 해체 또는 가족의 파탄 직전에 마지막으로 전문기관을 찾아오는 가족도 있다. 이러한 가족은 자발적으로 기관을 찾아오지만 이미 소진의 상태가 심하고 이후 가족복지 실천과정을 진행하는 에너지가 남아 있지 않을 수도 있다. 또한, 가족의 문제가 외부로 알려지는 것에 대한 부담감이 크고 전문적인 서비스기관을 이용하는 것에 대한 거부감이나 긴장이 높을 수도 있다. 그러므로 가족이 서비스를 이용하는 절차나 과정에 대한 부담감과 어려움을 줄이고 전화나 인터넷, 또는 기관 내방 방식의 다양한 발굴 절차를 사용하여 다양한 상태의 가족이 안전하게 기관의 서비스를 이용할 수 있도록 돕는 것이 필요하다.

세 번째 가족 대상 발굴 과정은 가족의 욕구와 문제가 있으나 실제적으로 전문기관을 이용하지 못하는 가족 대상 클라이언트를 위해서는 직접적인 아웃리치를 통해 클라이언트의 집으로 방문하는 것이다. 일부 기관에서는 아웃리치 과정을 진행하지 않을 수도 있다. 그러나 외부 활동이 제한되어 있거나 사회적 관계형성이 이루어지지 못한 소외된 가족 클라이언트일수록 전문기관에 대한 정보를 접하기 어렵고 직접 방문하는 데까지 어려움을 경험할 수 있다. 따라서 서비스의 존재를 알지 못하는 가족에게 직접 방문하여 기관의 서비스에 대해 홍보하고 안내를 제공할 수 있고, 또한 관련 아웃리치 과정을 통해 기관에 내소하여 접수과정을 진행하는 것이 필요하다.

2) 접수

가족 대상 클라이언트의 실천과정에서 사례발굴이 되면 접수 면접은 다양한 과정을 통해 이루어진다. 접수(intake)란 클라이언트의 인구사회학적 특성 및 기초적인 문제와 욕구를 확인하고 그 욕구와 문제가 해당 기관 또는 사례관리자가 제공할 수 있는 서비스 범주에 해당되는지 판단하는 1차 과정이다.

접수의 첫 번째 단계에는 가족 클라이언트의 욕구와 문제를 개략적으로 파악하게 된다. 접수 시 첫 질문은 라포(rapport) 형성을 위해서도 매우 중요하다. 첫 질문은 가족의 문제를 중심으로 파악하는 것보다 가족의 욕구를 중심으로 파악하는 것이 좋다. 접수 시에는 구체적으로 기관으로 의뢰된 경위와 가족의 주요 욕구를 알아볼 수 있다. 기본적인 인적 사항은 민감한 정보이면서도 가장 기본적인 정보이므로 가족이 거부감을 느끼지 않도록 편안하게 질문한다. 대부분의 주요 정보는 이름, 성별, 연령, 주소, 연락처, 학력, 결혼관계 등이다. 주거 및 재정 상태(직업, 기초생활수급 여부, 거주환경, 재산이나 소득 여부) 및 건강정보(질환 및 장애 유무)의 기초정보도 1차 단계에서 파악해야 한다. 1차 접수 단계는 기관에서 요구되는 초기 접수 기록지를 활용하여 간단하면서도 정확하게 이루어져야 한다. 최근에는 개인정보에 대한 중요성 및 일부 정보 보호 측면의 윤리가 강조되면서 초기 접수 단계에서 개인정보 사용에 대한 동의 등이 요구되고 있다.

접수의 두 번째 단계는 가족의 주요 정보와 파악된 내용을 통해서 기관의 실천과정에서 제공되는 원조 과정에 대해 설명한다. 이때 기관의 지침, 기관 서비스의 목적, 가족 클라이언트의 권리, 가족 클라이언트와 사례관리자의 책임과 의무, 가족 클라이언트와 사례관리자 역할에 대한 설명, 서비스에 대한 상호 동의 과정을 간단하게 설명하는 과정이 필요하다. 즉, 기관에서 가족 클라이언트에게 제공할 수 있는 서비스에 대한 포괄적인 설명이 필요하며, 그러한 서비스를 이용할 때 가족 클라이언트가 지켜야 할 준수 사항 및 사례관리자와의 관계에서 이루어질 수 있는 역할에 대한 설명이 이루어진다. 기관의 서비스를 이용하고 받아들일지에 대한 의사결정 여부를 파악하고 동의가 진행된 후에는 관련 서류에 계약하고 서명하는 과정이 이루어진다. 서비스 이용 계약 등에는 기관의 지침 준수에 대한 이행 여부, 비밀보장의 권리와 사생활 보장의 권리가 자해나 타해의 위험 여부 시 제약되될 수 있다는 내용 등 기관의 방침에 따라 필요한 내용으로 구성할 수 있다.

3) 의뢰

접수과정에서 내담자 욕구와 기관의 실천 서비스가 일치한다면 이후 기본적인 가족상담 및 가족복지 실천과정의 단계에 따라 이루어진다. 기본적인 라포 형성 및 사정 단계를 통해서 클라이언트의 문제를 직접적으로 확인하고 점검하는 과정을 진행하게 된다. 만약, 가족의 욕구와 문제가 기관의 실천 서비스와 일치하지 않아서 가족의 욕구를 해결할 수 없는 경우 또는 기관의 서비스 방침에 가족 클라이언트가 동의하지 않는 경우에는 적합한 기관의 서비스 정보를 제공하여 타 기관으로 의뢰하도록 한다. 일부 기관의 예산이나 운영 지침에 따라 가족의 주소지나 소재지에 따른 제한이 있을 수도 있으며, 서비스 이용료에 대한 문제, 가족 클라이언트 이용자의 연령 등 일부 특성으로 서비스가 제한되는 경우도 있을 수 있다.

기관의 특성상 외부 기관으로 가족 클라이언트를 의뢰하는 경우에는 해당 서비스 제한에 대한 명확한 사유를 설명하고 적합한 외부 기관을 의뢰하는 절차가 필요하다. 특히, 가족이 해당 기관으로부터 거절이나 차단되는 느낌이 아니라 보다 전문적인 기관을 이용할 수 있는 기회임을 설명하는 과정이 필요하다.

외부의 다른 전문기관에 의뢰할 경우에는 외부 기관의 기본적인 정보와 특징, 기관을 이용할 때 접촉할 수 있는 담당자, 기관 이용료 및 기타 가능한 정보에 대해 다양하게 제공하는 것이 필요하다. 가족 클라이언트가 전문기관을 찾아 내소하는 것은 많은 용기와 노력이 필요한 과정이다. 자신의 문제해결을 위해 노력하는 클라이언트가 지속적으로 문제해결을 마무리할 수 있도록 외부 전문기관의 의뢰 또한 중요한 과정으로 인식하고 세심한 노력을 기울여야 한다.

〈표 6-1〉 초기면접지(intake)

초기면접지(INTAKE)

<table>
<tr><th>접수 번호</th><td colspan="3">2020-03-15</td><th colspan="2">일시</th><td colspan="2">2020년 3월 2일</td></tr>
<tr><th>사례관리자</th><td colspan="7">홍길동</td></tr>
<tr><th>면접 참여자</th><td colspan="7">김○○(남편), 유○○(부인), 김△△(자녀)</td></tr>
<tr><th>면접 경로</th><td colspan="7">□ 본인 요청( ) □ 사례관리자 발굴
□ 기관 내부 의뢰( ) ■ 타 기관 의뢰(아동전문기관)
□ 지역사회 의뢰( ) □ 기타( )</td></tr>
<tr><th>상담 장소</th><td colspan="7">■ 내방 □ 전화 □ 인터넷 □ 방문(가정) □ 방문(지역사회)</td></tr>
<tr><th>대상자</th><td colspan="3">김△△</td><th colspan="2">생년월일</th><td colspan="2">2004년 7월 20일</td></tr>
<tr><th>주소</th><td colspan="7">서울 강서구 ○○동 ○○아파트 ○동 ○호</td></tr>
<tr><th>장애(유형/급)</th><td colspan="3">해당 없음</td><th colspan="2">건강상태</th><td colspan="2">■ 양호 □ 질환( )</td></tr>
<tr><th>보호 구분</th><td colspan="7">□ 수급 □ 조건부 수급 ■ 저소득 / 차상위 □ 기타(의료보호 / 보훈 등)</td></tr>
<tr><th>주거 상태</th><td colspan="7">□ 자택 ■ 전세 □ 월세 □ 영구임대 □ 기타( )</td></tr>
<tr><th rowspan="6">가족 사항</th><th>관계</th><th>이름</th><th>나이</th><th>직업</th><th>결혼</th><th>연락처</th><th>기타</th></tr>
<tr><td>조부</td><td>김□□</td><td>71</td><td>무직</td><td>사별</td><td>–</td><td>치매(요양원)</td></tr>
<tr><td>부</td><td>김○○</td><td>54</td><td>직장인</td><td>유</td><td>010–**</td><td></td></tr>
<tr><td>모</td><td>유○○</td><td>52</td><td>직장인</td><td>유</td><td>010–**</td><td></td></tr>
<tr><td>녀</td><td>김△△</td><td>16</td><td>학생</td><td>무</td><td>010–**</td><td></td></tr>
<tr><td></td><td></td><td></td><td></td><td></td><td></td><td></td></tr>
<tr><th>대상자 진술
(도움 요청 내용)</th><td colspan="7">– 아이들이 놀려서 학교에 가기 싫어요.
– 한 달 전에 친구의 물건을 훔쳐서 아이 아빠에게 애가 맞은 적이 있어요. 그 뒤로 문제가 더 심해졌어요.</td></tr>
<tr><th rowspan="2">면접자
평가</th><td colspan="7">학교 부적응 문제로 내소하였으나 최근에 가정폭력 문제가 있었다고 하며, 관련 문제가 처음 있었던 일이 아니라 여러 차례 있었던 내용임이 암시되고 있음. 학교 부적응 문제가 부부갈등 문제와 연결되어 있는 것으로 보이고 관련한 문제에 대한 서비스 지원이 필요하다고 판단됨</td></tr>
<tr><th>대상판정</th><td colspan="6">■ 대상(긴급 / 일반) □ 비대상(정보제공 / 연계( ))</td></tr>
</table>

2. 가족 클라이언트와 관계형성 단계

1) 관계형성

가족 대상 사회복지 실천에서는 사회복지사와 가족이 처음 만나는 과정이 매우 중요하면서도 관계가 형성되는 시작의 단계이다. 만남을 시작하는 장소와 만남이 지속되는 시간, 그리고 첫 질문과 이어지는 대답의 모든 과정에서 관계형성이 이루어지기 시작한다. 이 관계형성의 모든 과정 동안 사회복지사와 가족은 상호 신뢰 관계인 라포(rapport) 관계를 이루게 되고 이를 통해 앞으로 가족복지 실천 여정을 시작할 수 있는 원동력이 되기도 한다.

사회복지사는 자신이 만나는 가족이 사회복지사를 만나러 오기까지 어렵고 오랜 과정을 거쳐 그 자리에 왔음을 기억해야 한다. 가족 안에서 문제가 발생하기 시작하고, 그 문제에 대해 인식하지 못했거나, 혹여 인식하였더라도 시간이 지나면 괜찮아지기를 막연하게 기대하고 지나온 시간이 있었을 것이다. 그럼에도 불구하고 가족의 문제는 계속 지속되었을 것이고 반복되고 심화된 문제에 대해 다양한 방법을 시도했지만 시도된 방법들은 대부분 실패했거나 문제를 더욱 악화시키는 방향으로 진행되어 오히려 많은 정서적 갈등을 경험했을 수도 있다. 불안이나 우울, 또는 분노와 좌절을 경험한 가족은 여러 경로를 통해 시간과 노력을 들여 전문가를 찾은 후 사회복지사를 만나기 위해 예약을 하고, 그 자리에 와서 앉아 있는 것이다.

그 어려운 과정을 경험한 가족 앞에 서 있는 사회복지사는 보다 신중하고 사려 깊은 태도로 가족을 만나야 한다. 변화를 위하여 찾아온 가족의 용기를 진심으로 격려하고, 가족이 자신의 이야기를 부끄럽게 느끼지 않도록 온화하고 지지적인 환경을 제공해야 한다.

2) 저항감 해소

가족이 문제를 인식하는 과정과 문제의 주된 원인이 어디에 있는가를 파악하는 과정에는 여러 가지 단계가 있다. 가족 안의 문제가 자기 자신에게 있다고 인식하고 생각하는 가족의 경우에는 가족 모두가 자발적인 변화 의지를 갖고 있기 때문에 사회복지 실천과정에서 오는 저항감과 긴장이 완화되고 자연스러운 변화 과정으로 이어질 수 있다.

그러나 가족 안에서 나타나는 문제가 자신이 아닌 타인에게 있거나 외부의 문제로 인해 가족갈등을 경험하고 있는 경우에는 가족 중 누구 한 사람은 적극적인 치료 의지를 가지고 있는 반면, 다른 한 사람은 치료 의지가 없는 경우가 있다. 또는 가족의 문제가 자신이 아닌 외부 다른 곳에 있다고 생각하고 어쩔 수 없는 상태임을 합리화하거나 문제에 머무를 수밖에 없는 많은 이유를 이야기하며 저항하는 등 비자발적인 가족 역동의 모습을 보이게 된다.

비자발적인 가족 대상 클라이언트를 자발적인 클라이언트로 변화하기 위해서는 가족 클라이언트가 보이고 있는 저항감과 긴장 및 부정적 감정의 이유를 확인해야 한다. 가족의 문제는 한 사람의 이야기로 이루어지는 것이 아니라 가족 모두의 이야기로 구성된다. 또한, 가족의 문제는 누가 가해자이고 누가 피해자가 되는 구조의 논리로 접근하지 않고 각자의 상황에 대한 타당함을 충분하게 이해하고 지금까지 더 나빠지지 않고 견뎌 온 시간을 격려해야 한다. 또한, 문제를 해결하기 위해 기관을 찾아온 가족 모두를 칭찬하고 지지하고 출발하는 과정이 곧 문제를 해결할 수 있는 시작이 될 수 있도록 동기화하는 과정이 필요하다.

3) 공감과 수용

접수 면접에서 상담이 진행되는 경우 이 과정은 많은 정보와 내용을 포함하고 있다. 사회복지사는 초기 접수 면접에서 이루어지는 많은 정보를 관찰하고 이해하는 동시에 추가적 정보를 확인하기 위해 질문하고 그 질문에 대한 반응을 지켜볼 수 있다.

초기면접의 관계형성을 위해 오랜 시간을 면접에 사용하는 것보다 적절한 시간 내에 정확한 정보를 이끌어내고, 정보를 통해 얻어 낸 가족의 역동을 관찰하고 이해하는 과정이 필요하며, 동시에 면접 동안 관찰된 가족에게 적절한 공감과 수용적 태도를 보여야 한다. 초기면접 시 관계형성은 이후 사정과 치료계획 수립 이후 개입 시에 요구되는 사회복지 실천과정과는 좀 더 다른 측면의 상담 기술이 요구될 수 있다.

가족 클라이언트가 자신의 문제를 인정하지 못하고 지속적으로 부정하고 있거나 자신의 문제에 대해 지나치게 합리화하고 정당화하는 기제를 사용할지라도 초기면접 시부터 그러한 문제를 직면하거나 해석하는 것은 자칫 관계형성에 어려움을 줄 수 있다. 반대로 가족 클라이언트에게 잘 보이고 싶어 하는 초보 사회복지사는 접수 면접을 잘 해내고 싶다는 욕심 때문에 초기면접에서 파악해야 할 중요한 정보보다 자신의 의도대로 접수 면접을 진행하는 경우도 있을 수 있다.

관계형성의 첫 번째는 가족 클라이언트에 대한 공감과 수용에서 출발한다. 클라이언트를 충분히 이해한다는 것은 클라이언트가 어떤 마음 상태에 처해 있는지 파악하는 것만도 아니고 그 마음에 동감한다는 것만도 아니다. 클라이언트에 대한 공감적 이해와 수용적 태도는 클라이언트로 하여금 클라이언트가 어떤 생각, 어떤 행동을 하더라도 있는 그대로의 자신을 대한다는 느낌을 받을 수 있다. 클라이언트의 느낌과 감정, 생각 등을 공감하고 수용될 때 가족의 중요한 이야기를 이끌어낼 수 있고 문제해결을 위한 방법도 함께 모색될 수 있다.

사회복지사가 따뜻하고 온화한 분위기로 수용하고 공감해 줄 때 가족은 자신의 이야기가 가치 평가되지 않는다고 느낄 수 있으며, 표현하기 어려운 고민과 어려움도 공개할 수 있다. 또한, 전문가의 수용과 공감을 통해 자신의 문제에 대해 사회복지사와 함께 문제를 해결해 나갈 수 있다는 기대와 욕구를 가지게 되고 자신의 행동을 개선하기 위한 변화를 받아들일 수 있는 마음의 자세를 갖게 할 수 있음을 기억해야 한다.

3. 사정 단계

1) 가족 사정의 영역

가족 사정(family Assessment)은 가족의 욕구와 문제를 규명하는 작업으로 가족복지 실천과정에서 가장 중요한 과정이면서도 가족구성원의 이해를 도모하고 변화를 도모하기 위한 실천적 과정으로 진행될 수 있다. 사정 단계는 무엇보다 가족 클라이언트의 욕구를 확인하고 그 욕구를 충족시키기 위한 방법과 전략을 개발하고 구체적으로 제공할 서비스를 결정하기 위해 필요한 정보를 얻고 분석하는 과정이다(권진숙, 2012). 가족 사정은 가족의 욕구와 문제에 대한 가족구성원의 생각과 감정, 가족구성원의 관계, 외부체계와의 상호작용, 가족의 강점과 자원 등 다양한 측면의 내용에 대해 자료를 수집하고 분석하며 이루어져야 한다.

(1) 가족의 욕구

생존과 안전, 경제적인 욕구와 관계의 욕구 등 다양한 가족의 욕구에 따라 사회복지 실천과정은 매우 다른 형태로 접근되어질 수 있다. 또한, 가족의 욕구는 가족구성원마다 상이할 수 있는데 가족구성원의 모든 욕구에 대해 확인하고 점검하는 과정이 필요하다. 일부 폭력이나 학대, 빈곤 및 정신건강 등의 가족문제에서 욕구를 사정할 때 다른 진단도구를 사용하지만, 일반적으로 통합사례관리 영역에서 사용하는 욕구 사정 내용은 다음과 같다.

〈표 6-2〉 욕구 영역과 사정

욕구 영역	사정 내용
안전	가족 내 안전 유지, 가족 외부로부터의 안전
건강	신체적 건강 유지, 정신적 건강 유지
일상생활 유지	의식주 관련, 여가생활 활용
가족관계	가족관계 형성, 가족 돌봄

욕구 영역	사정 내용
사회적 관계	친인척 및 이웃 간 관계 형성, 소속된 집단 및 사회 생활
경제	기초생활 해결, 자산 관리
교육	기초지식 습득 및 향상, 교육 환경 개선
고용	취(창)업, 고용 유지
생활 환경	주거 내부 환경 개선, 주거 외부 환경 개선
법률 및 고용 보장	법률 지원, 권익 보장

출처: 강흥구(2016). 사례관리.

(2) 가족문제

가족이 사회복지 실천 장면에서 가장 해결하기 원하는 것은 현재 고민하고 있는 문제가 없어지는 것이다. 보통 이러한 문제는 다양한 유형을 지닌다. 문제의 유형에 따라, 문제의 성격에 따라, 문제를 가지고 있는 주체에 따라 가족의 문제는 하나 또는 그 이상이기도 하고, 서로 대립되는 주제의 성격을 갖기도 한다. 예를 들어, 아이의 학교 부적응을 문제로 삼는 부부의 경우, 오히려 아이는 부부의 갈등을 문제의 원인으로 보는 경우가 있을 수 있다. 부부역할 수행에 대한 미흡함을 부부의 성격 차이로 보는 차이도 존재할 수 있다. 다양한 가족문제는 문제를 위기로 보는 것이 아니라 해결의 출발점으로 인식하고 변화의 계기로 인식하는 과정이 필요하다.

(3) 가족 의사소통

의사소통은 가족이라는 체계 안에서 언어적 의사소통과 비언어적 의사소통방식으로 서로의 정보와 생각과 감정을 전달하고 교류하게 된다. 의사소통은 가족기능을 이해하는 핵심 개념 중의 하나이며, 가족 내 어떤 의사소통방식을 사용하느냐에 따라 가족관계 유형과 많은 정보를 제공할 수 있다. 가족 의사소통에 대한 사정은 사회복지사가 지향하는 주된 이론 및 치료의 방향에 따라 달라질 수 있으며, 가족 의사소통은 사회복지 실천 계획의 목적이 되기도 하고, 과정이 되기도 한다.

일반적으로 사정 단계에서 가족이 보이는 의사소통유형은 매우 다양하다. 지나치게 잡담을 하는 모습을 보이는 가족구성원이 있거나 많은 가족구성원이 모두 다 동시에 이야기하는 경우도 있을 수 있다. 잡담에 많은 시간을 보낸다면 적절한 시점에 종료를 알리고 상담에 집중할 수 있도록 하고, 동시에 많은 가족구성원이 이야기를 한다면 순서와 규칙을 정하여 이야기할 수 있도록 제한할 수 있다.

또 다른 경우에는 아무도 이야기하지 않거나 어떤 한 가족구성원이 다른 가족구성원을 대변해서 모든 이야기를 하는 경우도 있다. 침묵은 여러 가지 원인이 있다. 가족의 저항을 대변하기도 하고, 가족의 일상적인 모습을 의미할 수도 있기 때문에 상담 장면은 가족 모두 이야기할 수 있는 장소임을 안내하고 격려할 수 있다. 어떤 한 명이 다른 가족구성원을 대변해서 이야기한다면, 대변 당한 가족구성원의 입장과 느낌을 공감하며 기존에 가지고 있는 가족의 의사소통유형 대신에 새로운 의사소통유형(가족 모두 자신의 목소리로 이야기하기) 등을 제안하여 가족상담을 이끌어나갈 수 있다.

가족이 서로를 비난하거나 서로에게는 이야기하지 않고 상담사에게 마치 그간의 상황을 이르듯 상담사에게만 말을 하는 경우도 있다. 다른 가족구성원을 비난하거나 공격하는 행동은 문제해결에 도움이 되지 않음을 설명하고 공격적이지 않은 언어와 본인을 주어로 하는 '나 전달법'(I-message)을 사용하여 본인의 감정을 먼저 표현할 수 있도록 돕는다. 또한, 상담사에게만 이야기하는 의사소통방식은 자칫 삼각관계에 휘말릴 수 있으므로 가족 간 상호작용의 중요성을 알리고 의자 등을 재배치하여 서로의 의사소통을 권유하고 감정을 표현할 수 있도록 돕는다(김유숙, 2015).

(4) 가족체계

가족은 사회체계로서 환경과 끊임없이 상호작용하면서 영향을 주고받는 구성원들로 구성되어 있다. 가족은 외부 환경과 끊임없이 반응하면서 일정 시점이 흐름에 따라 비교적 안정화되어 항상성(homeostasis)을 유지하게 되는데 이러한 가족의 항상성은 가족체계 안에서 균형을 유지한다. 가족은 외부나 내부의 변화에 의해 스트레스가 존재하더라도 일정한 항상성을 잃지 않고 균형을 유지하게 된다. 가족의 하위체계는 성이나 세대, 일반적 관심 등에 따라 형성되는데 부모하위체계, 형제자매체계, 부모-자녀체계 등으로 구성된다. 가족의 하위체계 간에 허용되는 접촉은 경계로 구분되어지며, 경계는 가족의 하위체계 간의 독립과 자율성을 보호하는 기능을 수행한다.

내적 경계선은 가족의 개인성을 유지시키고 외적 경계선은 외부로부터 보호하는 역할을 수행한다. 이러한 가족의 체계는 인과성을 통해 원인과 결과가 서로 영향을 미쳐 처음 변화를 유발한 가족에게 다시 순환적으로 영향을 미치는 순환적 인과성을 보이게 된다. 가족은 이러한 하나의 체계를 통해 구성됨에 따라 각각의 요소를 개별로 이해하기보다 상호작용으로 이해하고 관찰하는 것이 필요하다.

2) 가족 사정의 방법

(1) 면접

사회복지사는 가족구성원과의 면접을 통해 가족 사정을 시작하게 된다. 면접은 가장 오래되고 일반적으로 이루어지고 있는 사회복지 실천과정이다. 사정을 위한 면접은 먼저 초기 접수 면접 이후 두 번째 과정에서 이루어지거나 간단한 접수 이후 사정 면접이 진행되는 등 다양한 방식으로 이루어질 수 있다. 무엇보다 면접을 위해서는 가족 클라이언트가 안정된 분위기에서 면담이 시행될 수 있도록 배려해야 하며, 긴장되고 경직된 분위기를 해소하고 편안한 분위기에서 진행될 수 있도록 노력해야 한다.

사정을 위한 면접에서 파악해야 하는 첫 번째 주요 과제는 가족 클라이언트가 가지고 있는 주요 문제 상황을 파악하는 것이다. 그러나 민감한 문제(폭력이나 학대) 그리고 주요한 갈등(부부갈등, 부부폭력) 등 가족구성원의 주요한 문제를 중심으로 이해하는 데에는 세심한 민감성이 필요하다. 때로는 가족구성원이 개별적으로 면접을 진행하길 기대할 수 있고, 가족구성원이 함께 면담을 진행하기를 기대할 수 있다. 반면, 사정의 정확한 정보를 위해 개별 면담이 필요하거나 가족 면담이 요구될 때도 있다. 사회복지사는 사정을 위한 면접에서 개별 또는 집단 면접의 순서와 방법을 결정하고 선택해야 하며, 가족과 함께 그 이유를 설명하고 순서를 진행해야 한다.

두 번째 주요 과제는 사정을 위한 다양한 정보를 파악하는 것이다. 사정을 위한 정보 파악에는 주요 면담 기록지 및 사정 면접을 위한 필요 서류를 갖추고 진행해야 한다. 사정 면접을 위해 필요한 기초 서류에는 「개인정보 보호법」에 의한 동의서, 계약서, 접수 기록지 등을 바탕으로 자세한 사정을 위한 사정도구 등을 갖추고 진행할 수 있어야 한다. 가족에게 작성해야 할 서류에 대해 충분히 설명하고, 일부 시행되는 검사도구는 명확한 사정평가를 위해 필요한 과정임을 안내하는 과정이 필요하다. 또한, 면접 시 활용되는 평가도구는 추후 개입 시에 어떻게 평가되었는지 가족에게 안내하고 설명하는 절차가 필요하다. 사정도구 외에 주요 사용되는 면담 기록지는 대부분 기관에서 사용되는 표준화된 면담 기록지를 사용하되 면담 기록지의 내용에 따라 순서대로 질문하는 방식은 가족이 마치 취조당하는 듯한 불편감을 야기시키거나 부담감을 불러일으킬 수 있으므로 적절한 상담기법을 통해 주요한 욕구들을 중심으로 질문을 이어나가도록 면접을 진행해야 한다.

(2) 관찰

관찰은 가족 사정의 중요한 도구이다. 관찰은 사회복지 실천과정의 모든 과정 동안 사용되는 기술로서 가족들의 역할과 관계, 역동을 살펴볼 수 있는 도구이다. 가족들은 기관에 들어서고, 사회복지사를 만나면서부터 언어적 · 비언어적으로 많은 정보를 노출하게 된다. 표정, 몸짓, 손놀림, 눈 맞춤, 억양, 목소리의 크기와 빠르기, 옷차림, 위생 상태 등 다양한 비언어적 정보를 통해 가족이 평상시 갖고 있는 생활모습과 행동패턴을 보여 주게 된다. 가족끼리의 대화, 가족의 말에 끼어들거나 반응하는 태도, 상대방을 향한 몸짓과 눈 맞춤 등 또한 가족구성원의 가족관계, 가족생활 모습을 보여 준다.

언어적 표현에서도 이야기의 논조와 흐름이 적절한지, 지나치게 과거의 사건에만 매몰되어 표현하지는 않은지, 시간과 상관없이 지리멸렬하거나 지지부진하지는 않은지 내용적 측면에서 관찰할 수 있다. 사회복지사는 종종 관찰을 통해 가족구성원의 다양한 특징을 확인하고 이해할 수 있다. 그러나 관찰을 통한 정보는 구체적으로 확인되지 않은 내용일 수 있다는 사실을 인식하고, 혹여 사회복지사의 선입견 또는 편견이 작용되지 않는지 이해관계를 검토하는 자세 또한 필요하다.

3) 가족 사정의 도구

(1) 가계도

가계도(genogram)는 3세대 이상에 걸쳐 가족의 구조와 관계를 그림으로 제시하는 것으로 생태도와 함께 가장 대표적으로 가족의 주된 관계와 역동을 한눈에 알아볼 수 있는 주요한 사정도구이다. 보웬(Bowen, 1978)의 다세대 가족체계이론에 근거한 가계도는 가족구성원의 나이와 직업, 교육, 결혼 여부 및 가족의 출생과 사망(상실), 동거 여부와 일부 의사소통유형 등을 확인할 수 있다. 가계도를 통해 가족의 역동을 확인하는 과정은 가족구성원이 오랫동안 가지고 왔던 강점과 어려움을 확인할 수 있고 동시에 가족에 대한 다양한 정보를 확인하는 출발이 될 수 있다.

가계도는 사람을 표시하는 기호와 관계를 표시하는 선을 활용하며, 다음과 같은 순서에 따라 작성된다.

① 가계도에서 가족구성원을 그리는 순서는 가계도 기호를 이용해 가족구조를 그린다. 가계도 기호는 [그림 6-1]을 참고하여 작성한다.

② 가계도의 가장 중심부인 가족 클라이언트의 원가족을 중심으로 조부세대 및 자녀세대 등을 포함한 3세대를 작성하여 그린다.

③ 가족구성원에 관한 정보를 기록한다. 가족구성원의 연령, 직업, 학력, 병력 등 중심이 되는 가족구성원을 중심으로 세부적인 정보를 기록하고 동거 여부를 점선으로 표시하고, 가족 상호작용의 유형은 기호를 사용하여 표시한다.

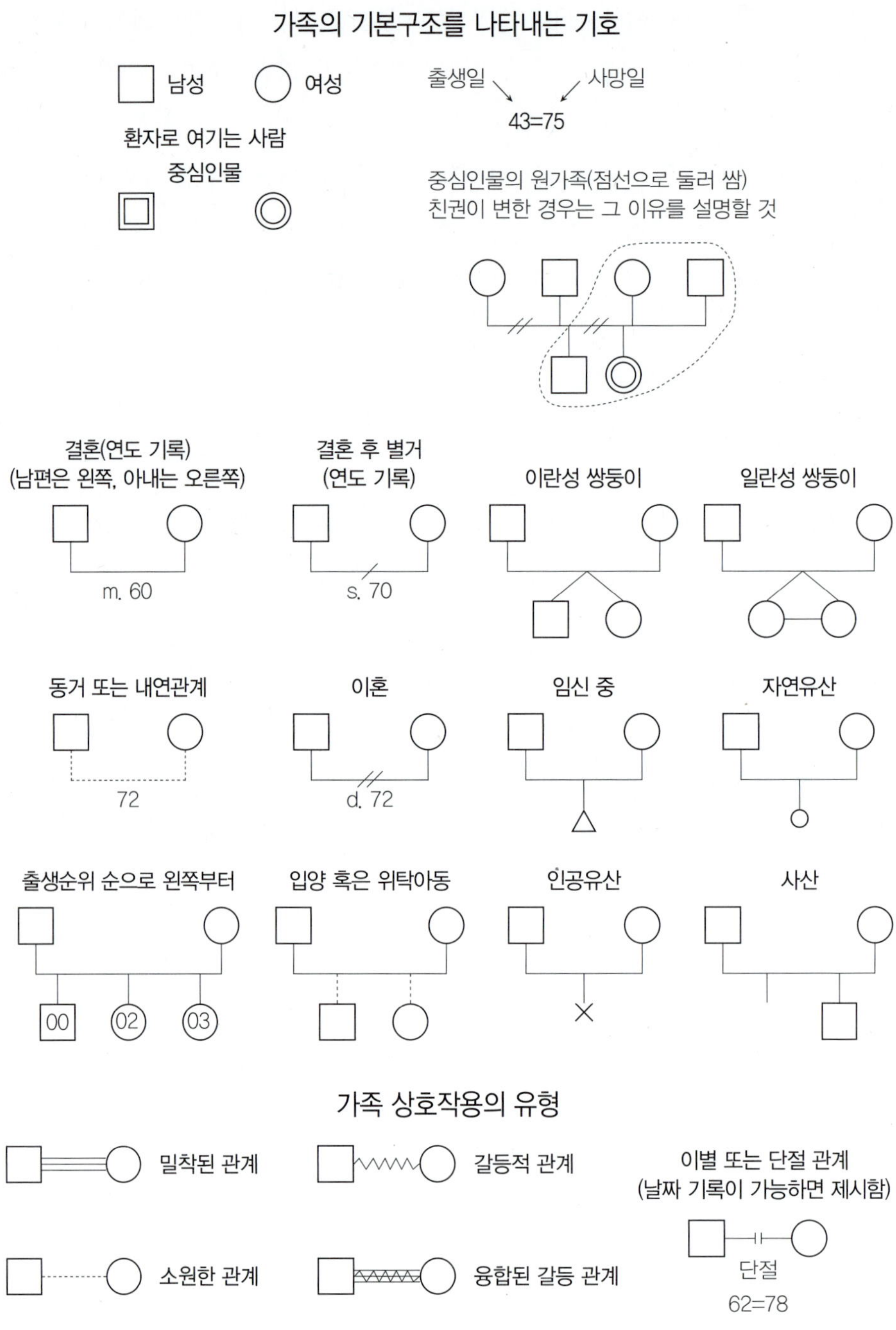
가족의 기본구조를 나타내는 기호
남성
여성
출생일
사망일
43=75
환자로 여기는 사람
중심인물
중심인물의 원가족(점선으로 둘러 쌈)
친권이 변한 경우는 그 이유를 설명할 것
결혼(연도 기록)
(남편은 왼쪽, 아내는 오른쪽)
m. 60
결혼 후 별거
(연도 기록)
s. 70
이란성 쌍둥이
일란성 쌍둥이
동거 또는 내연관계
72
이혼
d. 72
임신 중
자연유산
출생순위 순으로 왼쪽부터
00
02
03
입양 혹은 위탁아동
인공유산
사산
가족 상호작용의 유형
밀착된 관계
갈등적 관계
이별 또는 단절 관계
(날짜 기록이 가능하면 제시함)
소원한 관계
융합된 갈등 관계
단절
62=78

[그림 6-1] 가계도 기호

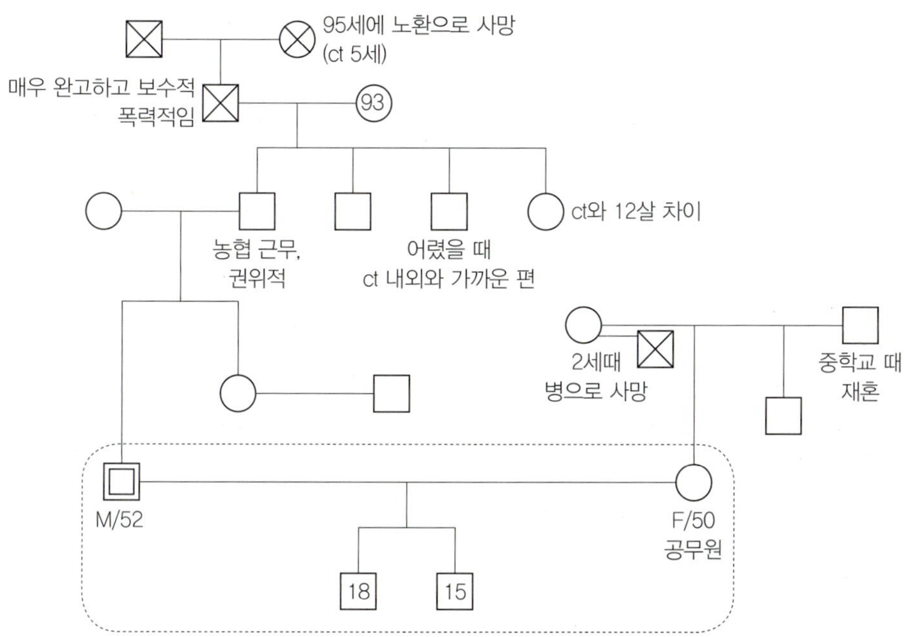

[그림 6-2] 가계도

가계도를 완성하는 것은 목적이 아니라 과정이다. 사회복지사는 가계도를 작성하면서 다양한 질문을 활용하며, 추가적인 정보를 획득할 수 있다. 획득되는 정보는 가족의 문제를 확인하는 동시에 가족의 강점과 역동을 확인하는 중요한 사정도구로 활용되며, 동시에 사회복지 실천과정의 개입 과정에서 중요한 개입도구로 활용될 수 있다.

① 가족 역할과 가족관계에 대한 질문을 활용할 수 있다. 결혼 및 이혼, 별거 및 동거 여부, 그 각각의 이유를 확인하면서 가족의 관계를 확인하고 정서적 단절과 연합의 이유와 결과를 확인할 수 있다. 부부관계 유형은 어떠한지, 부모-자녀 간의 관계 유형은 어떠한지 그 역동을 파악할 수 있다.

② 가족 사망에 대한 원인 및 사망에 대처하는 자세, 사망에 어떻게 적응했는지에 대한 질문을 통해 가족 적응성을 확인할 수 있다. 또한, 가족 질환의 원인 및 질환이 유전적 질환으로 나타나는지의 유무 또한 확인할 수 있다. 정신과

적 문제, 또는 중독의 문제가 있다면 세대적 문제로 나타나지는 않았는지 확인해야 한다.

③ 직업과 학교, 실업과 취업 여부 등을 통해 역할 수행의 성실도 및 역할 수행에서 오는 장애와 어려움을 확인할 수 있다. 가족구성원의 기능 수행(학교 재학, 직업 유지 등)에 따라 가족의 강점 등을 확인할 수 있다.

④ 가족의 균형과 불균형의 특징, 가족 안의 삼각관계 유형, 세대를 통해 반복되는 유형 또한 일부 확인할 수 있다. 가족 안의 중요한 사건들을 어떻게 해결해 왔는지 가족의 대처전략과 문제를 회피해 왔던 전략들을 파악할 수 있다.

(2) 생태도

생태도(eco-map)는 자신이나 가족을 중심으로 생태학적 공간에 가족 전체를 둘러싸고 있는 인적 자원과 물적 자원의 다양한 상호작용을 그림으로 나타낸 것으

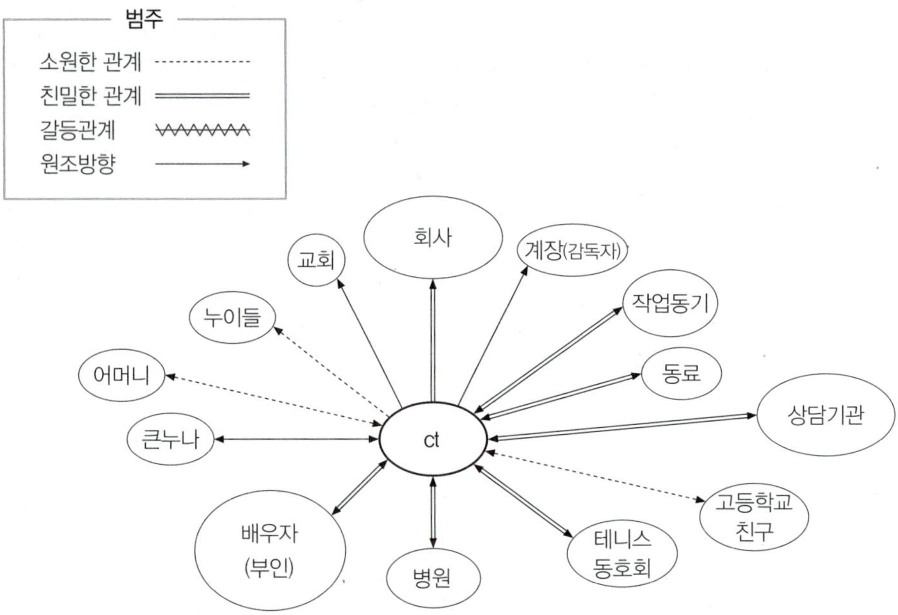

[그림 6-3] 생태도

로 앤 하트만(Ann hartman)에 의해 1975년 개발되었다. 생태도는 클라이언트 또는 가족을 중심으로 그릴 수 있다. 생태도는 클라이언트와 그 가족의 삶에 영향을 미치는 다양한 외부 환경을 보여 줄 뿐만 아니라 그 환경들과의 상호작용 및 역동의 흐름도 일부 파악할 수 있다.

또한, 생태도는 클라이언트 가족에게 주요하게 작용하는 외부 자원이 무엇인지, 또는 현재 스트레스를 주고 있고 부정적인 역할을 하는 자원이 무엇인지를 파악하는 동시에 가족의 기능 향상을 위해 추가로 필요한 자원이나 결핍된 자원을 확인하는 자료로 사용될 수 있다. 생태도를 작성하는 방법은 다음과 같다.

① 중앙에 클라이언트 본인 또는 가족 클라이언트 원가족을 가운데에 위치하도록 그려 넣고 기본적인 정보를 제시한다.

② 가운데에 그려진 원을 중심으로 가족에 관련된 외부 자원체계를 그린다. 공식자원(학교, 병원, 전문기관, 상담기관 등) 및 비공식자원(취미 활동을 위한 동우회, 외부 문화 활동, 자주 이용하는 민간기관 등), 인적 자원(확대가족, 친척, 친구, 이웃 등)을 각각의 원으로 표시한다. 종교단체(교회, 절 등), 지역사회복지관, 또는 기타 다양한 자원체계를 염두에 두고 필요한 자원체계를 검토할 수 있다.

③ 원의 사이즈는 관계망에 대한 친밀도의 크기로 크거나 작게 표시될 수 있고, 원의 위치(가운데 원을 중심으로 멀거나 가까이에 그려지는 위치)는 만남의 빈도에 따라 그려질 수 있다.

④ 가족과 환경과의 관계는 선으로 나타낸다. 굵은 실선은 긍정적이고 가까운 관계를, 점선은 약한 관계를 의미한다. 실선 위에 사선으로 빗금을 그려 낸 표시는 갈등 관계이다. 에너지의 흐름에 따라 화살표 방향을 표시하고 생태도를 완성한 후 범주 표시를 별도로 표시하여 역동에 대해 이해할 수 있도록 한다.

(3) 사회적 관계망 그리드

사회적 관계망 그리드(social network grid)는 휘태커와 트레이시(whittaker & Tracy)가 개발하여 개인을 중심으로 가족과 사회적 지지체계의 양과 질을 전체적으로 파악할 수 있게 도와주는 사정도구이다. 사회적 관계망 그리드는 대인의 역동성을 판단할 수 있고, 인적 자원에 대한 태도와 감정을 명확하게 확인하며, 무엇보다 관계의 질을 확인할 수 있다. 사회적 관계망 그리드를 작성하는 방법은 다음과 같다.

〈표 6-3〉 사회적 관계망 그리드(social network grid)

이름	생활 영역	물질적 지지	정서적 지지	정보/조언	비판	원조 방향	친밀도	만나는 빈도	알고 지낸 기간
	1. 가구원 2. 다른 가족 3. 학교 4. 직장/조직 5. 친구 6. 이웃 7. 전문가 8. 기타	1. 거의 없다 2. 가끔씩 3. 거의 항상	1. 거의 없다 2. 가끔씩 3. 거의 항상	1. 거의 없다 2. 가끔씩 3. 거의 항상	1. 거의 없다 2. 가끔씩 3. 거의 항상	1. 양방향 2. 그들에게만 3. 그들이 당신에게만	1. 거의 친하지 않음 2. 가까운 정도 3. 매우 가까움	1. 1년에 몇번 2. 한 달에 몇번 3. 한 주에 몇번 4. 매일	1. 1년 이하 2. 1~5년 3. 5년 이상
1									
2									
3									
4									
5									
6									
7									
8									
9									
10									
11									
12									
13									
14									
15									

출처: 서울대사회복지실천연구소 역(1998).

① 먼저 클라이언트를 중심으로 둘러싼 인적 자원의 이름을 기록하여 작성한 후 그들 구성원이 가족 또는 친척, 또는 동료나 외부 전문가 등인지를 구별하여 기입한다.

② 외부의 사회적 지지 구성 요소로 물질적 지지, 정서적 지지, 정보와 조언, 비판으로 나누어 각각의 인적 구성원으로부터 거의 항상 지지를 받는지, 가끔씩 지지를 받는지, 거의 지지를 받지 못하는지 해당하는 숫자를 기록하여 확인할 수 있다.

③ 원조의 방향이 서로 원조하는지, 상대방으로부터의 방향인지, 클라이언트의 일반적인 방향인지 해당하는 숫자를 기록하고 친밀도와 만남의 빈도, 알고 지낸 기간 또한 역시 인적 구성원과의 관계를 확인하여 해당하는 숫자를 기록한다.

④ 일부 클라이언트의 경우 사회적 관계망의 인적 자원이 모두 채워지지 않을 수도 있다. 가능한 한 주변 인적 자원을 활용하여 생활영역에 있는 사람들과 가깝게 인식하는 사람들을 번호대로 써 내려 가도록 격려하고 관련한 지원 체계를 기록할 수 있도록 한다.

4. 계획 수립 단계

1) 개별화된 서비스 계획

가족복지실천에서는 개인의 문제가 아닌 가족단위의 문제가 주요 실천대상이 되므로 가족을 하나의 체계로 보고 구체적인 계획을 수립하게 된다. 이 단계는 개입 목표에 대한 수립과 개입 계획을 구체화하는 과정이다. 가족 클라이언트의 욕구와 문제가 확인되면 그 문제의 중요성과 심각성을 기준으로 목적을 세워야 하며, 그 목적을 위한 세부 계획과 세부 목표를 수립해야 한다. 계획 수립을 위해서는 궁극적으로 변화해야 할 가족의 상황에 대한 명확한 이해를 바탕으로 필요한 자원과 구체적인 활동 계획 등을 포함해서 작성해야 한다.

사회복지사는 가족의 문제와 상황에 맞추어 필요한 지식과 이론을 바탕으로 실천적 · 논리적 근거가 확보된 개별화된 서비스 계획(ISP: individualized service plan)을 수립할 수 있어야 한다. 개별화된 서비스는 가족 클라이언트를 중심으로 각각의 체계와 자원, 시간 등 수행 가능성의 여러 가지 측면을 고려하여 작성해야 하며, 이전 단계에서 진행된 사정평가를 바탕으로 가족의 강점과 약점, 자원과 환경을 중심으로 목표를 달성하기 위해 서비스를 구체화하는 과정이다.

서비스 계획 수립을 위해서는 첫째, 가족들의 욕구를 충분히 이해하고 있어야 하며, 둘째, 가족의 내부 · 외부의 강점과 약점을 잘 알고 있어야 한다. 셋째, 욕구 해결을 위해 가족을 중심으로 이용 가능한 인적 · 물적 자원과 장애물을 파악하고 관련하여 활용 여부에 대해 이해하고 있어야 한다.

2) 계획 수립 과정

(1) 장기 목표 수립

장기 목표는 개입 기간이 6개월 이상인 경우 가족이 원하거나 성취하길 원하는 것을 기술한다. 장기 목표는 긍정기술 목표로 수립해야 하며, 기관의 기능 및 목적과 일치하는 것이어야 한다.

(2) 단기 목표 수립

단기 목표는 개입 기간이 3개월 전후 기간에 해당되는 경우 가족의 장기 목표와 욕구에 맞추어 기술한다. 단기 목표는 대상자가 직면하고 있는 시급성과 위험성에 따라 우선순위를 결정할 수도 있으며, 동시에 달성 가능성이 높은 순위부터 결정할 수 있다. 무엇보다 단기목표는 구체적이고 명확하게 기술해야 한다. 특히, 바람직하지 않은 행동을 중단하는 것보다 긍정적이고 대안적 행동을 제안하는 형태로 기술되어야 하며, 성취될 시간 계획과 구체적인 방법 등을 포함하고 있어야 한다.

3) 계획 수립을 위한 실천기술

계획과정에서 설정하는 목표는 행동적 목표와 서비스 목표로 나누어질 수 있다. 행동적 목표는 시간이 지나면서 행동이 어떻게 변화되어야 하는가에 기반을 두는 것이며, 서비스 목표는 욕구를 충족시키기 위해 어떤 자원을 연결해야 하는가에 초점을 둔다(권진숙 역, 2004). 예를 들어, 행동적 목표 기술에 있어서 부부관계의 변화 또는 가족관계의 변화를 유도할 수 있고, 현재 가족관계에서 나타나고 있는 부정적인 말과 태도를 변화시키는 방향 수립으로 목표를 설정할 수 있다. 서비스 목표를 통해서는 가족의 경제적 위기를 극복하기 위해 정부의 지원체계를 연결하여 구제방법을 확인하거나, 부부교육 또는 부모교육을 통해 양육기술을 습득하게 하는 등의 목표 수행에 따른 실천기술을 접목할 수 있다.

목표 설정을 위한 지침은 SMART 형식으로 축약하여 설명되기도 한다. 즉, 목표설정은 구체적이어야 하며(Specific), 측정 가능해야 하고(Measurable), 성취 가능한 목표로 설정되어야 하며(Achievable), 현실적이고(Realistic), 적절한 시기(Timely)에 맞추어 설정되어야 한다(권진숙 · 박지영, 2009). 특히, 계획 수립 시 전문가가 사용하는 용어보다는 가족이 사용하는 언어와 용어를 중심으로 목표를 수립할 수 있도록 하며, 추상적인 내용보다 구체적이고 명확한 내용으로 기술할 수 있도록 돕는다. 무엇보다 계획 수립은 빈도와 목표달성일을 설정함으로써 계획 실행에 참여하는 사회복지사와 가족 모두가 활동 계획에 대해 인지하고 실천할 수 있도록 한다.

생·각·해·보·기

- 가족복지 실천과정의 초기 단계에 있어 접수 단계의 상담 장면을 연습해 보고 시연해 봅시다. 실제 가족복지 실천을 위한 접수 상담에 있어 잘 되는 부분과 잘 진행되지 않는 부분을 함께 이야기해 봅시다.
- 가족복지실천 사례 중 가상의 사례(아동학대를 가진 알코올중독 부모의 사례, 이혼을 앞둔 부부갈등의 사례, 치매문제를 가진 노부모 부양문제를 가진 가족의 사례)를 갖고 ISP(개별화된 서비스계획)를 수립해 봅시다. 장기목표와 단기목표를 SMART 형식으로 기술해 봅시다.
- 우리 가족의 경우 어떤 가족의 역사를 갖고 있는지 자신의 가족에 대한 가족 가계도, 생태도, 사회적 관계망 그리드 등을 작성하고 발표해 봅시다.

C·H·A·P·T·E·R **07**

가족복지 실천과정: 개입 및 종결 단계

학습목표

1. 가족복지 실천과정에서 개입 단계의 목표와 과업을 이해한다.
2. 가족복지 실천과정에서 개입 단계의 개입기술을 이해한다.
3. 가족복지 실천과정에서 종결 단계의 과업을 이해한다.
4. 가족복지 실천과정에서 평가 단계의 목표와 과업을 이해한다.

1. 개입 단계

개입 단계는 사회복지사와 클라이언트가 합의하여 결정한 문제를 해결하기 위한 계획을 실천하는 단계이다. 즉, 사정 단계에서 문제를 해결하기 위해 수립한 목표를 달성하기 위해 가족과 주변 환경에 변화를 가져오기 위한 구체적인 개입활동이 수행되는 단계이다. 개입은 변화에 초점을 두고 구체적인 행동을 통해 의도적인 변화가 일어날 수 있도록 지원하는 사회복지 실천과정의 핵심 단계이다. 전문가 중심의 실행이 아니라 사회복지사와 가족이 상호 합의하여 결정한 문제해결을 위한 계획을 구체적인 행동으로 실행하는 것이다. 사정 단계에서 수립된 계획들이 사회복지사의 실천기술 활용과 가족의 협력으로 실행된다.

1) 개입 단계의 목표와 과업

개입은 문제해결을 위해 목표를 달성하려는 일련의 전문적 활동이다. 이 단계에서 사회복지사의 개입활동의 핵심은 첫째, 문제를 해결하려는 클라이언트의 변화 노력을 돕기 위해 구체적인 변화 전략을 수립한다. 둘째, 교육, 동기유발, 자원연결, 행동변화 등을 통해 클라이언트를 둘러싼 환경체계에서 변화가 일어날 수 있도록 돕는다. 셋째, 사회복지사는 계획대로 문제해결과정이 진행되고 있는지를 지속적으로 점검(monitoring)하면서 동시에 클라이언트가 계속 참여할 수 있도록 인도하고 지지와 피드백을 제공한다. 개입활동에 대한 효과 여부를 설정된 목표에 비추어 계속적으로 평가한다. 설정했던 목표나 개입방법이 적절하지 못한 경우에는 목표를 수정할 수도 있다. 개입방법이 적절치 못하거나 효과성이 없다고 판단되는 경우에는 개입방법을 바꾼다.

2) 효과적 개입 지침

개입 단계에서 가능하다면 최소한 한 번은 전체 가족이 함께 만나는 것이 좋다. 사회복지사는 융통성을 발휘하여 가능한 한 합리적인 한도 내에서 되도록 많은 가족구성원들을 함께 만날 수 있도록 최선의 노력을 해야 한다. 사회복지사의 중요한 실천적 개입은 그 가족의 문제해결과 효과적인 변화를 돕는 것이다.

사회복지사가 가족을 대상으로 실천할 때 효과적인 개입을 위한 지침으로 다음을 항상 염두에 두어야 한다(Collins et al., 1999).

① 사회복지사의 욕구보다는 가족의 욕구에 초점을 둔다. 가족을 대상으로 개입할 경우 가장 많은 가족구성원들이 중요하다고 여기는 문제들을 우선적으로 개입할 필요가 있다. 사회복지사는 가족의 일상생활과 욕구에 맞추어 개입 일정과 장소 등을 조정할 수 있다. 가족의 욕구에 초점을 맞추는 것이 사회복지사의 선호나 믿음과 맞지 않아서 쉽지 않을 때도 있지만 사회복지사의 욕구보다는 가족 전체의 욕구에 우선적으로 초점을 유지하기 위해 노력해야 한다.

② 자기 스스로 선택하고 결정할 수 있는 가족의 자율성을 존중한다. 가족개입에 있어서 가족의 각 구성원들은 자기 스스로 선택할 권리를 가지고 있다. 대부분의 사람은 경험을 통해 배울 수 있고 이런 과정을 통해 자신의 삶을 통제하는 능력을 키울 수 있기 때문에 사회복지사는 가족구성원들이 자기 스스로 선택하고 결정할 수 있도록 용기를 주고 지지하는 역할을 수행한다. 클라이언트는 자신의 삶을 통제할 권리를 가지고 있는 독립된 개인이라는 점을 인식하고 있어야 한다. 사회복지사는 개입의 결과와 클라이언트의 행동을 항상 책임질 수 없다. 사회복지사와 가족구성원 각자의 가치와 인생의 목표는 다르다는 것을 구별해야 한다. 가족개입의 궁극적인 목적은 가족구성원들의 능력을 향상하고 기술을 익힐 수 있도록 돕는 것이다.

③ 가족의 의존성을 조장하는 것을 피하고 독립심을 고취시킨다. 클라이언트는 사회복지사에게 의존하지만, 언젠가는 클라이언트 스스로 결정하고 행동할 수 있도록 독립심을 길러야 한다. 스트레스와 위기 기간 동안에는 클라이언트가 사회복지사에게 일시적으로 의존할 수 있지만 지나친 의존심은 피해야 한다. 클라이언트의 독립심을 배양하기 위해서는 현재의 능력을 강화하

고 다른 능력을 발전시키도록 돕는 것이다. 가족복지 실천의 목적은 가족구성원들이 자신 스스로를 믿을 수 있도록 하는 것이다. 사회복지사는 이러한 목표를 생각하면서 의존의 정도를 판단해야 할 것이다.

④ 가족이 표출하는 저항의 의미를 재사정한다. 개입은 변화를 위한 활동이며, 동기는 변화의 원동력이 된다. 사회복지사는 가족구성원들의 변화 동기를 고려해야 한다. 가족구성원마다 실천과정에 참여하는 동기 수준은 다양하며, 클라이언트의 동기가 낮은 경우 사회복지사는 좌절감을 느낄 수 있다. 저항은 변화를 방해하는 요인이 된다. 저항의 의미는 사회복지사와 클라이언트와의 관계에서 갈등이 있다거나 혹은 클라이언트가 변화하지 않고 현재 상태를 유지하려고 한다는 것으로 볼 수 있다. 따라서 사회복지사는 변화에 장애가 되는 요인이 무엇인지 신중하게 살펴보아야 한다.

⑤ 사회복지사는 독립적이고 효과적인 가족이 되도록 돕기 위해서 가족과의 명확한 경계가 필요하며, 전문적인 거리를 유지한다. 가족과 사회복지사는 문제해결을 위해 협력하는 전문적인 관계를 형성해야 한다. 가족에게 긍정적인 감정을 가질 수 있다고 해도 사적 감정과 라포(rapport) 관계를 혼동해서는 안 된다. 사회복지사는 독립적이고 효과적인 가족이 되도록 돕기 위해서 객관적이고 목표중심적일 필요가 있기 때문에 적절한 감정적 거리를 유지해야 한다. 가족과 사회복지사 간에 적절한 거리를 유지함으로써 가족은 사회복지사를 역할모델로 삼아 행동의 변화를 추구할 수 있다.

⑥ 가족이 스스로에 대해 능력이 있다고 느낄 수 있게 적절한 기대를 갖도록 한다. 사회복지사는 가족이 스스로에 대해 능력이 있다고 느끼도록 도와야 하며, 가족의 각 가족구성원이 목표와 관계없이 각자의 의견을 말할 수 있다는 것을 확실히 해야 한다. 각 구성원들은 자신이 가족 내에서 가치 있는 존재라고 스스로 받아들일 수 있어야 한다. 사회복지사는 가족의 강점을 긍정적으로 강화하고 격려해야 한다. 가족은 사회복지사와의 관계가 종결되는 데 두려움을 느낄 수도 있다. 사회복지사는 가족과의 관계에서 분명히 한계가 있다는 것을 가족들이 인식할 수 있도록 도와야 한다. 사회복지사는 클라이

언트에 대해 사적이거나 부적절한 감정이 생기지 않도록 조심해야 한다(박은미 외, 2018).

개입 단계는 문제해결에 필요한 전략이나 개입방법을 선택하여 실행하는 단계로서 사회복지사는 가족의 특성과 문제의 성격, 사회복지사의 능력과 전문적 판단에 의해 적절한 이론과 기법을 선택하여 적용한다. 사회복지사는 가족구성원들에게 적절한 개입 전략을 세운다. 사회복지사는 클라이언트가 오랫동안 자신을 파괴시킨 패턴에서 벗어나 자신을 강화시킬 수 있는 패턴을 배울 수 있도록 문제에 개입한다. 사회복지사는 가족의 자율성 획득을 염두에 두고 덜 지시적으로 개입하고 가족 스스로 잘 할 수 있도록 격려한다. 가족구성원이 서로를 비판하거나 비난하지 않고 자신의 느낌과 원하는 것을 직접 대화를 통해서 나눌 수 있도록 격려하여 자신의 잘못된 역할을 직시하도록 돕는다(김규수 · 오윤숙, 2010).

3) 개입 기술

이 단계에서 일반적으로 사용할 수 있는 개입 기술은 직접적 개입을 위한 기술과 간접적 개입을 위한 기술로 나누어 볼 수 있다. 직접적 개입을 위한 기술은 가족과의 관계를 형성하는 과정에서 필요한 기술에 해당하며, 간접적 개입을 위한 기술은 서비스 제공을 위한 다른 기관과의 연계 등과 관련된 기술이다.

(1) 직접적 개입을 위한 기술

개입활동의 초점은 변화이다. 개입에 초점이 되는 문제는 가족과 가족이 처한 상황이 포함된다. 가족을 대상으로 직접적이고 개별적으로 제공될 수 있는 서비스 유형은 다양하다. 이러한 방법은 가족이 경험하는 다양한 욕구와 관련하여 통합적 접근을 위해 필요하다. 대표적인 직접적 개입을 위한 기술에는 경청, 반영, 공감, 말한 그대로 반응, 재정의, 가족에 합류 등이 있다.

❶ 경청, 반영, 공감, 말한 그대로 반응

경청과 공감은 특히 관계형성 초반에 중요하게 사용된다. 클라이언트는 상담 초기에 문제 중심으로 말하고 그 문제에 대해 구체적으로 논의하기를 바란다. 클라이언트에게 문제에 대해 이야기할 기회를 주는 것은 관계를 형성하고 문제를 이해하는 데 중요하게 작용한다. 이는 클라이언트를 존중하는 행위이다(De Jong & Berg, 2002).

공감은 클라이언트에 대한 깊은 이해이다. 공감적 이해는 여러 방식으로 표현될 수 있는데 클라이언트가 표현한 말의 감정과 의미를 정확하게 반영하는 것, 은유 · 비유 · 시각적 이미지를 사용하여 내담자가 말한 내용을 보여 주는 것, 단순히 고개를 끄덕이거나 내담자가 깊이 고통받는 순간에 내담자를 부드럽게 쓰다듬는 것 등이 있다. 공감은 클라이언트의 말을 온전히 듣고 깊이 이해하며(때로는 표현되지 않은 감정까지), 클라이언트가 했던 말과 관련된 복잡한 주제를 알아차리는 것이다. 공감적 경청은 단순히 상담자가 클라이언트의 말을 반복하는 것을 의미하는 것이 아니라 클라이언트의 관점을 상담자가 이해하였다는 것을 보여 주기 위해 할 수 있는 모든 방식을 활용하는 것이다. 상담자는 내담자가 말한 것 이면의 감정과 의미를 반영하며, 클라이언트가 말로 표현한 것 이상의 의미를 읽어 준다. 상담자는 클라이언트가 겪고 있는 상황의 복잡성을 이해하면서 내담자가 경험하고 있는 깊은 고통에 대한 이해를 표현하다.

효과적인 공감적 반응은 내용과 감정을 반영할 뿐만 아니라 내담자가 이러한 반영을 듣는 순간에도 일어나야 한다. 예를 들어, 내담자에게서 깊은 슬픔이나 분노를 느꼈을 때 이를 내담자에게 반영할 수 있다. 그러나 만약 내담자가 이러한 감정을 수용할 준비가 되어 있지 않다면 타이밍이 맞지 않는 것이고 반응은 조금 더 미룰 수 있다.

처음 공감적 반응을 연습할 때 초심 상담자는 '공식 반응'이라고 불리는 것을 연습하는 것도 좋다. 이는 내용을 재진술하면서 감정을 반영하는 것이다. 초심 상담자는 공식 반응을 배울 때 좀 더 편안하게 느끼며, 나중에는 '자연스러운 반응', 즉 공식 반응(감정과 내용 반영하기) 안에 있는 모든 요소를 포함하지만, 상담자 자신에게 좀 더 자연스러운 방식으로 하는 반응으로 나아간다. 그래서 "당신이 아버지와 더 가까워지지 않기 때문에 슬퍼하는 것처럼 들리는군요."가 "당신은 아버지에게서 느껴지는 거리감 때문에 슬퍼서 정말 고통스러워 보이네요."와 같은 반응으로 바꿀 수 있다. 결국, 상담자는 공감적 반응을 하는 데 적응하면서 은유, 비유, 심상화, 내담자에 대한 깊은 이해를 표현하기 위한 자기노출 등을 활용할 수 있다(Neukrug, 1998). 공감적 반응을 하는 방법은 클라이언트의 감정과 클라이언트가 말한 내용을 반영하는 단순반영에서부터 은유를 사용하는 복잡한 반영까지 다양하다.

상담자는 공감을 문제 밑에 묻혀 있는 것들을 이해하려는 도구로 보아서는 안 되고, 클라이언트에게 그의 말을 정확하게 듣고 있다는 것을 보여 주는 중요한 기술로 보아야 한다. 반영과 공감을 사용하는 것은 클라이언트의 신뢰 수준을 높이고, 클라이언트 이야기의 새로운 부분을 새로운 방식으로 탐구하게 하며, 클라이언트가 새로운 이야기를 발전시키도록 돕는 강력한 도구이다. 반영과 공감은 상담자의 신념과 편견을 반영하기 때문에 중립적이지 않다(Freedman & Combs, 1996). 사실 상담자는 여러 번 클라이언트가 말한 언어를 그대로 따라 한다. 이는 클라이언트가 표현하는 것에 영향을 주지 않기 위해서이고, 클라이언트의 문제로 가득 찬 복잡한 이야기에 대해 정확히 들었다는 것을 확실히 하기 위해서이다. 정확한 반영, 공감, 말한 그대로 반응하는 것은 클라이언트가 문제로 가득 찬 이야기가 아닌 새로운 이야기를 재저술하는 것을 돕는다(정여주 외, 2017).

❷ 재정의-의미 변화

재정의(reframing)는 가족구성원들이 문제를 다른 관점에서 보거나 이해할 수 있도록 돕는 방법으로, 가족이 특정 사건, 행동 또는 인생 경험에 부여하는 의미를 수정하기 위해 사용되는 기법이다. 재정의는 이미 경험한 사실에 대한 관점, 감정, 태도를 좀 더 구체화하고 긍정적으로 재규정함으로써 사건과 관련된 감정, 의미, 가치판단을 변화시키는 것이다. 이 기법을 통해 가족은 다양하고 긍정적인 시각으로 사건이나 행동을 볼 수 있으며, 다른 가족구성원에 대한 부정적인 생각이 보다 긍정적인 시각으로 변화하도록 도울 수 있다. 이러한 관점에서 가족구성원들이 보이는 증상은 성장하고자 하는 노력으로 재정의될 수 있다. 예를 들면, 가족원 중 한 명에게 느끼는 절망은 가족을 너무나 사랑한다는 뜻이므로 희망적인 신호로 재정의할 수 있다.

- 가족원들이 부정적 의미라고 믿고 있는 것을 긍정적 의미로 변화시키는 것
- 사실 변화시키지 않으면서 기존의 사고와 판단의 준거 틀을 바꾸어 사건의 의미나 가치판단에 변화를 가져오도록 하는 것
- 상담자는 가족의 언어, 세계관, 문제해결방법을 관찰하면서 행동 유형에 긍정적인 준거 틀을 사용하여 가족들이 다른 방법으로 볼 수 있도록 하는 것, 결국 상황에 접근하는 데 있어서 좀 더 긍정적으로 되도록 하는 것
- 가족 혹은 부부에게 가족관계에서의 긍정적인 요소와 경험을 강조함으로써 서로에 대한 이해를 돕고 새 희망과 목적을 주게 되는 것(송정애, 2015)

재정의는 부부와 가족 간에 대인관계 갈등을 겪고 있는 대상에게 유용하다. 가족복지 실천과정에서 이러한 기법은 한 가족구성원이 다른 가족구성원에 관한 부정적인 생각을 새롭고 더욱 긍정적인 관점으로 변화하도록 도와준다. 재정의는 한 사람이 다른 사람들을 더욱 잘 공감할 수 있도록 하고, 개인의 관점을 더 명확하게 이해하도록 돕는다(Kirst–Ashman & Hull, 1999). 사회복지사는 사람들의 문제 규정, 다른 사람이 행동하는 이유에 대한 자신의 생각 등을 재검토하도록 도와준다. 이것은 대인관계에 대한 이해를 촉진시키고 타인에 대해 좋은 느낌을 갖도록 도와준다.

문제의 재정의는 문제를 보고 있는 가족의 시각을 바꾸기 위해 짧은 언급이나 새로운 긴 문장의 진술로 해결책을 찾는 것이다. 재정의를 할 때에는 가족이 새로운 시각의 개념을 믿고 따를 수 있게 논리적 근거를 정확히 제시하여야 한다. 또한, 재구조화 과정에서는 부정적 용어보다는 긍정적인 용어를 사용하는 것이 중요하다(이희세 외, 2017).

❸ 가족에 합류

합류는 가족의 사정과 개입에 모두 필요한 기술이다. 사회복지사는 가족구성원이나 가족체계와 관계를 맺고자 할 때 가족에 합류해야 한다. 합류는 사회복지사 자신을 가족 상호작용의 일부분으로 자연스럽게 포함시키는 활동을 말한다. 즉, 사회복지사 입장에서는 가족 속으로 들어가 가족을 이해하는 것이고, 가족의 입장에서는 사회복지사를 이해하고 받아들이는 것이다. 사회복지사가 가족이 힘들어하는 부분에 세심하게 반응하고 그 고통을 이해하고 있다는 것을 보여 줄 때, 가족은 사회복지사를 편안하게 받아들이게 되고, 이러한 분위기가 형성됨으로써 가족구성원들은 그들이 갖고 있는 문제를 다각적인 측면에서 안전하게 드러낼 수 있게 된다.

사회복지사는 가족의 느낌, 생각, 대화에 합류함으로써 자연스럽게 갈등해결이나 개인의 성장을 최대한 발휘할 수 있도록 가족의 규칙을 변화시킨다. 사회복지사와 가족 간의 원활한 상호작용이 전제되지 않는다면 치료적 변화는 기대하기 어렵다. 합류는 사회복지사가 가족과 인간적인 관여를 하는 것으로 라포와 비슷한 개념이지만 라포가 치료 관계의 정서적인 면을 의미한다면, 합류는 치료자의 행동을 표현하는 용어라고 할 수 있다. 합류는 의도적인 행동기법이지만 치료자의 자연스럽고 배려 깊은 공감적 이해가 선행되어야 한다.

가족에 합류하기 위해서 사회복지사는 가족의 다음과 같은 조건을 잘 파악해야 한다(김혜숙, 2008; 서혜석 외, 2017).

- 가족의 조직과 유형이 역기능일지라도 먼저 받아들이고 수용한다.
- 가족의 상호작용양식 패턴의 장점을 경험한다.
- 가족 가운데 소외당하거나 희생양이 된 가족구성원의 고통을 느낄 수 있어야 하고 공감해 주어야 한다.
- 가족구성원이 가장 중요시하는 가치나 자아존중감 정도를 알아야 한다.
- 가족구성원과 함께 문제탐색과정에 참여하여야 한다.
- 가족의 의사소통 속도, 언어 스타일, 행동방식을 알고 따라야 한다.

합류를 촉진하기 위한 방법에는 유지, 추적, 모방의 기술이 있다.

가. 유지

유지는 가족이 지니고 있는 기존의 구조를 유지하도록 존중하는 것으로 의도적으로 가족구조를 지지해 주는 기법이다. 사회복지사가 현재의 가족구조체계를 일단 수용하고 지지하는 태도를 보임으로써 가족구성원들이 편안한 마음을 갖고 상담에 임할 수 있도록 하는 것이 이 기술의 사용 목적이다. 유지는 가족의 전체 구조뿐만 아니라 가족의 하위체계에 대한 적극적인 승인과 지지를 포함한다. 예를 들어, 어머니의 지도력이 강한 가족에 합류할 경우, 어머니의 그러한 위치를 인정하고 어머니를 통해 자녀와 접촉하는 것이다.

유지는 가족구성원 각자의 장점과 잠재능력을 확인하고 지지해 줌으로써 가족 내에서 가족구성원의 위치를 강화한다. 침묵을 지키려는 자녀를 그대로 수용하고 존중하는 것, 특정 자녀가 가족의 문제에 얼마나 통찰력 있는가에 대한 사회복지사의 의견을 말하는 것, 가족이 사용하는 특정 의사소통패턴이나 표현방식을 있는 그대로 사용하는 것 등은 모두 유지 기술이다. 개입 초기에 관계형성을 할 때 유용하다.

유지는 가족을 재구조화하는 데 사용될 수도 있다. 사회복지사가 하나의 하위체계를 있는 그대로 존중하고 지지할 때, 가족의 다른 부분은 그것에 적응하기 위해 재구조화해야 할 것이다. 예를 들어, 사회복지사가 약하게 형성된 부부 하위체계를 지지하면, 남편과 시어머니 하위체계는 재구조화의 필요성을 느끼게 된다. 또 사회복지사가 형제 하위체계를 지지하면, 모자 하위체계와 부부 하위체계가 재구조화의 필요성을 인식할 수 있다.

사회복지사가 성급하게 가족의 구조나 위계질서에 도전하면 가족은 저항을 보일 수 있다. 유지 기술이 사용될 때 가족구성원들은 사회복지사가 자신의 가족문제를 인식하고, 그에 대한 관심을 가진다는 것에 안심하게 되고, 사회복지사를 신뢰하며, 치료에 대한 기대를 갖게 된다. 이것은 치료에 협조하는 가족 분위기로 연결된다.

나. 추적

추적은 가족들이 어떻게 행동하는지, 어떤 방식으로 이야기하는지 등 가족을 주의 깊게 관찰하고 그 과정을 추적하면서 정보를 수집하는 활동으로, 대화의 내용을 따라가면서 가족의 상호작용 내용과 그것이 발생하는 배후 구조를 파악하는 것이다.

"가족들의 대화에서 누가 주로 이야기하는 편인가요?", "누가 주로 듣는 편인가요?", "다른 사람이 이야기할 때 딴전을 피우는 사람은 주로 누구인가요?", "한 가족구성원이 말을 했을 때 나머지 다른 가족구성원들의 반응은 어떤가요?" 등이 추적을 통해 알아낼 내용이다.

추적은 의문점을 확실히 하기 위해 질문하고, 그에 대한 동의를 끌어내며, 과장되었던 부분은 배제시킨다. 추적을 사용하는 이유는 제시된 문제의 내용에 대한 가족구성원의 행동, 생각, 감정 등을 분명하고 구체적으로 알기 위함이다. 이처럼 추측은 제시된 문제에 대해 가족구성원들이 재경험하도록 돕는다.

추적은 비지시적 치료자가 가족에 합류하기 위해 사용하는 전형적인 방법이다. 가족의 이야기를 들으면서 단지 "음, 예, 네......", "아, 그렇군요."와 같은 말을 하면서 가족이 자신의 이야기를 계속하도록 격려한다. 사회복지사는 가족이 말하고 행동하는 과정에 참여하면서 가족을 지지하고, 격려하고, 이해하는 말을 하여 다른 가족구성원들의 참여를 유도 · 격려 · 지지하고 가족들의 상호작용을 촉진한다. 사회복지사는 추적질문을 통해 가족 하위체계의 기능을 파악할 수 있고 가족구성원이 사용하는 특정 용어나 의사소통패턴을 추적함으로써 문제의 핵심이나 가족구조를 파악할 수 있다.

가족구성원이 이해할 수 없는 동작이나 몸짓을 할 때는 사회복지사가 가족구성원들에게 그것을 언어로 표현하도록 하여 상호작용 내용이 드러나도록 하는 것이 중요하다. 이 과정에서 흔히 사용될 수 있는 사회복지사의 언어는 "그렇군요.", "그래서요?", "여기에 대해 다른 분들은 어떻게 생각하시나요?" 등이다.

다. 모방

모방은 가족의 생활방식과 정서 상태에 적응하기 위해 가족이 사용하는 언어, 몸짓, 대화 방식 등을 그대로 따라 하는 기술이다. 사회복지사는 가족의 특이한 말투, 억양, 말 속도, 말을 하면서 나타내는 특이한 동작 등을 따라 한다. 예를 들어, 느릿느릿 반응하는 가족구성원에게 사회복지사도 속도를 늦춰서 반응하거나, 말수가 적은 가족에게 사회복지사도 말을 아껴 반응함으로써 가족의 의사소통패턴에 적응하는 것은 모두 모방을 통한 합류이다. 사회복지사가 치료과정에서 가족의 경험과 동일한 자신의 경험을 강조하여 말하는 것도 모방이다. 예를 들어, 남편이 "제 아내는 성격이 참 급해요."라고 말하면, 사회복지사가 "저도 성격이 불같은 아내와 살고 있어요."라고 말한다든가, "우리 아이들이 사춘기라서 그런지 부모에게 반항하기 시작해요."라고 클라이언트 부부가 말하면, "저도 사춘기 아들이 있는데 말대꾸를 자주 해요"라고 말하는 것은 모방을 통한 합류다.

유지와 마찬가지로 추적과 모방도 가족의 재구조화를 위해 사용할 수 있다. 또한, 유지, 추적, 모방 등의 과정들은 각각 따로 분리되어 발생하는 것이 아니라 거의 동시에 혼합해서 진행된다(정문자 외, 2012).

(2) 간접적 개입을 위한 기술

간접적 개입은 가족을 둘러싼 환경의 변화를 통해서 목표에 도달하는 방법이다. 가족이 주변 환경체계들과의 상호작용을 통해 필요한 자원과 지지를 확보하지 못하는 경우 사회복지사는 가족의 사회환경을 변화시키기 위해 환경적 개입을 계획한다. 일반적으로 가족복지실천 현장에서 사회복지사는 가족 수준의 직접적 개입 기술과 환경적 수준의 간접적 개입 기술을 분리하여 활용하지 않는다. 대부분의 가족이 복합적이고 다양한 어려움을 겪고 있기 때문에 가족구성원의 문제특성과 개입의 목표를 중심으로 가족의 욕구를 사정하고 필요한 전략들을 적절하게 수립한다. 그러므로 필요로 하는 실천적 모델과 관점을 어느 한 지점에 제한하지 않고 요구에 따라 개입의 초점과 서비스의 내용, 사회복지사의 역할을 통합적으로 적용하게 된다. 간접적 개입의 방법으로는 자원 개발과 중개 및 의뢰, 옹호 활동, 서비스의 점검과 조정 등과 함께 관료주의에 대응에 대한 전략, 사회적 공감, 사회운동 등이 있다. 이 중 가족을 대상으로 하는 대표적인 간접적 개입 기술로 가족사례관리와 가족옹호활동을 살펴본다.

❶ 가족사례관리

사례관리는 서비스 조정에 관련된 활동이다. 서비스 조정이란 두 가지 이상의 서비스 제공자들과 함께 일하는 것이다. 다양한 문제를 가진 클라이언트에게 복합적인 서비스가 주어질 때 서비스의 중복과 누락을 방지하면서 서비스의 공동 목적을 달성하기 위해 적절한 시기와 방법으로 클라이언트를 원조할 수 있도록 조정하는 것으로 서비스 연결, 의뢰, 사례관리 등의 형태가 있다.

사례관리는 사회복지실천의 통합적 접근으로 클라이언트의 문제와 욕구를 평가하여 클라이언트가 필요로 하는 서비스나 자원을 찾고 이를 연결해 주고 조정, 점검 및 평가하는 것이다. 가족사례관리는 관심의 초점을 가족에 두며, 심리사회적 기능과 욕구를 가족의 맥락에서 사정한다. 이를 통해 사례관리의 수행에 있어 공식 · 비공식적 서비스 통합 및 서비스 제공자 간의 갈등을 조정하고 중재하기 위한 노력을 수행한다. 현대 가족은 형태와 욕구가 다양하고 복잡하다. 따라서 가족에 대한 접근도 다양하고 통합적 서비스가 필요하다. 특히, 클라이언트의 욕구를 중심으로 사회복지기관의 범위를 넘어 지역사회까지 폭넓은 서비스를 제공하며, 점검과 재사정을 통해 가족에 대한 실천을 통합적 · 순환적으로 제공하는 가족사례관리는 가족복지실천 현장에서 더욱 강조되는 개입기술이다.

❷ 가족옹호

가족에게 필요한 자원과 지지를 제공하기 위하여 사회복지사는 옹호자의 역할을 수행할 윤리적 책임을 가진다. 가족옹호의 목적은 공공 혹은 민간기관이 가족을 위한 기존의 서비스를 향상시키거나 새로운 형태 또는 변화된 형태의 서비스를 개발하도록 돕는 것이다. 가족옹호는 특정 가족에게 편의를 제공하는 차원이 아니라 가족의 정당한 권리를 요구함으로써 지역사회조직의 변화를 가져오도록 하는 것이다. 옹호는 사회정의를 증진하기 위한 사회복지실천의 필수요소이다. 따라서 가족옹호는 개인과 가족이 최대한 잘 성장할 수 있도록 자원을 제공하고, 보다 지지적인 환경에서 살아갈 수 있도록 도와야 한다. 즉, 가족옹호는 사회복지정책과 실천에 영향을 주어서 관련 정책과 실천이 결과적으로 개인과 가족에게 지지적일 수 있도록 개입해야 한다. 가족옹호활동에서 사회복지사는 이 상황에서 가족을 위한 옹호활동이 타당한 것인지에 대해 숙고해야 한다. 또한, 사회복지사는 옹호활동에서 클라이언트의 자기결정권을 존중해야 한다. 가족이 자신의 권리주장을 원치 않는다면 사회복지사는 가족의 그러한 의사도 존중해서 가족이 원하는 정도의 옹호활동을 해야 한다. 사회복지사는 옹호활동이 가져올 부정적 측면에 대해 신중히 사정하고 이에 대해 가족과 충분히 논의해야 한다. 일어날 수도 있는 부정적 결과에 대해서도 가족과 논의하고 가족이 판단하여 가족이 스스로 결정할 수 있도록 도와야 한다.

개입 단계에서 해야 할 또 다른 활동은 개입활동의 전개 과정이 설정된 목표에 따라 적합하게 수행되었는지 여부를 점검하는 것이다. 개입 초기 단계에서 설정된 문제의 우선순위와 목표, 사회복지사와 가족 간에 합의된 구체적인 개입활동 내용은 개입활동이 진행되는 동안 가족구성원의 욕구와 문제, 주변 환경의 변화에 따라 달라질 수 있다. 이러한 변화를 감지하고 적절히 대처하기 위한 지속적인 점검과 평가가 요구된다.

2. 종결 및 평가 단계

종결은 가족복지 실천과정의 마지막 단계이다. 종결 단계에는 가족이 상실과 이별에 직면하면서 다양한 복잡한 감정과 태도를 보이기 때문에 사회복지사는 최종 단계에서 민감하게 반응하고 기술적으로 접근하는 것이 필요하다.

종결 단계의 초점은 제시된 문제가 해결되었는지 여부를 평가하고, 개입의 성과가 유지되는 데 필요한 사후관리 계획을 수립하는 데 있다.

종결 단계에는 개입활동 전반에 걸친 평가가 병행된다. 평가와 종결은 서로 연결되어 있다. 평가는 실천의 목적과 목표가 달성되었는지 점검하고 실행에 효과적이었던 방법과 전략을 밝혀내는 과정이다.

사회복지실천의 목적이 클라이언트의 문제해결 혹은 욕구충족에 초점이 있으므로 문제가 해결되거나 욕구가 충족되면 종결이 이루어진다. 목표달성과 문제해결, 욕구충족에 대한 결정은 평가를 통해 내려지기 때문에 평가는 종결을 위한 토대가 된다.

1) 종결

종결은 가족구성원의 사회적 기능을 강화시키는 동시에 사회복지사와 가족이 개입의 전 과정을 통해 함께 발전시켜 온 성과를 이해시키는 과정이기도 하다. 관계의 종결은 강렬한 정서적 반응을 동반하기도 한다. 이러한 감정들은 성장의 수단으로 쓰이기도 하고 거부되거나 억압되어 차후의 사회적 기능을 방해할 수도 있다. 그러므로 사회복지사는 최종 단계에서 종결을 잘 다룰 수 있는 기술을 갖추어야 한다.

종결의 목표는 개입을 통한 가족들의 긍정적인 변화를 확인하고 개입 과정에서 성취한 것들을 종결된 후에도 지속적으로 유지할 수 있도록 하는 것이다. 이것은 종결 후에도 가족 구성원들이 독립적으로 문제를 해결할 수 있는 기술을 발전시킨 경우에만 가능하다.

성공적인 종결은 가족에게 원조 과정에서 이루어진 변화를 검토할 기회를 주고, 가족이 새롭게 획득한 유용한 정보를 확고히 하여 종결 이후의 문제를 다룰 수 있도록 사후 관리 계획을 준비하도록 하며 원조관계를 종료하도록 돕는 것이다. 성공적으로 종결하기 위해서는 실천과정 초기에 종결에 대한 계획을 세워야 한다. 특히, 종결 시에 다양한 반응이 발생할 수 있으므로 이에 대해 사전에 가족에게 공지해야 한다.

(1) 종결의 과업

가족복지 실천과정에서 종결은 가족의 제시된 문제가 객관적으로 해결이 되었거나 개입과정에서 가족의 문제가 더 이상 진전이 없어서 종결에 합의하는 경우에 이루어지는 것이 좋다. 그 외에도 다양한 유형의 종결이 있으며, 사회복지사는 이에 따른 적절한 방법으로 종결을 다룰 수 있는 기술을 갖추어야 한다.

종결과정에서의 과업은 적절한 종결시기 결정, 가족과 사회복지사의 종결에 대한 정서적 반응 처리, 개입을 통해 획득한 효과의 유지와 강화, 필요한 경우 클라이언트를 다른 자원으로 의뢰하는 것이라고 할 수 있다

❶ 적절한 종결시기의 결정

가족복지실천의 형태에 따라 종결의 시기와 다루어야 할 내용이 다를 수 있지만, 일반적으로 종결의 시기는 제시된 문제가 해결되었을 때, 욕구가 충족되었을 때, 가족이 목표를 달성했다고 느낄 때이다.

종결을 판단하는 기준이 되는 지표는 다음과 같다(김정진 외, 2007).

- 개입목표가 달성되었을 경우
- 개입이 더 이상 필요하지 않다고 판단될 정도로 긍정적인 변화가 있는 경우
- 외부로부터의 지원이 더 이상 필요하지 않다고 판단되는 경우
- 더 이상 개입의 효과가 없는 것으로 판단되는 경우
- 가족의 동기가 상실되었거나 결여되었다고 판단되는 경우
- 새로운 개입이 절대적으로 필요하다고 판단되는 경우

종결을 잘 다루기 위해서는 종결과정 자체를 하나의 진행 단계로 다룸으로써 가족이 종결과정을 중요시하도록 돕는 것이다. 가족이 종결을 위한 준비가 어느 정도 되었는지 평가할 수 있는 '체크리스트'를 활용하면 종결 여부를 결정할 때 참고할 수도 있다.

〈표 7-1〉 종결을 위한 체크리스트

	확인 내용	예	아니오
1	제시된 문제가 해결되었다.		
2	가족은 문제를 다룰 수 있거나 참을 수 있게 되었다.		
3	달성된 변화를 효과적으로 측정할 수 있다.		
4	심리사회적 기능 수행 면에서 긍정적 변화가 일어났다.		
5	가족구성원이 더 효과적으로 의사소통하고 있다.		
6	가족구성원이 학대로부터 안전하다.		
7	공식적 지지망이 유용하고 가족은 그 이용방법을 알고 있다.		
8	가족은 필요할 때 전화할 수 있는 적절한 비공식 망을 가지고 있다.		
9	가족 혹은 개인구성원이 지역사회 내 전문서비스에 의뢰되었다.		
10	가족은 일상생활을 수행하는 기술을 배웠다.		
11	모든 가족구성원은 기본적인 신체적 욕구가 충족되고 있다.		
12	사회복지사와 가족은 가족의 현재까지의 진전을 평가했다.		
13	가족은 제공된 서비스에 만족한다.		
14	모든 가족구성원은 개입의 결과로 더 나아졌다.		
15	가족은 자신이 이룬 변화를 전반적으로 검토하였다.		
16	가족구성원들은 변화하는 데 자신이 했던 역할을 알고 있다.		

❷ 종결에 대한 정서적 반응의 처리

종결은 목표달성을 의미하므로 일차적으로 긍정적인 것이다. 많은 클라이언트들이 종결을 쉽게 받아들인다. 목표달성을 하고 종결을 앞둔 클라이언트는 자신의 역량에 대한 기대와 신뢰가 증가한다. 사회복지사 또한 전문가로서 자존감 향상과 역량강화를 경험할 수 있다.

클라이언트와 사회복지사 모두 종결에 대한 다양한 감정이 발생한다. 성취감, 자신감, 기대와 같은 긍정적 정서도 있지만 슬픔, 상실감, 죄책감, 불안감, 후회 등의 부정적인 정서도 경험할 수 있다. 종결이 실천 초기에 설정한 목표를 달성했다는 의미에서라면 긍정적 정서를 경험하겠지만 가족과 사회복지사가 과도하게 의존하거나 적절한 경계를 유지하지 못했을 때는 불안과 상실감을 경험하기도 한다. 특히, 클라이언트나 사회복지사는 자신의 과거에 미해결된 느낌과 관련된 감정을 경험할 수 있다. 사회복지사는 클라이언트가 미해결된 감정을 해결하고 미래의 상실을 다룰 수 있는 대처방법을 배우는 기회로 삼을 수 있도록 도와야 한다. 사회복지사는 가족과 함께 이러한 감정을 개방적으로 다루어야 한다. 사회복지사는 클라이언트에 대한 관여를 점차 줄이고 만남의 간격도 더 길게 늘여 나가면서 클라이언트가 스스로 해야 한다는 것을 강조하는 접근이 필요하다.

❸ 개입을 통해 획득한 효과의 유지와 강화

성공적인 종결을 통해 가족복지 실천과정에서 획득된 성과를 유지하고 일반화하며, 계속 강화할 수 있도록 계획한다. 사회복지사는 변화를 유지하기 위해 문제점을 예상하고 이를 극복할 수 있도록 가족을 준비시킨다. 또한, 문제해결의 기본원칙을 파악하도록 하고 이 원칙을 일상생활의 문제에 적용할 수 있도록 돕는다. 실천과정을 통해 가족이 변화를 이룬 부분과 기여한 부분을 확인할 수 있도록 하는 것은 가족이 성취감과 긍지를 느낄 수 있게 할 뿐만 아니라 가족이 달성한 변화를 지속시키고 이후의 도전에 대처할 수 있는 유능감을 갖도록 한다. 가족의 일상생활 속에서 대처능력을 키우기 위해 가족 주변 환경의 유용한 다른 자원들을 함께 확인해 보는 것도 중요하다. 이러한 자원들은 가족의 지지체계를 강화한다.

종결 후에도 사후관리를 통해 변화의 유지와 강화를 모색한다. 사후관리는 종결 후 일정 기간이 지나서 가족이 잘 적응하고 있는지, 변화 유지 정도를 점검하는 과정이다. 대면면담, 정기적 전화, 문자, 이메일 등의 방법으로 가능하다. 사후관리는 종결 후 1~6개월 사이에 진행된다. 종결 시에 사후관리에 대해 알려 주는 것은 종결에 대한 가족의 상실감을 완화시킬 수 있다. 사회복지사는 문제가 재발했을 때 언제든지 다시 도움을 받을 수 있으며 향후 대처하기 어려운 문제가 생기면 재방문해도 된다는 점을 가족에게 알려 준다.

❹ 의뢰

실천과정이 종결되었지만, 가족이나 그 구성원에게 새로운 서비스가 더 필요하거나 해결되지 않은 문제가 있는 경우 적절한 전문가나 기관에 의뢰하기도 한다. 사회복지사는 가족구성원들이 도움 없이도 이 자원들을 쉽게 이용할 수 있는지,

혹은 뜻밖의 자격 요건과 대기자 명단이 서비스를 제공받는 데 장애가 되는지 고려해야 하며, 다른 자원이나 다른 전문가가 더 적합하기 때문에 의뢰된다는 것을 가족에게 설명해야 한다. 자칫 가족이 의뢰를 '거부'로 받아들여 필요한 도움을 더 이상 받지 않으려고 할 수 있기 때문에 조심해야 한다. 사회복지사가 의뢰기관과 가족이 확실히 연결될 수 있도록 중개자, 옹호자 역할을 하는 것이 필요하다(최해경, 2012).

2) 평가

평가는 사회복지실천의 전 과정에서 지속적으로 이루어지는 과업이다. 평가는 실천에 대한 결과가 효과적이었는지, 효율적이었는지를 평가한다. 즉, 책임성[1]을 명확히 한다는 점에서 매우 중요하다. 종결 단계에서의 평가는 완료된 개입과정을 관찰하고 사용된 특정 수단과 전략들이 왜 선택되었는지, 실제로 효과가 있었는지를 보는 것이다. 초기 접촉에서 가족구성원들의 욕구를 적절하게 발굴하고, 기관과의 적격 여부를 제대로 평가했는지, 가족의 주요한 문제와 관련 자원 및 강점에 대한 사정과 이를 근거로 하여 구체적이고 실제적인 목표가 수립되었는지 각 단계마다 수행되는 과업에 대한 평가뿐만 아니라 활동 단위마다 가족의 만족도를 평가해야 한다. 평가는 실천의 전 과정에서 지속적으로 시행되지만, 특히 종결 단계의 평가는 개입의 결과가 효과적이었는지, 효율적이었는지를 평가함으로써 가족복지실천 서비스의 책임성을 향상시키는 데 필수적이기 때문에 더욱 중요하다.

---

1) 사회복지사의 책임성(accountability)이란 클라이언트에게 계약 내용대로의 서비스를 제공할 책임이며, 사회복지전문직의 윤리와 가치를 서비스 전달과정에서 잘 지켜낼 책임이며, 기관에 대한 기관의 프로그램과 정책 및 지침에 맞는 서비스를 제공할 책임이다(Johnson, 1986). 사회복지서비스가 정말로 대상자의 삶의 질을 변화시켰다는 것을 증명할 책임이 있다는 것이다. 책임성은 효과성과 효율성으로 구성된다. 효과성은 서비스 제공으로 개입목표를 달성했는지 여부와 관련이 있고, 효율성은 서비스 제공의 비용에 따라 성과를 비교하는 것과 관련이 있다. 따라서 책임성을 평가하는 방법으로 제공하는 서비스 프로그램의 효과성과 효율성을 지속적으로 평가하는 방법이 중요한 기준이 된다(엄용운 외, 2014).

가족복지 실천과정에서 평가는 가족에게 제공된 서비스와 지원계획의 적합성과 목표달성 여부, 전반적인 과정에 대한 점검 및 가족의 만족도 등이다. 평가는 무엇을 평가하느냐에 따라 총괄평가와 형성평가로 구분하는데 총괄평가는 개입의 결과를 평가하는 것으로 전반적인 효과성 및 효율성을 평가하는 것이고, 형성평가는 개입의 과정을 평가하는 것이다. 실천과정에서는 총괄평과와 형성평가 모두 중요하다. 사회복지실천은 목적 달성도 중요하지만, 목적 달성을 위해 선택한 개입방법이 얼마나 적합했는지도 중요하기 때문이다(엄윤용 외, 2014).

생·각·해·보·기

- 가족복지 실천과정에서 사회복지사와 가족이 전문적인 거리를 유지해야 되는 이유가 무엇인지 생각해 봅시다.
- 가족복지 실천과정에서 가족의 변화 동기를 강화하기 위해 적용해 볼 수 있는 개입기술은 무엇인지 생각해 봅시다.
- 가족복지 실천과정에서 원활한 종결을 위해 사회복지사가 실천해 볼 수 있는 전략은 무엇인지 생각해 봅시다.
- 가족복지 실천과정에서 평가의 의의는 무엇인지 생각해 봅시다.

C·H·A·P·T·E·R **08**

가족기능 강화의 실천

학습목표

1. 가족상담의 정의와 필요성에 대해 학습한다.
2. 가족기능 강화를 위한 가족상담이 갖는 윤리적 딜레마에 대해 학습한다.
3. 가족문제 예방을 위한 실천 전략에 대해 학습한다.
4. 가족생활교육의 정의 · 필요성, 세부 프로그램에 대해 학습한다.

1. 가족상담이란 무엇인가?

가족 이기주의, 가족갈등, 별거와 이혼, 가정폭력, 청소년비행 등 가족문제적 양상이 많아졌고 이러한 가족문제를 긍정적으로 해결하여 건강한 가족으로 생활하는 데 도움을 줄 필요성이 제기되었다. 이처럼 가족문제 해결을 돕고 건강한 가족으로 성장할 수 있도록 지원하는 분야가 가족상담이다. 가족상담의 정의, 필요성, 특성, 실제에 대해 설명하고자 한다.

1) 가족상담의 정의

가족상담(family counseling, 家族相談)은 2인 이상의 가족원을 대상으로 구성원의 문제를 해결하기 위해 진행되는 진단과 상담이다. 상담자가 가족체계이론적 관점을 가지고 내담자를 대하는 경우, 한 사람을 상담하더라도 가족상담이라고 할 수 있다. 가족상담은 1909년 미국의 신경과 전문의였던 윌리엄 힐리(William Healy)와 정신과 의사, 심리학자 등으로 구성된 전문가 그룹이 비행청소년 문제를 해결하기 위해 논의하는 과정에서 시작되었다. 이들은 비행청소년의 가정 지도를 위해 어머니들을 교육시켰으나 효과가 없음에 주목하고, 어머니들의 심리상담을 병행하던 중, 자녀문제의 해결을 위해서는 부모 모두의 상담이 필요하다는 것을 알게 되었다(다음 백과사전). 우리나라에서는 가정학, 사회복지학, 심리학 등의 분야에서 가족상담 전공자들에 의한 일반 가족상담실 운영이 있었다. 2003년 「건강가정법」이 제정되고, 이 법에 의해 다음 해부터 건강가정지원센터가 설치 운영되면서 2017년말 기준 전국 167개소 건강가정지원센터를 통해 공적인 영역에서도 가족상담 사업을 진행하고 있다.

학문적으로 가족상담에 대한 정의는 가족원 개인의 부적응과 대인관계 문제, 가족원 간의 갈등과 가족의 역기능 문제를 해결하기 위하여 가족체계를 변화시키는 데 초점을 두고 직접 개입하는 것이다. 가족상담은 가족원 간의 관계구조와 상호작용을 변화시켜 대인관계 기술과 적응능력을 향상시킴으로써 개인과 가족이 건강하고 기능적인 생활을 하도록 전문적인 도움을 주는 활동이다(서혜석 외, 2017).

일반적인 상담에 대한 정의는 '전문훈련을 받은 상담자(counselor)가 도움을 필요로 하는 내담자(client)와의 지속적인 신뢰적 관계를 기반으로 내담자의 긍정적 변화와 적응, 성장을 돕는 과정'이다(Burks & Steffre, 1979). 가족상담자는 내담자를 대상으로 적응력과 문제해결능력을 높이고 성장을 촉진하는 조력자 역할과 환경을 조정하는 조정자 역할을 담당한다.

가족상담은 가족이 생활하면서 다양한 문제로 어려움을 겪는 가족을 대상으로 전문 가족상담사가 다양한 가족상담기법을 통해 도와줌으로써 가족의 문제해결능력을 높이고 가족의 성장을 촉진하는 것이다. 즉, 신혼기 부부의 결혼적응, 결혼생활 중 부부관계, 부모-자녀관계, 고부관계 등에서 발생하는 갈등이나 가족문제 해결을 지원하고 가족원의 관계 증진과 기능 향상, 성장을 목표로 도움을 준다. 또한, 개인의 문제행동과 역기능을 가족체계로 인해 드러나는 문제 증상으로 보고 가족체계의 변화를 통해 건강한 가족관계와 개인의 적응 및 성장을 돕는 것이다. 특히, 성장기 자녀의 비행, 정서적 · 심리적 문제, 학업 부진 등은 부모의 양육행동과 결혼생활 모습, 부모-자녀관계 등의 가족환경요인의 영향을 받으며, 가족원의 우울증과 정신신체화 증상, 자살 등의 문제도 변화와 사건에 대한 가족의 대처방법과 적응력, 그리고 가족의 정서적 관계 등과 연관성이 큰 것으로 나타났다(최규련, 2004, 재인용).

2) 가족상담의 필요성

남자와 여자의 결혼으로 시작된 가족은 부부관계와 부모-자녀관계 등 다양한 관계로 이어진다. 서로 다른 성향과 기질의 남녀가 만나고, 약간씩 부모를 닮은 그러나 각기 개성이 있는 자녀와 함께 살아간다, 가족은 주거와 경제를 함께하면서 안전, 성, 애정의 욕구 등 기본 정서적 욕구를 충족시키는 최소한의 사회집단이다. 가족은 내적 · 외적 스트레스와 질병으로부터 가족구성원을 보호함으로써 육체적 안전기지가 되고, 정신적인 위로를 주고받는다. 그러나 사회집단으로서 가족은 서로 다른 욕구를 가진 구성원 간의 갈등이 있을 수밖에 없기 때문에 서로 사랑과 애정 이면의 모습으로서 상처와 아픔도 생길 수밖에 없다. 이러한 가족 간의 상처와 아픔을 어떤 가족은 해결해 나가면서 성장하고 보다 행복한 가족이 되어 가고, 또 다른 가족은 보다 깊은 갈등과 문제 상황 속에 놓이면서 심한 불안과 고통을 겪기도 한다.

또한, 가족에 대한 개념은 개인의 경험이나 원가족의 문화, 나라에 따라 다를 수 있다. 우리나라는 전쟁과 이념의 차이로 인한 남북 분단, 산업화 이후 급속한 경제성장, IMF 금융위기 등 제법 굵직한 사회변화와 경제문제들이 있었다. 이러한 변화와 문제에 적응해 가면서 전통적 가족가치가 변해서 지금의 가족에 대한 개념을 만들어냈다. 기존의 농업을 토대로 한 사회 속에서 대가족을 형성하면서 생긴 수직적인 위계, 가부장제, 남녀의 뚜렷한 역할 구분, 엄부자모 등으로 설명할 수 있었던 가족 개념은 많이 사라졌다. 가족 내에서도 이제 가사노동이 여성만의 역할이 아니고 경제부양이 남성만의 의무가 아니다. 그러나 사회의 변화만큼 가족의 개념 가치와 문화는 따라가지 못했다. 우리나라는 아직까지 가족원 간 서로의 희생을 당연하게 생각하고, 남편은 남편 역할을, 아내는 아내 역할을 암묵적으로 정해 놓고 있다. 이러한 사고방식이 잠재되어 있기에 현실과의 괴리로 인하여 문제가 발생될 수밖에 없다. 사회환경의 변화와 가족의 가치관 차이로 인하여 세대 간, 성별 간 역할 혼돈과 갈등이 발생하고 대화 단절과 긴장, 불안이 증가하였다. 문제해결능력이 약한 가족에서 부부 싸움, 외도, 자녀 비행, 폭력 등의 문제와 중독, 우울, 이혼위기까지 발생하기도 하였다. 그래서 현대사회에서는 개인의 정신건강과 더불어 가족갈등과 관계 위기를 도와주는 지원체계가 필요하게 되었다.

가족에게 자녀나 배우자의 문제 증상이 나타나고, 힘들어하는 누군가가 있다는 것을 알았을 때는 이미 상태가 악화되어 표출된 것이다. 이처럼 가족문제가 표출되었을 때는 가족끼리 자정능력을 발휘하여 해결하기 어려운 경우가 많고, 제3자의 건강한 개입과 지지를 통해서 가족이 회복될 수 있다. 그러나 우리나라는 가족문제를 바깥으로 드러내는 것을 매우 어려워한다. 특히, 부부의 갈등과 불만을 그냥 덮어 두고 사는 경우가 많다. 그러다가 자녀에게서 문제행동이 드러나면 자녀만 아동상담을 의뢰하고, 부부문제는 자녀문제 뒤로 숨겨 놓는다. 자녀문제 증상이 없어져서 아동상담이 끝나게 되면 부부중심으로 하는 가족문제는 그대로 존재한다. 이렇게 아프고 문제를 겪는 가족들이 치료받지 않고 계속 상처를 주고받으며 살아가고 있다. 가족은 모빌처럼, 가족구성원 중 한 사람의 문제가 다른 사람에게 영향을 미치며, 역기능적인 가족관계를 순환 반복하는 경향이 있다. 이런 가족 특유의 체계성으로 인해 개인의 문제 증상으로 표출되더라도 가족 내에서 발생한 문제는 가족을 중심으로 해결할 때 건강하고 지속가능한 문제해결방법이 될 수 있다.

최근까지만 해도 가정 내 폭력이나 문제에 대해 가족 내에서 해결방법을 찾거나 지인들의 중재, 또는 가족원 누군가의 희생으로 조정되거나 무마되어 사회문제화되지 않았었다. 그러나 「가정폭력범죄의 처벌 등에 관한 특례법」이 제정되는 등 가정문제를 사회적 문제로 끌어안게 되었다. 실제로 핵가족 구조 내에서 중재시스템은 사라졌고 더이상 가족원 한 사람의 희생이나 문제해결능력으로는 가족문제 해결에 역부족이므로 전문적인 개입과 도움이 요구된다. 다양한 가족문제에 대처하여 문제를 해결하고 보다 행복한 가족생활을 영위할 수 있도록 도움을 주는 전문 가족상담이 필요한 현실이다.

다양한 필요성에 따라 개인의 문제행동이나 증상에 변화를 가져오고 행복한 가족관계를 만들어 가기 위한 개입과 지원방법으로 가족상담이 대두되었다. 가족상담을 통해 가족원의 건강한 기능 수행을 돕고 원만한 가족관계, 건강한 사회를 만드는 데 기여하기 때문에 매우 중요한 영역으로 부상하고 있다.

2. 가족상담 과정의 윤리적 측면

1) 일반 상담의 윤리 문제

일반적으로 상담사는 자신이 가진 전문지식의 한계에 대해 정확히 알고 있어야 하고 정직해야 한다. 상담사는 이중관계를 피해야 하고, 내담자에게 대화 내용은 철저하게 비밀이 유지된다는 것을 설명해야 할 윤리적 의무가 있다.

미국심리학회(The American Psychological Association, 2002)는 유능하고 책임 있는 전문상담자에게 기대되는 다섯 가지 윤리원칙(Ethical Principles)을 다음과 같이 제시하고 있다.

① 유익성과 무해성(Beneficence & Non−maleficence): 내담자의 유익을 위하고 해를 입히지 말라는 것으로 다른 사람에게 미칠 영향에 대해 주의를 기울이는 것이다.

② 신뢰와 책임감(Fidelity & Responsibility): 사회와 공동체에 대한 의무로, 다른 전문가들과 협력하고, 상담사 동료들의 윤리적 의무에도 관심을 가지도록 한다.

③ 정직성과 도덕성(Morality): 상담뿐만 아니라 연구, 교육에서 정직하고 정확하고 믿을 수 있도록 하는 것이다

④ 공정성(Justice): 모든 사람을 공정하게 대하며, 편중될 가능성이나 자신의 능력의 한계를 인지하는 것이다.

⑤ 인간의 권리와 위엄존중(Respect for People's Rights & Dignity): 개인의 사생활 보호와 의사결정권, 내담자의 문화나 개인차, 역할을 존중하고 편견에 유의하는 것이다.

2) 가족상담의 주요 윤리원칙

한국상담학회의 부부 · 가족상담학회 윤리강령(2012)에 있는 내용을 토대로 요약한 가족상담사의 기본적 윤리기준은 다음과 같다.

(1) 상담전문가로서의 자세와 전문성 계발

① 가족상담사는 전문가로서의 자신이 맡고 있는 업무에 대해 책임을 진다.

② 가족상담사는 인종, 성, 종교, 국적, 연령, 혼인 상태, 성적 취향, 경제적 지위, 신체적 장애 등 개인의 조건, 지위, 특정을 근거로 내담자를 차별하지 않으며, 전문적인 서비스를 거부하지 않는다.

③ 가족상담사는 전문적인 가치판단을 근거로 업무를 수행하고, 내외의 부당한 간섭이나 압력을 받지 않는다.

④ 가족상담사는 자신의 이익을 위해 가족상담 전문직의 가치와 권위를 훼손하지 않는다.

⑤ 가족상담사는 학회, 전문가 단체, 관련 단체 등의 활동에 적극적으로 참여한다.

⑥ 가족상담사는 가족치료 및 상담에 대한 이론적 지식, 전문적 기술, 교수, 상담, 연구를 향상시키기 위한 노력을 통해 전문성을 지속적으로 계발하여야 한다.

⑦ 가족상담사는 내담자를 보다 효과적으로 도울 수 있는 방법을 연구하고 내담자의 성장 · 발달, 문제해결능력 향상, 예방을 위하여 최선을 다한다.

(2) 가족상담사의 내담자에 대한 윤리

① 가족상담사는 내담자와의 친밀한 관계를 인식하고, 내담자에 대한 존중감을 유지하며, 내담자를 이용하여 가족상담사 개인의 필요를 충족하고자 하는 활동 및 행동을 해서는 안 된다.

② 가족상담사는 상담 전에 상담관계에 영향을 줄 수 있는 상담의 목표, 기술, 규칙, 한계 등에 관해서 내담자에게 알려 주어야 한다.
③ 가족상담사는 객관성과 전문적인 판단에 영향을 미칠 수 있는 이중관계와 성적 관계를 피해야 한다. 특히, 상담관계가 종결된 이후에도 최소 2년 내에는 성적 관계를 맺지 않는다.
④ 가족상담사는 상담과정에서 소속기관 및 비전문인과의 갈등이 있을 경우, 내담자의 복지를 우선적으로 고려하여야 한다.
⑤ 내담자에게 필요한 전문적 상담 제공이 어렵다고 판단되면 가족상담사는 상담관계를 시작하지 말아야 하며, 이미 시작된 상담관계인 경우 즉시 종결해야 하고, 가족상담사는 내담자에게 적정한 다른 대안을 제시해 주어야 한다.
⑥ 가족상담사는 상담의 목적에 부합되는 경우에 한하여 검사를 실시하거나 내담자 이외의 관련 인물을 면접하여야 한다.

(3) 가족상담사의 정보 보호

① 가족상담사는 사생활과 비밀유지에 대한 내담자의 권리를 최대한 존중해야 한다.
② 가족상담사는 내담자에 대한 상담 기록 및 보관을 규정에 따라 시행한다. 또한, 가족상담사는 녹음 및 기록에 관해 내담자의 동의를 구해야 한다.
③ 가족상담사는 아래와 같이 내담자 개인 및 사회에 즉각적인 위험이 있다고 판단될 때, 내담자에 관한 정보를 관련 전문가나 기관에 알릴 수 있다. 이에 대해서는 사전에 내담자 비밀보장 원칙의 한계라는 것을 주지시켜야 한다.
   - 내담자 및 타인의 생명이나 사회의 안전을 위협하는 경우
   - 내담자가 감염성이 있는 치명적인 질병이 있다는 확실한 정보를 가졌을 경우
   - 법적으로 정보의 공개가 요구되는 경우
   - 기타 전문가가 필요하다고 판단되는 경우

④ 가족치료 및 상담사는 내담자에 대한 정보를 동료 가족상담사 혹은 수련감독자에게 제공할 경우 사실적이고 객관적인 정보로 구성하며, 내담자의 구체적 신분에 대해 유추하여 파악할 수 없도록 할 책임이 있다.

⑤ 내담자에 관한 정보를 교육 및 연구의 목적으로 사용할 경우에는 내담자와 합의를 거쳐야 하며, 내담자의 신분이 노출되지 않도록 철저하게 준비하여야 한다.

(4) 가족상담사의 동료, 기관, 타 전문직과의 관계에 대한 윤리

❶ 가족상담사의 동료 및 수련 감독자에 대한 윤리

① 가족상담사는 존중과 신뢰로 동료를 대해야 한다.

② 가족상담사는 전문직의 권위와 권익을 증진하기 위해서 동료와 협력하여야 한다.

③ 가족상담사는 동료 및 타 전문직 동료의 업무를 인정하고 이해하며, 민주적인 관계를 유지하도록 한다.

④ 가족상담사는 전문직 내 다른 구성원의 미숙함으로 인해 문제가 야기되었을 경우, 적절한 조치를 취하여 내담자의 권익을 보호해야 한다.

⑤ 수련감독자는 개인적인 이익을 위해 자신의 지위를 이용해서는 안 된다.

⑥ 수련감독자는 가족상담 수련생 및 실습생에 대해서 인격적으로 수치심을 주는 행위를 해서는 안 된다.

⑦ 수련감독자는 전문성에 의거하여 정해진 업무를 수행하며, 가족상담 수련생 및 실습생에 대한 평가는 그들의 전문적인 성장을 위해 실시하고 그 결과는 그들과 공유하여야 한다.

❷ 가족상담사의 기관 및 사회에 대한 윤리

① 가족상담사는 자기가 속한 기관의 목적에 합치되는 활동을 해야 하며, 기관의 성장과 발전을 위해 노력할 책임이 있다.

② 가족상담사의 전문적 활동이 소속기관의 목적과 모순되고 직무 수행과정에서 발생되는 갈등을 해결할 수 없는 경우에는 소속기관과의 관계를 종결해야 한다.

③ 가족상담사는 사회윤리 및 자기가 속한 지역사회의 도덕적 기준을 존중하며, 사회공익과 자신이 종사하는 전문직의 바람직한 발전을 위하여 최선을 다한다.

④ 가족상담사는 사회윤리 및 자기가 속한 지역사회의 도덕적 기준을 존중하며, 사회공익과 자신이 종사하는 전문직의 바람직한 발전을 위하여 최선을 다한다.

❸ 가족상담사의 타 전문직과의 관계에 관한 윤리

① 가족상담사는 상호 합의한 경우를 제외하고는 타 전문직으로부터 도움을 받고 있는 내담자를 대상으로 상담하지 않는다. 공동으로 도움을 줄 경우에는 타 전문인과의 관계와 조건에 관하여 분명히 할 필요가 있다 .

② 가족상담사는 자기가 아는 비전문인의 윤리적 행동에 관하여 중대한 의문을 발견했을 경우, 그러한 상황을 시정하는 노력을 할 책임이 있다.

③ 가족상담사는 자신의 전문적 자격이 타 전문분야에서 오용되는 것에 적절하게 대처하며, 자신의 이익을 위해 타 전문직을 손상시키는 언어 및 행동을 삼간다.

❹ 윤리위원회의 구성과 운영

① 가족상담의 윤리적 실천을 도모하기 위해 윤리위원회를 구성하여야 한다.

② 윤리위원회는 윤리강령을 위배하거나 침해하는 행위를 접수받아 윤리강령에 따라 공식적인 절차에 따라 대처하여야 한다.

③ 윤리위원회의 권고와 결정을 가족상담사는 존중하여야 한다.

3) 가족상담의 윤리적 딜레마

가족상담이론과 기법에 대한 거론은 많이 있었으나 윤리문제에 대한 관심은 미약했다. 최근에 윤리적 문제에 대해 상담 현장에서 상담사들이 어려움을 호소하고 있다. 가족상담의 윤리적 딜레마에 대해 이은주(1999, 2005)의 연구에서는 다음과 같이 설명하고 있다.

가치는 인간의 결정을 인도하는, 소중히 여기는 믿음과 선호를 말한다. 가족상담은 가치를 함유하고 있는 전문직이며, 본질적으로 도덕적 활동을 내포하고 있다(Odell, 1993). 가족상담에서 가치는 가족을 다루는 방법에 관하여 전문직이 갖는 신념이다. 또한, 윤리는 행동에 있어서 옳고 그름에 대한 추론, 즉 좋고 나쁨 및 옳고 그른 것에 대한 도덕적 선택에 관하여 우리가 생각하는 방식이다(Doherty & Boss, 1991; maddock, 1995). 가치와 윤리의 관계에 있어서, 가치는 윤리적 결정의 기초가 되는 믿음과 선호이다. 모든 윤리적 이슈는 결정의 기반으로서 가치를 포함하고, 윤리적 결정에서는 필연적으로 사회적 권리와 의무를 다루는 모든 가치가 드러나게 된다(Doherty & Boss, 1991). 그러나 윤리와 가치의 차이점은 가치는 무엇이 좋고 바람직한가와 관련되고, 윤리는 무엇이 옳고 바르냐를 나타낸다는 것이다. 즉, 가치는 이상적인 면을 다루고 윤리는 현실적인 면을 다룬다(황성철, 1996). 예를 들어, 개인의 프라이버시는 우리 사회의 가치이고, 가족상담 시에 면담을 녹화하는 것에 대한 가족의 사전 동의를 얻어야 한다는 것은 가족상담의 윤리이다(김정자, 1993).

윤리적 딜레마는 두 개 이상의 가치, 원칙, 의무가 상충할 때 발생한다(Woody, 1990). 즉, 윤리적 딜레마란 '다른 행동을 취할 훌륭한 이유가 있는 상황'으로 규정된다. 양자의 선택이 다 나름대로의 장단점이 있고 그 장단점도 확률로 표현되기 때문에 어떤 선택을 해야 할지 명확하게 결정하기 어려운 경우를 윤리적 딜레마라고 한다. 개인상담이나 집단상담에서도 윤리적 딜레마는 있다. 그러나 개인상담에서 부딪치는 윤리적 딜레마와 달리 가족원 여럿이 함께 만나는 가족상담에서는 훨씬 더 복잡할 수 있다. 여러 가족구성원들을 한꺼번에 상담하면서 가족관계를 다룬다는 자체가 상담자의 역할에 있어서 개인상담보다 더 복잡한 관계적 문제를 제기하기 때문이다(Maddock, 1993).

이런 딜레마 해결을 위해 미국의 경우에는 미국부부가족치료협회(AAMFT: American Association for Marriage and Family Therapy)에서 부부 및 가족상담사 윤리강령을 규정하고 있다. 이것은 상담 전문가적 행동에 대해 기준이 되는 원칙을 제공한다는 면에서 의미가 있지만, 상담 현장에서의 실제 문제에 대해서는 충분한 방향을 제공하는 데에 있어서 적절하지 않다는 의견이 있다. 주요 제한점은 윤리강령의 본질적인 모호성 때문이다(Haverkamp & Daniluk, 1993; Woody, 1990). 우선, 사용되는 용어가 일반적이므로 상담사나 상황에 따라 정의와 해석이 달라질 수 있고, 윤리강령에서 제시하고 있는 규정들이 상충할 때 무엇이 더 우선순위인지에 대해서는 제시하고 있지 않다(Green & Hansen, 1989).

그린과 한센(Green & Hansen, 1989)의 연구에 의하면, 미국부부가족치료협회 윤리강령이 어느 정도 윤리적 문제해결에는 도움이 되지만, 또 다른 윤리적 문제해결은 다루지 않고 있다고 하였다. 또한, 가족치료사가 흔히 겪는 일반적이고 실제적인 딜레마는 언급하지 않았다고 하면서 가족치료 윤리강령을 강화할 것을 제안한다. 그러나 우디(Woody, 2000)는 윤리강령을 강화하더라도 윤리강령이 모든 윤리적 딜레마를 해결할 수는 없다고 하였다. 우디는 임상 현장에서의 윤리적 문제를 해결하기 위한 실용적 모델에서 윤리적 결정을 위한 통합적 분석을 위하여 전문직의 윤리강령이 유일한 결정기준이 될 수 없기 때문에 윤리이론, 이론적 전제, 사회적 · 법적 맥락, 상담사의 개인적 · 전문적 정체성을 모두 포괄하여 결정기준으로 활용해야 한다고 제안하였다. 윤리강령이 기본적으로 필요한 것은 사실이지만 윤리강령의 선언적 성격, 본질적인 모호성 때문에 가족상담사는 윤리강령에만 의존해서는 안 되며, 다양한 갈등상황에 대한 나름대로의 민감성과 통찰력, 그리고 판단능력을 길러야 한다. 이은주(2005)는 윤리적 딜레마에 대해 실제 사례를 다음과 같이 제시하고 있다.

사례 1: 가치중립 대 가치부여의 딜레마

부부갈등이 심한 경우에 이혼할 것인가? 여부 결정이 부부 당사자에게 달려 있다는 데에는 의심의 여지가 없다. 미국부부가족치료협회(AAMFT)의 윤리강령은 "부부 및 가족상담사는 내담자의 권리를 존중하며, 그들의 결정의 결과를 이해하도록 돕는다. 상담사는 결혼지위(marital-status)에 관한 결정은 내담자의 책임이라는 것을 확실히 조언한다"(AAMFT 윤리강령 1.4).

그러나 실제로 부부갈등에 개입하는 상황에서 이것이 완벽하게 지켜지기는 어렵다. 왜냐하면, 위에서 언급했다시피 가족상담사가 완전히 가치중립적인 것은 불가능하며, 가족상담사의 가치는 어떠한 방식으로든지 표현되기 때문이다. 그렇다면 가족상담사는 어떠한 접근을 하는 것이 바람직한가?

사례 2: 비밀보장에 관한 딜레마

아동은 자기권리를 이해하거나 지킬 능력이 덜하기 때문에, 아동상담의 가장 큰 목적은 아동권리를 보호하고자 하는 것이다. 또한, 부모-자녀 간은 지위와 성숙도가 차이가 나기 때문에 비밀보장은 더 어려운 문제이다. 우선, 자녀에 대하여 부모의 비밀보장을 지키는 것은 가족상담사의 책임이다. 특히, 자녀와 분리하여 관계에 대한 경계설정에 문제가 있는 부부는 부부간의 프라이버시를 설정하는 것(Margolin, 1982), 부모로서의 실패를 상담 장면에서 노출시키는 것 역시 부모의 권위를 손상시키므로 피해야 한다(Johnson, 1986).

부모에 대하여 자녀(아동 및 청소년)의 비밀보장을 지키는 문제에 관해서이다. 상담사가 자녀와 개별회기를 가질 때, 비밀보장의 원칙은 부모 내담자와 마찬가지로 아동내담자에게도 적용된다. 그러나 상담사는 부모의 관심에도 민감해야 한다. 왜냐하면, 부모의 원조가 자녀상담의 효과에 영향을 주는 경우가 많기 때문이다. 그러므로 자녀와의 개별회기를 시작하기 전에 아동과 부모와 함께 아동상담 회기의 어떤 정보가 부모와 토의될 것인지를 미리 동의해 놓는 것이 중요하다. 즉, 비밀보장 제한원칙이 결정되어야 한다(Margolin, 1982).

예를 들어, 부모는 아동과의 상담 회기에서 무슨 일이 오고 갔는가를 알 권리가 있는가? 아동은 어떤 정보는 부모에게 말하지 말 것을 요청할 수 있는가? 상담사는 얼마나 자주 부모를 만날 것인가?

3. 가족문제 예방을 위한 실천

가족상담과 가족생활교육은 가족에 개입하여 가족문제를 예방하고 건강하고 기능적인 가족을 조성하는 것을 목적으로 한다는 면에서 공통점이 있다. 다만, 가족상담이 발생한 문제에 대한 사후처리를 위한 개입적인 면이 많고, 가족생활교육은 가족문제를 예방하는 성격이 강하다. 실제 상담이나 교육 현장에서는 두 가지가 혼돈되는 경우도 있다. 가족에 관여하는 정도와 영향력을 중심으로 가족상담과 가족생활교육에 대한 의미를 분명하게 설명하면 다음과 같다(Doherty, 1995).

첫째, 정보제공과 조언 면에서 차이점이 있다. 가족생활교육은 부부문제, 부모역할, 인간발달에 대한 지식정보 제공을 위해 일반 가족을 대상으로 하는 특강이나 일회성 워크숍으로 진행된다. 가족생활교육은 가족상담에서와 달리 문제가 없는 많은 가족에 교육적 영향력을 미칠 수 있고, 정서적 · 경험적인 부분을 깊게 다루지 않고 개별적인 상호작용이 적어 의미 있는 변화를 일으킬 정도의 깊이는 부족하다.

둘째, 내용 면에서 다르다. 가족생활교육은 가족의 일상적 스트레스와 갈등문제를 다루고 의사소통방법 등에 대한 교육으로 이루어진다. 가족의 역기능을 진단하고, 가족 역동의 변화를 일으킬 수 있을 정도의 내용을 가족생활교육으로 다루기에는 무리가 있다. 즉, 가족의 역기능성으로 문제가 심각한 경우에는 가족상담 참여를 권유할 수 있다.

셋째, 개입 기간이 다르다. 간단한 문제해결과 가족 내 상호작용패턴의 변화를 목적으로 가족생활교육이 단기적 개입을 한다. 그러나 장애나 만성적 가족문제나 스트레스 등에 개입을 위해서 가족상담으로 장기적인 접근을 한다. 이러한 만성적인 가족문제는 오래 쌓인 문제이므로 가족문제 해결을 위해 오랜 시간이 걸릴 수 있다.

넷째, 가족체계 변화에 개입한다. 가족상담은 가족체계이론과 가족원 간의 상호작용패턴에 관한 지식을 기반으로 가족을 일정 기간 면담하면서 개인과 가족의 감정과 사고를 탐색하고 변화를 가져오도록 개입한다. 이는 가족생활교육과 구분되는 면으로서 가족체계 변화를 통하여 문제해결을 시도하는 가족상담의 특징이다.

4. 가족생활교육

가족생활교육은 '개인과 가족의 삶의 질을 향상시키기 위하여, 출생 · 성장 과정을 포함하는 개인발달과 가족생활주기 각 단계에서의 인간관계의 제 측면에서 발견되는 발달적 특성에 따른 문제와 위기상황에 대한 문제해결력 및 대처능력을 향상시키기 위하여, 개인 또는 집단으로 교육하는 것'이다(옥선화, 1997).

미국가족생활교육위원회(NCFLE, 1968)에 따르면, 가족생활교육의 주된 목적은 생애주기 전반에 걸쳐 가정에서 인간 성장, 발달과 행동에 관한 지식을 배우도록 돕는 것이며, 현재와 미래의 가족역할에 대한 개인의 잠재력을 발달시키는 것이다.

가족생활교육의 내용에 대해서 이승미(2006)는 건강가정지원센터의 가족생활교육 주요 사업을 다음과 같이 제시하였다(김보미, 2007, 재인용).

- 부부교육: 결혼준비교육, 부부관계증진교육, 중년기부부의 노후생활설계교육
- 부모자녀교육: 임신출산교육, 부모역할준비교육, 부모–자녀관계향상교육
- 다양한 가족을 위한 생활교육: 이혼위기가족 · 한부모가족 · 재혼가족 · 입양가정 · 독신가정 · 장애인가정 · 국제결혼가정 · 실직가정 등을 위한 생활교육
- 기타 생활교육: 의생활교육, 식생활 및 영양관리교육, 주생활교육, 세대통합을 위한 가족생활교육

가족생활교육 프로그램의 필요성, 이론적 배경, 교육내용을 결혼준비교육, 부부교육, 부모교육, 은퇴준비교육을 통해 살펴보고자 한다.

1) 결혼준비교육

결혼을 앞둔 예비부부를 대상으로 하는 가족생활교육으로 예비부부교육 또는 결혼준비교육 프로그램이 있다. 결혼준비교육은 결혼하기에 앞서 물리적인 주거나 결혼 예식을 위한 준비와 더불어 남편과 아내의 역할이나 부모됨 등의 새로운 가족관계 적응과 경제생활설계 등을 내용으로 한다. 결혼준비교육이 왜 등장하게 되었는지에 대한 필요성과 이론적 배경, 일반적인 결혼준비교육에서 다루는 교육 내용에 대해 살펴보고자 한다.

(1) 결혼준비교육의 필요성

우리나라는 최근 저출산 현상, 높은 이혼율, 빈번한 가정폭력 등 급변하는 사회 문제를 맞이하고 있고 이는 가정 내에서도 많은 관계적 · 정서적 변화와 문제를 경험하고 있다. 결혼은 관습이나 법률에 따라 부부관계를 맺는 제도이다. 결혼한 부부는 법적 · 사회적 · 종교적으로 관계를 인정받으며, 배우자와 자녀에 대한 권리와 의무를 가진다. 결혼에 대한 구체적인 정의는 문화에 따라 다를 수 있지만, 대개 성적 결합을 기반으로 한다. 결혼은 전 세계적으로 나타나는 보편적인 문화 현상에 해당한다(다음 백과사전). 또한, 부부는 생식의 기능, 자녀양육과 교육의 기능, 공동경제의 기능, 애정의 기능 등을 결혼이라는 제도 내에서 수행한다.

이처럼 결혼은 남녀가 만나 서로에 대한 책임과 의무를 수행하는 제도로서, 남녀 개인에게도 중요하지만, 사회 존속의 근간을 이루는 체계이다. 그러므로 결혼이라는 제도는 남녀 개인의 행복과 성장 맥락에도 영향을 주지만 사회의 안정적 발전에도 기능적이거나 부정적인 영향을 미칠 수 있다.

그러나 많은 연인들이 연애나 데이트 기간에 경험한 낭만적인 사랑의 연속으로 부부생활을 생각하고 결혼을 하는 경우가 있다. 이는 'OECD 국가 중 이혼율 1위(2015년)'라는 오명을 쓰는 이유와도 관련이 있을 수 있다. 신혼기부터 결혼에 대한 이상적으로 생각하는 기대와 실제 결혼생활에서 나타나는 현상 때문에 신혼부부는 새롭고 처음 접하는 인간관계, 경제적인 책임과 의무 등의 다양한 현실을 곧 바로 적응하기에는 어려움이 있다. 그러므로 결혼 전 남녀를 대상으로 배우자 선택, 예상되는 결혼생활에서의 어려움, 문제와 갈등을 해결하는 방법 등의 행복한 결혼생활과 관련 있는 가족생활교육 내용을 주제로 한 '예비부부교육', '결혼준비교육'이 필요하다.

결혼준비교육은 결혼생활에서 일어날 수 있는 주요 문제와 갈등에 대해 사전에 예상해 봄으로써 건강하게 문제를 해결할 수 있도록 기여할 수 있다. 많은 결혼준비교육이나 예비부부교육에서의 세부 주제인 대화법, 남성 여성의 차이와 성관계 이해, 남편과 아내의 역할과 책임, 갈등해결방법, 부모됨의 의미와 자녀교육 등을 통해 체계적으로 예비부부가 결혼을 준비할 수 있도록 지원한다. 우리나라에서는 2003년 1월 「건강가정기본법」이 제정됨으로써 전국적으로 각 시 · 군 · 구를 중심으로 건강가정지원센터가 만들어지면서 다양한 결혼준비교육 프로그램이 가족생활교육사업으로 운영되고 있다.

(2) 결혼준비교육의 이론적 배경

데이트를 하거나 연애를 하기 전에 많은 이성 중에서 자신에게 적합한 배우자를 선택하기 위해서는 먼저 자신이 원하는 배우자 기준에 대해 생각해 보아야 한다. 그리고 데이트나 연애 기간에 상대방이 자신과 잘 맞는지 평소 습관을 관찰하거나 생활 경험을 통해 이성적으로 분석해 보는 것이 필요하다. 단순하게 감정적으로 호감을 느끼는 순간적 · 정서적 매력이 배우자 선택의 절대적으로 중요한 기준이 되어서는 안 된다. 배우자를 선택할 때 중요한 기준은 각 개인에 따라 사회문화적 분위기에 따라 다양하다. 일반적으로 이성 교제 초기에는 신체적 매력, 성격, 나이, 종교 등을 중요시한다고 하고, 정서적인 측면이 강조되면서 사랑의 성숙도, 성에 대한 책임감 등을 배우자 선택의 중요한 요인으로 보기도 한다.

배우자 선택에 대해 케코프와 데이비스(Kerkoff & Davis, 1962)는 '배우자 선택의 여과망이론'을 제시하였다. 여과망이론에서는 1단계에서부터 6단계까지 여과되면서 다수의 상대에서 유일한 배우자로 선택 · 결정하는 과정을 설명하고 있다. 여과망 1단계는 근접성의 원리로서 지리적 거리가 가까울수록 배우자로 선택될 가능성이 크다. 가까이 있는 사람들 중에서 배우자를 선택하는 것이다. 여과망 2단계에서는 개인적 매력과 관련이 있다. 성격, 외모, 능력, 재산 등의 매력에 영향을 받아 배우자 선택 범주가 좁아진다. 여과망 3단계는 사회문화적 배경의 유사성이다. 연령, 종교, 학력, 직업, 사회계층 등이 비슷한 사람으로 배우자 선택 범주가 좁혀진다. 여과망 4단계는 가치관과 태도의 일치성이다. 인생관, 결혼관, 세계관 등의 가치관이 서로 유사한 사람을 중심으로 배우자를 선택한다. 여과망 5단계는 상호 보완성이다. 위의 4단계 배우자 기준을 충족시킨 사람 중에서 성격이나 욕구에서의 상호 보완성을 의미하고, 서로의 성격이나 욕구를 자발적으로 보완함으로써 결과적으로 두 사람의 관계에 도움을 주게 된다. 여과망 6단계는 결혼 준비 상태 여부이다. 결혼을 위한 정서적 · 경제적 준비가 되었는지를 고려하여 배우자 선택을 한다.

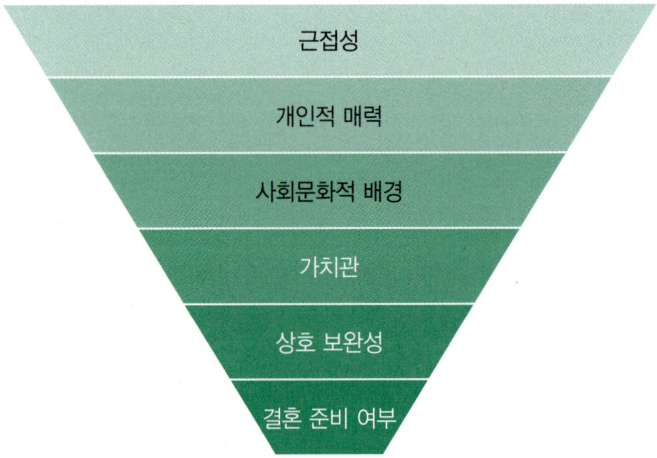

[그림 8-1] 배우자 선택의 여과망이론

출처: Kerkoff & Davis(1962).

결혼을 통해 부부가 된다는 것은 두 성인 남녀가 정서적 · 법적으로 연합하여 동거하는 관계를 의미한다. 사회적으로 배타적이면서 안정된 성적 및 경제적 결합을 하는 것이기도 하다. 인간은 성장하면서 결혼을 통해 독자적인 생활영역을 확보하고 심리적 · 정서적 · 사회적 욕구를 충족하고자 하기 때문에 국가는 가정을 법과 제도로 보호하고 지원한다(송성자, 2002).

또한, 결혼과 동시에 남녀 두 사람은 결혼생활을 유지해야 하는 공동의 책임을 지며, 부부간의 호혜적 의무 관계에 놓이게 된다. 결혼은 부부 중 일방 한 사람의 노력만으로는 행복하게 유지되기 어려우며, 남편과 아내 모두의 의무와 책임이 공존하는 사회제도이자 인간관계이다.

현대인이 결혼을 하는 가장 큰 동기는 '사랑'이라고 한다. 둘째로 결혼하는 동기는 성의 합법성 부여이다. 셋째 동기는 경제적 안정 추구이며, 넷째 동기는 자녀출산 기회를 확보하기 위함이다. 다섯째 결혼동기는 정서적 안정 추구를 위해서이고, 여섯째는 사회적 기대에 부합하기 위해서이다(지영숙, 2002). 결혼이란 연애나 동거와 달리 법적 · 제도적 행동이며, 자유롭게 결정할 수 있으나 결혼을 통해 사회적 책임과 의무를 갖게 되므로 인생에서 어떤 결정보다 신중하게 해야 한다.

(3) 결혼준비교육 내용

결혼준비교육은 결혼이 정해진 사람이나 미혼자를 대상으로 성공적인 결혼생활을 할 수 있도록 돕기 위해 행해지는 사전교육(홍달아기 · 신현실, 2001)을 말한다. 현재 시 · 군 · 구 등 지방자치단체, 건강가정지원센터 등에서 운영되고 있는 결혼준비교육은 예비부부교육, 예비부부교실 등의 사업명으로 진행된다. 결혼준비교육 프로그램 내용은 의사소통, 성생활, 결혼에 대한 헌신, 원가족, 재정관리 기술, 갈등해결, 자기이해, 역할기대 등이 일반적으로 많은 편이다.

예비부부 프로그램 중 PREPARE/ENRICH는 대표적인 프로그램이다. 결혼을 약속한 예비부부를 위한 프로그램인 PREPARE(Premarital Personal and Relationship Evaluation)와 결혼생활 향상을 위해 상담을 원하는 부부와 2년 이상 동거한 커플의 결혼생활 회복과 성장을 목적으로 하는 ENRICH(Enriching and Nurturing Relationship Issues, Communication and Happiness)가 있다. 세부적인 소주제는 결혼에 대한 기대, 성격, 의사소통, 갈등해결, 재정관리, 여가활동, 가치관, 성관계, 자녀와 부모됨, 가족과 친구, 역할관계, 정신적 신념 등 12개 영역으로 구성되어 있다(21세기 가족문화연구소, 2002).

미국의 결혼준비교육은 상담을 통한 치료 관점에서 시작되어 교육에 의한 예방적이고 향상적인 관점으로 발전되어 왔고, 정보를 제공하는 지식 전달 위주의 교육에서 부부의 역동적인 상호 관계에 필요한 기술을 훈련시키는 교육으로 발전되어 왔다(송정아 · 전영득 · 김득성, 2005).

한국의 결혼준비교육 역시 일반적인 교육 접근에서 관계 향상 접근으로의 실제적인 측면이 강조되고 있다. 즉, 최근 어느 건강가정지원센터 결혼준비교육 홍보물에 제시되어 있는 교육내용은 다음과 같다. 성격검사를 통한 나와 배우자 이해하기, 의사소통기법, 갈등대처방법, 가족역할 분담하기, 가족문화여가 실제 경험하기로 예비부부교육이 진행되었다(그림 8-2).

예비부부를 위한 '행복한 결혼, 지금부터'

결혼 초기의 부부적응이 부부만족도에 미치는 영향은 매우 큽니다. 이에 ㅇㅇ건강가정지원센터에서는 결혼 초기에 서로의 차이를 이해하고 갈등을 지혜롭게 해결할 수 있는 방법을 제공하여 원만한 결혼생활을 돕고자 결혼준비교육 '행복한 결혼, 지금부터'를 마련하였습니다. 결혼을 약속한 커플들의 많은 참여 바랍니다.

◆ 일시: 20ㅇㅇ. ㅇ. ㅇ.(토) 10:00~16:00
◆ 장소: ㅇㅇ건강가정지원센터
◆ 대상: 결혼을 준비 중인 예비부부 10쌍(선착순 모집)
◆ 교육일정 및 내용

회기	시간	제목 및 주제	내용
1	10:00 ~ 12:00	'행복한 가정을 꿈꾸며' 원가족 이해 및 결혼기대 나누기	• 원가족 탐색하기 • 결혼에 대한 서로의 기대 나누기 • 새로운 가정 그려 보기
12:00~13:00		중식	
2	13:00 ~ 15:00	'일과 가정의 양립을 위하여' 성역할 이해와 역할 다루기	• 남녀 차이 이해하기 • 부부갈등 잘 해결하기 • 양성평등한 성역할 확립하기
3	15:00 ~ 16:00	'춤으로 소통하기' 신체활동을 통한 친밀감 증진하기	• 춤테라피를 통해 신체 표현하기 • 신체활동으로 긍정적 관계 증진

◆ 교육신청
– 신청기간: 20ㅇㅇ. ㅇ.ㅇ.~ㅇ.ㅇ.(선착순 모집)
– 신청방법: 홈페이지(http://~) 또는 전화접수
◆ 기타사항
– 참가비는 무료입니다.
– 간단한 중식을 제공합니다.

[그림 8-2] 결혼준비교육 홍보물

출처: 영도구건강가정지원센터.

2) 부부교육

(1) 부부교육의 필요성

최근의 큰 사회변화는 맞벌이 부부 증가, 혼인율의 감소와 저출산, 이혼율 급증, 고령화 현상이 있다. 사회변화에 맞는 역할변화와 결혼생활 적응은 모든 부부의 당면 과제이다. 여성의 학력이 높아지고 취업기회가 확대됨에 따라 맞벌이 가정이 많이 증가하였다. 그러나 여전히 가사와 돌봄노동에 대한 책임은 아내 역할로 편향되어 있다. 가사와 육아 및 가계경제에 대해 역할분담을 하는 과정에서 부부갈등이 생기기도 한다. 부부의 양성평등적인 역할분담을 결혼 초기부터 적절하게 조정하지 않는다면 지속적인 갈등 원인이 되기도 하고 건강한 가족관계형성의 기초가 흔들리기도 한다.

부부와 출생 자녀를 중심으로 하는 핵가족이 보편화된 가족구조임에도 시부모 등 친인척 주도의 전통 가족주의 가치관은 여전한 현실이다. 이렇듯 가족구조와 가족가치관의 다른 측면으로 인하여 생기는 가족 내 갈등과 스트레스는 가족을 건강하지 못하게 하는 요소가 될 수 있다.

한국 사회에서 부부갈등을 감소시키고 부부관계를 강화시키기 위해서는 부부 역할분담, 갈등관리, 양성평등 부부, 남녀의 성차, 의사소통, 강점 강화, 가족생활주기에서의 과업과 스트레스 관리 등이 중요한 요소라고 많은 연구에서 주장하고 있다(김순옥, 2001; 정현숙, 2007; 최규련, 2009).

(2) 부부교육의 이론적 배경

미혼 남자와 여자가 결혼함으로써 부부라는 새로운 관계형성을 시작하고, 자녀를 낳음으로써 부모가 되면서 가족의 범위가 커진다. 이 자녀들이 부모 아래서 성장한 후 학업이나 결혼으로 부모를 떠나면서 가족은 다시 부부만의 관계로 축소되고 노부부가 사망함으로써 소멸된다. 이렇게 결혼, 임신과 출산, 자녀교육, 자녀독립, 노부부 등으로 가족생활이 변화하는 과정으로 일반적인 가족이 일생 동안 거치게 되는 중요한 단계를 가족생활주기라 한다.

듀발(Duvall, 1957)은 가족생활주기를 8단계로 나누고 단계마다 특성이 있고, 이러한 특성에 잘 적응하면 건강하게 가족이 발달해 간다고 하였다. 신혼기(부부만의 시기), 자녀출산 및 양육기, 미취학 아동기, 학령기, 청소년기(자녀 십대 가족), 독립기(자녀 독립 준비 및 독립가족), 중년기, 노년기로 8단계로 가족생활주기를 나누었다.

부부교육 프로그램을 구성하기 위한 이론으로서 정현숙(2007)은 부부관계교육 내용의 이론적 근거를 NCFR(National Council on Family Relations)에서 제시한 '가족생활교육 교과과정 지침'을 토대로 세대, 성(gender) 및 가족생활주기이론, 가족체계이론, 의사소통, 갈등해결방법, 건강가족관점 등을 제시하고 있다. 또한, 우리나라 부부의 결혼만족과 적응에 영향을 미치는 요인으로 의사소통, 갈등해결방식, 성역할 태도, 역할분담, 평등부부, 성생활, 자신의 원가족과 배우자 원가족 등 부부의 상호작용 변인과 자아존중감, 자아분화, 성격특성, 레질리언스(resilience) 등과 같은 심리적인 변인이 부부교육 프로그램의 이론적 기초가 될 수 있다고 하였다(김희진, 2004; 최규련, 2002; 최정숙, 2008).

(3) 부부교육 내용

듀발(Duvall, 1957)의 가족생활주기 8단계 구분에 따른 가족구성원 각자의 역할과 가족발달과정을 다음의 표와 같이 제시하였다. 이 가족생활주기는 첫 자녀의 출생과 성장, 독립을 기준으로 단계를 구분한다. 주기가 변해도 남편과 아내라는 부부역할은 존재한다. 이러한 가족생활주기의 단계마다의 가족발달과업과 부부역할 변화는 부부교육 프로그램 내용이 될 수 있다.

〈표 8-1〉 듀발의 가족생활주기와 발달과업

가족생활주기	역할	가족발달과업
신혼기 (부부만의 시기)	아내 남편	• 가정 기초관계 확립 • 만족스러운 성적 관계 확립 • 관계에 헌신(남편 · 아내에 대한 헌신의 본질과 의미 결정) • 경제에 대한 공유체제 확립 • 의사소통패턴 확립 • 친인척과 관계 확립 • 역할과 규칙 결정
자녀출산 및 양육기	아내(어머니) 남편(아버지) 영아기의 자녀	• 생활비 충족기 • 가사노동 책임패턴 재조정 • 의사소통능력 향상 • 영아 자녀와 생활패턴 적응 • 조부모 역할 정립
미취학 아동기	아내(어머니) 남편(아버지) 자매(딸) 형제(아들)	• 부부, 부모–자녀 체계 삼각형으로 안정화 • 가족 요구의 충족을 위한 공간과 설비, 비용 마련 • 양육비 등 예측 불가능한 비용 충족 • 의사소통패턴 적응
학령기	아내(어머니) 남편(아버지) 자매(딸) 형제(아들)	• 자녀 활동 충족 및 부모 사생활 확보 • 아동의 변화하는 발달적 요구 효과적 대응 • 개방적 가족경계(아동발달을 돕기 위하여 학교와 연계)
청소년기 (자녀 십대 가족)	아내(어머니) 남편(아버지) 자매(딸) 형제(아들)	• 청소년과 성인 사이 의사소통 중재(규칙변화, 한계설정 및 역할 타협) • 개인 자율성에 대한 새로운 개념 적응 • 경계 조정하여 독립에 대처
독립기 (자녀 독립 준비 및 독립가족)	아내(어머니, 조모) 남편(아버지, 조부) 자매(딸, 숙모) 형제(아들, 삼촌)	• 가정을 떠나는 자녀에게 책임 할당 • 부부관계 재조정 • 가족구성원들 사이 의사소통 유지 • 자녀의 결혼을 통한 새 가족구성원 수용
중년기	아내(어머니, 조모) 남편(아버지, 조부)	• 텅 빈 보금자리 적응 • 부부 사이 관계 지속적 재조정 • 조부모 생활 적응 • 쇠퇴하는 신체적 · 정신적 기능 대처
노년기	과부나 아내(어머니, 조모) 홀아비나 남편(아버지, 조부)	• 배우자 죽음 대비 및 적응 • 노화과정 적응 • 타인 및 자녀에 대한 의존 대처 • 경제적 변화 적응 • 임박한 죽음 준비

우리나라 가족의 발달단계에 따라 나타날 수 있는 가족문제를 다음의 〈표 8-2〉에 정리하였다. 전형적으로 나타날 수 있는 가족문제를 중심으로 문제를 예방하기 위한 부부교육 등 가족생활교육의 중요성이 커지고 있다.

〈표 8-2〉 가족발달단계와 주요 가족문제

가족생활주기	주요 가족문제
결혼전기	• 부모-자녀 간의 과도한 밀착과 경직 • 결혼이나 미취업으로 인한 문제와 부모-자녀 간 갈등
결혼적응기	• 가사, 경제, 습관 등 생활방식의 차이 • 부부간 성격 차이 및 성 부적응 • 친인척과의 관계 갈등 • 가족규칙 재정립
자녀출산 및 신생아기	• 부부중심에서 자녀중심으로 생활변화와 적응 • 자녀양육 어려움
자녀 영유아 및 아동기	• 부부간 유대감 약화 • 부모가 서로 다른 자녀양육방법과 태도 • 자녀 학업 부진과 갈등
자녀청소년기	• 사춘기 자녀의 변화와 의사소통 어려움 • 자녀 학업 부진과 경제적 부담
자녀독립기	• 부모-성인자녀 간의 밀착 • 중년기 변화와 우울 • 노부모 부양부담
부부노년기	• 신체적 노화와 은퇴 적응 • 함께하는 부부 시간 증가에 대한 적응 • 성인자녀 및 고부갈등 • 배우자 사별 및 죽음에 대한 두려움

출처: 김순옥 외(2012). 가족상담; 정문자 외(2007). 가족치료의 이해 재구성.

부부교육 프로그램 중 이동숙(2006)의 '중년기 부부성장 집단 프로그램'을 회기별 목표를 표로 제시하면 〈표 8-3〉과 같다. 이 프로그램은 일반 부부가 성장을 통해 부부생활에서 발생할 수 있는 어려움을 예방할 수 있게 하고 갈등상황에 있는 부부에게는 갈등해결 효과를 기대할 수 있다.

〈표 8-3〉 중년기 부부성장 집단 프로그램

회기	주제	목표
1	부부 서로 알기	• 부부 상호 간의 긍정적 감정 형성 및 변화 목표 설정 • 참여자들 간의 친밀감 형성 및 참여동기 부여
2	부부의 차이 이해하기	• 배우자와의 차이에 대한 이해와 수용 • 부부 각자의 원가족의 영향에 대한 이해와 수용
3	부부의 의사소통 이해하기	• 삶의 대처방식과 그 영향에 대한 이해와 수용 • 가족조각 경험을 통한 자신과 배우자에 대한 이해와 수용, 변화
4	부부의 갈등 해결하기	• 각자의 내면 탐색을 통한 걸림돌 자각, 이해, 변화 • 일치적 상호작용으로 갈등 해결하기

출처: 이동숙(2006).

3) 부모교육 프로그램

(1) 부모교육의 필요성

사회변화의 여러 측면 가운데 여성취업이 늘어났고, 부모-자녀 세대만으로 이루어진 핵가족이 보편적인 가족형태가 되었고, 도시화와 산업화와 같은 대표적인 현상으로 변화가 드러났다. 이러한 가족의 변화, 이혼율 급증과 같은 요인들은 부모역할에 큰 변화를 초래하는 대표적인 요소가 된다(정옥분, 2007).

과거에는 부모역할이 뚜렷이 구분되어 있어 부모 노릇하는 데에 혼란이 별로 없었다. 아버지는 가족을 부양하는 도구적인 역할, 어머니는 자녀양육을 담당하는 표현적인 역할을 수행하였다. 하지만 최근 여성의 취업률 증가에 따라 자녀양육보다는 사회적 성취에 더 많은 비중을 두는 여성이 많아졌다. 자녀를 한두 명만 둔 맞벌이가족도 증가하고 자녀양육에서 지나치게 허용적인 태도를 보이는 모습도 나타났다. 자녀를 위한 교육 투자에 많은 비용을 쏟고 아끼지 않으며, 이런 헌신이 자녀의 교육과 학업에 치중됨에 따라 혹여 부모의 높은 기대 수준에 자녀가 미치지 못하는 경우 심각한 부모-자녀 갈등을 겪기도 한다. 또한, 현대의 부모들은 과거 대가족 내에서 자연스럽게 자녀양육에 대해 배울 수 있었던 기회가 없기에 체험적으로 얻은 부모역할에 대한 지식이 부족하고, 부모역할에 대해 어려움과 불만족감을 갖는다. 이러한 변화는 결국 심리적 · 물리적 자녀양육 부재현상을 초래한다. 이러한 변화에 순조롭게 적응하고 자녀를 건강하게 키우기 위해서는 부모교육이 필요하다.

(2) 부모교육의 이론적 배경

부모교육(parent education)이란 부모가 효율적인 부모역할을 할 수 있도록 지원하기 위해 부모에게 제공하는 교육활동이다. 한국부모교육학회(1997)에서는 부모교육을 "부모교육자의 자질 향상과 부모의 역할 수행에 변화를 일으키기 위한 부모교육자와 부모, 예비부모, 그리고 자녀를 대상으로 부모교육문제와 자녀교육문제를 내용으로 모든 교육적인 방법을 동원하여 교육하는 활동"으로 정의한다.

부모역할을 지원하기 위한 실제적인 교육과 관련한 이론은 다양한 이론 중 인본주의적 부모교육 이론, 민주적 부모교육 이론, 부모효율성훈련에 대해 살펴보고자 한다.

❶ 인본주의적 부모교육 이론

기노트(Ginott)는 자녀가 성장하는 데는 부모의 관심과 공감적 반응, 정서적 경험 등이 중요한 영향을 미친다는 것을 깨닫게 되었고, 그것은 유아만이 아니라 성인에게도 적용될 수 있다는 것을 깨닫게 되었다. 그는 인본주의 심리학을 부모교육에 적용하여 부모-자녀 간의 의사소통을 증진하는 데 중점을 두었다.

기노트의 자녀양육원리는 다음과 같다. 첫째, 대화는 기술이 필요하다. 둘째, 칭찬을 과용하면 안 된다. 셋째, 위협 · 뇌물공세 · 빈정대는 말들은 바람직하지 못하다. 넷째, 부모와 자녀 사이에 물리적 거리가 적을 때 의사소통이 더욱 잘 일어난다. 다섯째, 자녀는 자신이 이해할 수 있는 한계가 합리적으로 주어질 때 책임감과 좋은 버릇을 기를 수 있다.

❷ 민주적 부모교육 이론

드라이커스(Durikers)는 아들러의 개인심리학 이론을 부모교육에 적용함으로써 부모에게 민주적인 양육원칙을 소개하려고 노력하였다. 드라이커스는 자녀가 어리지만 인간으로서의 가치면에서는 성인과 동등하므로 부모와 자녀가 상호 존중하는 태도를 보여야 한다고 생각하였다. 그러나 인간으로서의 동등한 권리를 부여한다는 것이 지나친 허용을 의미하는 것은 아니다. 부모의 자녀양육은 모든 사람은 평등하다는 인식 위에서 자녀와 동등한 관계를 유지하는 한편 질서 있는 자유를 허용해야 한다. 드라이커스는 가정, 학교, 사회 등 사람들이 함께 살며 상호작용해야 하는 곳에서 반드시 갈등이 일어나며, 이 갈등은 민주적 방식에 의해 해결되어야 한다고 믿었다. 부모의 좋은 생활양식은 자녀에게 좋은 영향을 미치며, 자녀는 주어진 한계 내에서 자유를 경험해 볼 수 있도록 가정에서 민주주의적 태도로 양육되어야 한다고 믿었다.

드라이커스는 자녀양육 원리에 대해 잘못된 행동목표와 논리적 귀결로 설명하였다. 아이들은 태어나면서 갖고 있는 생존본능과 양육과정에서 나름대로 깨우친 경험으로 갖게 된 잘못된 행동목표에 대해 논리적 귀결로 훈육하는 방법이 민주적 자녀교육 원리이다.

자녀가 설정하는 잘못된 행동목표에는 다음의 네 가지가 있다. 첫째, 모든 어린이는 관심을 끌고 싶어 한다. 둘째, 힘 행사하기를 통해 자녀는 항상 우세한 입장에 있기를 원한다. 셋째, 앙갚음과 보복이다. 이 행동목표는 네 가지 잘못된 행동목표 중 제일 힘들게 하는 것이다. 넷째, 무능함 보이기다.

드라이커스에 의하면 어려서부터 자신이 가치 있고 가정에서 중요한 위치를 차지하고 있다는 확신을 가지고 있는 자녀는 위와 같은 잘못된 행동목표를 설정하여 애써 자신의 위치를 찾으려고 노력하지 않는다. 가정이라는 집단 속에서 소속감, 안정감, 수용된다는 느낌을 받는 한 자녀는 요구하는 상황에 따라 자연스럽게 행동을 하게 마련이다. 그러나 주위 사람의 태도에 실망하고 자신의 위치가 불안하다고 느끼며 자신이 해낼 능력이 모자란다고 생각하면 위의 네 가지 행동목표 중 두 가지 이상의 전략을 사용하게 된다. 자녀가 문제행동을 일으킬 때는 게으르고 공격적이고 미성숙하다고 판단할 것이 아니라, 그 행동의 목적이 무엇이며, 네 가지 전략 중 어떤 행동목표를 쓰고 있는가를 파악하여 도와주어야 한다.

부정적 행동을 하는 자녀를 둔 경우, 자녀도 힘들지만 부모도 힘들어한다. 이런 가정에서는 부모와 자녀 모두 자신의 존재를 인식시키려 애쓰고 소속감, 안정감, 자기 존중성을 획득하려고 서로 투쟁한다. 이러한 악순환적인 상호 관계를 변화시키려면 부모와 자녀 모두의 행동에 변화가 있어야 한다. 부모가 솔선하여 변화를 시도하는 것이 더욱 효과적이다. 즉, 그릇된 행동목표 변경을 위해 논리적 귀결을 경험하게 하는 방법으로 교육하는 것이다.

자녀교육에서 논리적 귀결은 보상과 벌로 얻지 못하는 것을 배울 수 있는 장점이 있다. 즉, 자녀 스스로가 자신의 행동이 적절한가를 결정하기 때문에 부모가 아닌 자녀가 자신의 행동에 책임을 지게 되고, 부모의 바람에 따르도록 강요당하는 대신에 자연적 · 사회적 사건의 질서로부터 스스로 배우게 되는 것이다. 배가 고파도 먹지 못하는 자녀는 배고픔을 경험하고, 장갑을 끼지 않겠다고 고집하는 자녀는 손이 시려운 것을 경험하게 된다. 이것이 자연적 귀결이다. 한편, 논리적 귀결은 자녀로 하여금 사회적인 질서로부터 현실을 배우게 하는 것이다. 즉, 자녀는 자기의 잘못된 행동에 대해 논리적으로 다가오는 결과가 있다는 것을 알게 된다. 결과는 자기 행동의 논리적 타당성에 기인된다는 것을 아는 것이다.

❸ 부모효율성훈련

부모효율성훈련은 고든(Gorden)에 의해 개발된 이론이다. 그는 아이들의 정서적 문제는 부모-자녀 간의 인간관계에서 비롯된 것으로 부모-자녀관계를 개선하지 않고서는 자녀의 문제를 근본적으로 치료할 수 없다는 생각을 하게 되었다. 그리하여 부모에게 부모-자녀관계를 개선시킬 수 있는 방법을 교육해야 한다는 생각에서 부모효율성훈련을 개발했다. 부모-자녀관계는 애정과 존경에 바탕을 둔 따뜻하고 친밀한 관계가 되어야 하는데 이는 원만한 의사소통 수준에 따라 가능할 수 있다. 효율적인 의사소통이 가능해지면서 부모-자녀관계의 갈등은 상당부분 해소될 수 있으나 의사소통이 방해되면 부모-자녀 간 갈등이 초래된다. 자녀를 양육할 때 부모가 주로 사용하는 장애 요인적 언어표현은 명령 · 지시 · 요구하기(Ordering), 경고 · 권고 · 협박하기(Warning, Admonishing, Threatening), 훈계 · 설교하기(Exhoring, Preaching), 충고 · 해결책 주기 · 제안하기(Advising, Giving, Solution, Suggesting), 강의 · 가르치기, 논리적인 설득(JUdging, Criticizing, Blaming), 칭찬 · 동조 · 찬성하기(Praising, Agreeing), 별명 부르기 · 비웃기(Name Calling, Ridieculing, Shaming), 해석 · 분석 · 진단하기(Interpreting, Analyzing, Diagnosing), 안심시키기 · 동정 · 위로 · 지지하기(Reassuring, Sympathizing, Consoling, Supporting), 심문 · 반문 · 철저히 조사하기(Procing, Questioning, Interrogating), 주의 돌리기 · 화제 바꾸기 · 유머 · 빈정거림(wirhdrawing, Distracting, Humoring, Diverting) 등이다. 자녀가 문제를 가질 때, 부모가 가장 흔하게 시도하는 위 12가지의 노력이 가끔씩 그 반대로 작용하며 장애물이 되어 결국 자녀의 고민을 제거하는 데 실패하게 된다.

부모효율성훈련에서의 자녀 양육의 원리는 첫째, 부모의 수용성 수준을 파악하는 것이다. 둘째는 문제의 소유자를 파악하는 것이다. 셋째, 상호 성장을 돕는 경청기술을 익히는 것이다.

(3) 부모교육 내용

부모교육은 부모가 자녀를 이해하고 돕고 지도하는 데 필요한 지식, 능력, 태도 등을 익히도록 돕는 데 있다. 이러한 부모교육의 목적을 달성하기 위해 부모교육은 다음과 같은 내용으로 이루어질 수 있다(민하영 외, 2002).

첫째, 부모교육을 통하여 그 시대가 요구하는 바람직한 아동관을 갖도록 한다.

둘째, 현대사회가 지향하는 효과적인 자녀양육방법을 습득한다.

셋째, 부모교육을 통해 자녀의 사회적응력을 최대화할 수 있는 방법을 학습한다.

넷째, 부모교육을 통해 아동발달에 관한 기초지식을 습득한다.

다섯째, 자녀와 효과적으로 상호작용할 수 있는 기술과 방법을 배운다.

여섯째, 자녀의 건강한 신체적 · 인지적 · 정서적 · 사회적 발달에 위협을 가할 수 있는 가정의 심리적 · 물리적 환경 요인에 대한 지식과 정보를 습득함으로써 자녀의 문제 가능성을 예방한다.

부모교육 프로그램 중 김순옥 외(2008)의 '청소년기 자녀를 둔 부모교육 프로그램'의 회기별 목표를 표로 제시하면 〈표 8-4〉와 같다. 이 프로그램은 청소년기 자녀를 둔 부모를 대상으로 '부모-자녀 간의 효과적인 의사소통, 자녀의 학업 · 컴퓨터 사용 · 소비생활 · 생활설계' 영역에서 바람직한 역할 수행을 할 수 있도록 교육함으로써 자녀에 대한 지도능력을 키우며, 부모의 자신감을 함양하기 위한 부모교육이다.

〈표 8-4〉 청소년기 자녀를 둔 부모교육 프로그램

회기	주제	목표
1	자녀와 통하는 부모	• 교육자와 참여자 간, 그리고 참여자들 사이 라포 형성 • 부모-자녀 의사소통 중요성 이해 • 부모가 행하는 잘못된 대화방법 인식 • 들을 때와 말할 때 구분 • 듣기, 공감하기, 말하기의 효과적 방법 익히기
2	공부 · 진로 코치로서의 부모	• 자녀를 둘러싼 시대적 상황 인식 • 자녀의 공부와 진로 코칭 • 코칭 역량강화 • 코칭 실천방안 탐색
3	컴퓨터! 통하는 부모, 즐기는 아이	• 컴퓨터 중독 예방에서 부모역할의 중요성 인식 • 컴퓨터 사용에 대한 자녀 입장 이해 • 컴퓨터 중독에 대한 부모의 효과적인 대처방법 익히기
4	부자 아이 만드는 부자 부모 되기	• 역할 모델이 되도록 부모의 경제생활 기본과 원리 이해 • 청소년의 소비문화 이해함으로 자녀와 공감대 형성 • 효과적인 자녀 용돈관리와 경제교육 지도하기
5	스스로 삶의 주인공이 되는 자녀와 부모	• 생활의 의미와 삶의 주인공이 되어야 하는 주체성 인식 • 인생주기에서 자녀와 부모 단계 이해 • 생활목표 설정 및 실천 계획표 작성

출처: 김순옥 외(2008); 김순옥 외(2012) 재인용.

4) 은퇴준비교육

(1) 은퇴준비교육 필요성

은퇴교육 전문가가 40대 직장인으로부터 다음과 같은 질문을 받았다. "좀 더 큰 집으로 이사도 하고 자녀들 교육비를 해결하며 노후를 준비할 수 있는 방법은 무엇입니까?" 은퇴교육 전문가는 정답을 알려 주는 대신 "그런 방법이 있으면 저한테 좀 알려 주시겠어요?"라고 오히려 되물었다고 한다. 현실적으로 한정된 자원으로 세 가지(주택, 자녀교육, 노후준비)를 다 해결할 수는 없다는 것이다. 자녀교육을 선택했다면 노후준비를 포기하고 오래 일해야 할 것이며, 안락한 노후를 선택했다면 자녀들에 대한 지원에 한계를 그어야 한다. 은퇴준비교육은 노후준비를 위한 것으로서 중노년기에 속한 사람들을 대상으로 하는 교육이다.

최은영(2015)은 433명의 베이비붐 세대 직장인을 대상으로 은퇴를 시작하지 못한 이유에 대한 연구에서, 경제적인 여유가 없어서(120명, 27.7%), 자녀양육과 교육비 지출 때문에(40명, 9.2%), 은퇴준비의 필요성을 못 느껴서(27명, 6.2%), 국가의 사회보장제도 및 연금으로 충당 가능하기 때문에(2명, 0.5%), 현재 기본재산으로 충분해서(1명, 0.5%)라고 응답하였다. 경제적 여유가 있어야만 은퇴준비를 하는 것은 아니므로 이에 대한 인식의 전환 접근이 필요하다. 또한, 자녀양육과 교육비 지출이 은퇴준비에 큰 장애물이 되고 있다는 사실을 느낄 수 있다.

예전에 부모는 자녀를 성공시키면 노후가 보장되었기에 자녀 교육에 투자하는 것이 부모로서의 최선이었다. 하지만 요즘엔 부모가 오래 살기에 자녀에게 짐이 되지 않는 것이 부모로서의 필요 역할이다. 그러기 위해서 은퇴 후 준비를 잘해야 한다.

은퇴 후 발생하는 변화는 예상외로 변화무쌍하다. 소득과 일이 있다가 없어지는 변화가 가장 큰 은퇴 증거이지만, 이와 더불어 주요 공간이 직장에서 집으로 변하고, 시간은 항상 없고 일 때문에 바빠서 쉴 시간이 부족했으나 은퇴 후엔 운동과 취미생활, 친구 만나기 등에 많은 시간을 보내고 남는 시간이 지나치게 많다. 또한, 인간관계가 직장 동료와 거래처 사람들과의 관계에서 은퇴 후에는 가족과 친구로 한정되고, 직장인으로서의 소속감이 있었지만, 은퇴를 하게 되면 특별한 소속집단이 없어진다.

2015년 통계청 자료에 의하면 20년 이상 된 부부의 이혼이 전체 이혼에서 차지하는 비율이 29.9%라고 하는데, 이혼부부 3쌍 중 1쌍은 황혼이혼임을 알 수 있다. 은퇴 후에 자녀양육이나 일 걱정 없이 여유롭고 황홀한 노후를 보내야 할 시기에 이혼이나 우울증, 자살이 노인들의 삶과 전혀 무관하지 않다.

(2) 은퇴준비교육의 이론적 배경

은퇴 이후의 생활 적응을 어떻게 하느냐에 대해 리차드 외(Reichard et al., 1962)는 성숙형, 은둔형, 무장형, 분노형, 자학형으로 구분하였다.

〈표 8-5〉 은퇴 후 적응유형

유형	특성
성숙형 (the matured)	• 늙어가는 자신을 수용하고, 생에 대해 감사하는 자세를 지닌다. • 일상생활과 대인관계, 사회생활에 만족하면서 매우 활동적이다. • 자신의 삶 속에서 실패와 불행보다는 성공과 행복에 더 큰 비중을 둔다.
은둔형 (the rocking-chair man)	• 일생 지녔던 무거운 책임을 벗어 던지고 복잡한 대인관계와 사회활동에서 해방된 것을 다행스럽게 여기는 사람들이다. • 사회생활에 매우 수동적이고, 흔들의자에 앉아서 편히 쉬는 것을 원하는 유형이다.
무장형 (the armored)	• 노년기의 수동적인 면과 무기력함을 수용할 수 없어서 사회적 활동 및 기능을 계속 유지하는 사람들이다. • 이들은 계속적인 활동으로 노화를 거부하려고 한다.
분노형 (the angry man)	• 인생 목표를 달성하지 못하고 늙어버린 것에 대해 비통해하는 사람들이다. • 인생 실패를 시대 탓, 경제사정 등으로 생각하거나 자신이 아닌 남의 탓으로 돌린다. • 자신이 늙어가는 것을 수용하지 못하여 노화에 쉽게 적응하지 못한다.
자학형 (the self-haters)	• 자신의 인생이 실패했다고 애통해하는 사람들이나 '네 탓이오'의 분노형과 달리 인생 실패의 원인을 자신에게 돌리고 자신을 책망한다. • 나이가 들수록 우울증에 걸릴 가능성이 크고 심한 경우 자살을 시도하기도 한다.

출처: Reichard, Livson, & Peterson(1962).

남편이 은퇴하고 집에 머무르는 시간이 많아지면서 집안일이나 아내의 생활에 이런저런 간섭을 하게 되고, 이로 인해 부부간에 다툼이나 갈등이 생기는 경우가 있다. 이러한 갈등을 어떻게 풀어나가는가에 따라 친밀한 부부관계로 발전할 수도 있고, 황혼이혼으로 이어질 수도 있다. 남편이 은퇴하면서 갑자기 늘어난 시간을 어떻게 보내야 할지 몰라 아내에게 짜증을 내고, 자신과 시간을 많이 보내 주지 않는 자녀들에게 서운해하기도 한다. 반면에 활동하기를 좋아하는 아내는 외출을 마음대로 할 수 없어 답답해하고, 점점 늘어가는 남편의 간섭이 불만스러워 남편과 말을 안 하기도 한다.

노부부가 함께 복지관에서 부부댄스교실과 같은 프로그램에 참여하는 것으로 인해 공통의 관심사가 생기고 부부간에 대화가 늘어나고 서로 더 많이 이해하게 되는 경우도 있다. 결혼 초부터 계속해 온 부부 공동의 여가활동이 있으면 더욱 좋겠지만, 중년부터라도 개발하는 것이 중요하다. 자녀에 대한 이야기와 자녀를 위한 활동에만 시간을 쓰지 말고, 부부 자신에 대해서 이야기하고 관심사를 공유하는 시간을 가져야 한다. 영화, 종교, 운동, 자원봉사, 정치, 동창회 등 주제를 개발해야 한다.

은퇴 후의 여가는 젊은이의 여가와는 다르다. 은퇴 후에는 극단적으로는 하루 24시간이 전부 여가(Full time Leisure)인, 그야말로 여가투성이의 생활이 시작된다. 여가를 보람 있게 활용하지 못하면 무료함과 고통이 가중되어 노년기 우울증으로 이어질 수도 있다. 우리나라 노인의 여가활동은 대부분 TV 시청이 주류를 이룬다. 국민연금 소식지 〈따뜻한 연금氏〉(2015. 12. 23.)에 의하면 노인의 여가 중 TV 시청, 등산과 산책 등 소일거리가 73%였고, 기타는 27%였다. 즉, 지루하고 단조로운 여가생활이 주였음을 알 수 있다.

(3) 은퇴준비교육의 내용

은퇴준비교육의 궁극적인 목적은 행복한 은퇴 후 삶이다. 행복한 은퇴 이후의 삶을 위해서 경제적 기반을 마련하는 준비 방법도 매우 중요한 영역이긴 하나, 가족생활교육 부분이므로 은퇴 후의 생활에 대한 노후 준비로서 경제적인 준비는 제외하였다. 노명숙(2015)의 '은퇴준비 가족생활교육 프로그램 개발' 연구에서 다룬 두 개의 강의계획안을 다음의 〈표 8-6〉과 〈표 8-7〉에 제시하였다. 즉, 은퇴 이후의 가족관계에 대한 교육과 여가생활에 대한 교육의 세부 내용은 다음과 같다.

〈표 8-6〉 은퇴준비교육: 말이 통하는 가족관계

교육목표	• 인생발달 단계의 특성을 이해하고 노년발달을 준비한다. • 부부관계와 부모-자녀관계를 재정립한다. • 친밀한 관계를 위한 대화법을 배우고 연습한다.		
교육형태	강의, 토의, 발표		
활용자료	강의용 PPT, 워크시트		
단계	내용	시간	자료
도입	• 전 시간 교육내용 확인 • 노후준비를 잘할 수 있는 방법에 대한 질문 • 은퇴 후 어떤 삶을 꿈꾸는지 공유하는 시간	10분	PPT 자료
전개	• '은퇴 후 이렇게 살고 싶어요' 콜라주 작업 • 황혼이혼 등 은퇴 후 생활 현주소 • 중년기 성격의 특성 / 노년기 성격의 특성 : 〈Worksheet 1〉 노년기 성격 특성 OX퀴즈 • 중년기 발달과업 / 노년기 발달과업 • 은퇴 후 적응유형과 부적응 원인 • 노년기 행복과 인간관계 – 친구관계 – 형제자매관계 – 부모-자녀관계 – 부부관계 • 부부관계의 중요성 • 부부 대화법 – 부부대화 진단: 〈Worksheet 2〉 결혼만족도 검사 – NVC 소개와 시연: 〈Worksheet 3〉 비폭력 대화(NVC) 연습	70분	잡지, 켄트지, 풀, 가위, PPT 자료, 워크시트
정리	• 주요 내용을 정리한다. • 수강자들로부터 질문을 받는다. • 간단한 강의 만족도 조사를 실시한다.	10분	평가자료

〈표 8-7〉 은퇴준비교육: 잘 노는 것이 잘 늙는 것

교육목표	• 여가특성과 노년기 여가활동의 특징을 이해한다. • 노년기 사회봉사활동의 특징을 이해한다. • 나에게 맞는 여가 및 사회봉사 계획을 세워 본다.		
교육형태	강의, 토의, 발표		
활용자료	강의용 PPT, 워크시트		
단계	내용	시간	자료
도입	• 전 시간 교육내용 확인 • 현재 사회봉사활동과 여가 방법에 대한 질문 • 은퇴 후 어떤 사회활동과 여가를 보내고 싶은지 질문	10분	
전개	• 은퇴 후 여가와 사회활동 상상 : 〈Worksheet 여가1〉 과거–현재–미래 생활시간표 계획 • 노년기 여가와 사회활동 특성 – full time leisure – 부부 같이, 따로 여가 – 가사분담과 역할변화: 〈worksheet 2〉 가사분담 빙고 게임 • 노년기 여가와 사회활동 – 평생교육 – 사회봉사 – 여가활동 • 나의 미래 여가 계획 – 은퇴 후 '여가와 사회활동' 예상 : 〈worksheet 3〉 은퇴 후 '여가와 사회활동' 예상 자가진단 – 은퇴 후 나의 생활시간: 〈worksheet 4〉 실제 생활시간표 계획 – 삶의 마지막에 나의 이미지 : 〈worksheet 5〉 어떤 사람으로 기억되고 싶은가?	70분	워크시트, PPT 자료, 사인펜
정리	• 주요 내용을 정리한다. • 수강자들로부터 질문을 받는다. • 간단한 강의 만족도 조사를 실시한다.	10분	평가자료

생·각·해·보·기

- 요즘 우리 사회에 드러난 가족문제와 관련하여 가족상담의 필요성에 대해 생각해 봅시다.
- 가족기능 강화를 위한 가족상담과 가족생활교육의 강점에 대해 생각해 봅시다.
- 가족기능을 강화하기 위한 다른 접근이나 대안적 방법을 생각해 봅시다.

C·H·A·P·T·E·R 09

가족문제 해결을 위한 실천: 가족치료적 접근

학습목표

1. 보웬의 다세대 가족치료모델의 주요 개념과 치료목표, 치료기법을 이해한다.
2. 구조적 가족치료모델의 주요 개념과 치료목표, 치료기법을 이해한다.
3. 경험적 가족치료모델의 주요 개념과 치료목표, 치료기법을 이해한다.
4. 해결중심 가족치료모델의 주요 개념과 치료목표, 치료기법을 이해한다.
5. 이야기치료모델의 주요 개념과 치료목표, 치료기법을 이해한다.

가족문제 해결을 위한 가족복지실천으로 가족치료적 접근이 많이 사용되므로 주요 가족치료모델을 살펴보기로 한다. 가족치료는 가족을 치료적 매개로 사용하여 가족구성원이 겪고 있는 가족의 역동성에 개입하기 위한 치료적 접근법이다. 가족치료에서는 가족을 하나의 체계로 보고, 그 체계 속의 상호작용 양상에 개입함으로써 가족구성원 간 역기능적 상호작용의 변화를 촉진하며, 가족문제를 해결하고 가족관계의 어려움을 극복하도록 돕는다. 가족치료는 개인의 문제가 가족구성원의 상호작용 맥락에 원인이 있다고 보고 가족구성원의 관계를 변화시킴으로써 현재 나타나는 문제를 해결하고자 한다. 즉, 가족치료는 가족문제를 해결하여 정상적 기능을 수행할 수 있도록 돕는 전문적 개입활동이다.

본 장에서는 가족문제 해결을 위한 실천으로 보웬(Bowen)의 다세대 가족치료모델, 구조적 가족치료모델, 경험적 가족치료모델, 해결중심 단기가족치료모델, 이야기치료모델 등을 중심으로 가족치료적 접근을 살펴보고자 한다.

1. 보웬의 다세대 가족치료모델

보웬(Bowen)은 정신분석에서 출발해서 하나의 독립된 가족치료모델을 제안했다. 보웬은 감정과 자신의 지적 기능을 구별해 내는 개인의 능력에 기초를 두고 있다. 이 개념은 개인이 자신의 스트레스를 다른 가족구성원에게 투사하는 과정과 방식에 적용된다. 특히, 보웬은 부모-자녀와 같은 가족구성원 사이의 삼각관계에 대해 설명했다.

보웬은 인간은 부모에 대한 해결되지 않은 정서적 반응을 가지고 있으며, 새롭게 깊은 관계를 형성할 때 과거의 정서적 유형을 반복한다고 보았다. 따라서 개인과 가족의 문제는 단일 세대만의 문제이거나 단일 세대에서 촉발된 것이 아니라 몇 세대에 걸쳐 해결되지 못한 정서적 문제들이 영향을 미친 결과이다.

모든 가족은 정서적 융합에서 분화에 이르기까지 어느 한 지점에 놓여 있는데(Nichols & Schwartz, 2004), 가족의 분화 수준은 개인의 성장에 영향을 끼친다.

원가족과 분화가 잘 이루어진 사람은 자율적인 사람으로 성숙하게 된다. 그러나 원가족과 해결되지 않은 애착문제가 남아 있는 사람은 성인이 되어 자신의 가족을 형성한 뒤에도 원가족 안에서 해결되지 않았던 문제를 반복하게 된다.

보웬은 개인의 분화 수준과 지적 기능을 기초로 적절하게 기능하고 있는 상태를 정상으로 보았으며, 이상적인 결혼은 배우자의 분화 수준이 높고, 자율성을 가지고 정서적인 사랑을 할 수 있는 상태를 의미한다고 하였다. 이상적인 부모는 자녀를 한 사람의 인격체로 성장하도록 양육한다. 이상적인 가족에서 가족구성원들은 자신을 신뢰하며, 자신의 노력에 따라 성공하거나 실패하는 것을 수용할 수 있다고 보았다(조영구, 2017).

다세대 가족치료의 가장 핵심적인 개념은 삼각관계와 자아분화이다. 그리고 가족관계와 치료자와 관계에서의 탈삼각관계 과정을 강조한다. 자아분화 과정은 탈삼각관계 과정에서 핵심적인 요인이다. 삼각관계는 가족체계에 대한 개념적 구조이며, 자아분화 정도는 개인의 경계선이 침투성인가 혹은 불침투성인가를 결정하는 척도이다. 자아분화정도는 성숙도를 측정하는 척도이다.

1) 주요 개념

보웬의 다세대 가족치료모델의 핵심은 여덟 가지 개념으로 구성되어 있다. 그 중 여섯 가지는 핵가족과 확대가족에서 일어나는 정서적 과정에 대한 것이며, 나머지 두 가지는 가족과 사회에서 세대를 통해 일어나는 정서과정에 관한 것이다.

다세대 가족치료모델의 대표적인 개념은 다음과 같다.

(1) 자아분화

자아분화란 한 가족의 정서적 혼란으로부터 자신이 자유로워지는 과정을 말한다. 즉, 극단적인 반응에 사로잡히지 않고 자율적으로 기능할 수 있는 힘을 갖는 것이다. 이 개념은 정신 내적인 측면과 대인관계 측면을 모두 포함하는 개념이다. 정신 내적인 측면의 자아분화란 개인의 지적 과정과 정서적 과정을 분리할 수 있는 능력과 확고한 자아와 거짓자아의 구분이다. 대인관계 측면은 자신과 타인의 구분을 의미한다.

보웬은 자기분화가 가장 높은 상태를 100으로 하여 그 수준을 평가하였다. 그리고 정서적 기능과 지적 기능을 0~25, 25~50, 50~75, 75~100의 범위로 구분하여 설명하였다. 이것은 하나의 이론적 범주이고, 실제 개인의 기능 수준을 평가하는 심리도구가 아니므로 정상과 비정상을 나누기 어렵다. 보웬은 심각한 스트레스나 위기상황에서는 역기능적인 증상을 나타낼 수 있다고 전제하였기 때문에 자아분화 수준 평가는 정신병리나 건강을 측정하는 도구로 사용하지 않았다.

자아분화가 잘 이루어진 사람은 사고와 감정이 균형을 이루어, 강한 정서와 자발성을 가지고 있으며, 정서적 충동에 저항할 수 있는 자제력과 객관성을 가지고 있어 가족의 정서적 혼합으로부터 벗어날 수 있다. 그러나 자아분화되지 못한 사람은 자기감정이 넘쳐 객관적 사고를 거의 하지 못하고, 주위 사람의 감정에 지배를 받아 맹목적으로 추종하거나 분노를 느끼며 배척한다.

(2) 삼각관계

삼각관계는 두 사람 사이에 스트레스나 긴장이 발생했을 때 제3자를 두 사람의 상호작용체계에 끌어들여 삼각관계를 형성하여 긴장의 수준을 완화하려는 것을 말한다. 이 관계는 고정적이지 않으며, 사이가 멀어질 때 발달하기 쉽다. 두 사람 관계에서 문제가 없을 때는 안정되지만 불안이 일어나면 약한 사람이 삼각관계를 만들어 안정을 되찾으려 한다. 대부분의 가족문제는 삼각관계로부터 비롯된다고 하였다.

(3) 핵가족 정서체계

핵가족 정서체계는 부모와 자녀의 핵가족체계 내에서의 관계 유형을 일컫는다. 핵가족은 하나의 정서체계로서 긴장과 불안이 발생하면 그것을 다루는 독특한 방식을 나타낸다. 핵가족 정서체계는 가족구성원 각자가 잘 분화되어 있지 않으면

불안정하기 쉽다. 핵가족 정서체계에서는 잘 분화된 가족이 드물기 때문에 가족 갈등이 존재할 가능성이 크다. 핵가족 정서과정이란 해소되지 못한 불안이 개인에게서 가족에게로 투사되는 것이며, 가족이 감정적으로 서로 강한 결속력과 유대감을 갖는 것을 의미한다. 결혼하기 전에 자아가 분화되지 못한 사람일수록 불안을 더욱 심하게 느끼고, 부부간 융합 또한 더욱 심하다. 보웬은 배우자가 자신의 짝을 선택할 때 유사한 분화 수준을 가진 짝을 선택한다고 보았다(천성문 외, 2013, 재인용; Bowen, 1987).

(4) 가족투사과정

가족투사과정은 부모가 자신의 미성숙함과 분화부족 등의 문제를 자녀에게 전달하는 과정이다. 어머니가 자신의 불안을 자녀에게 집중시키면 자녀의 기능은 저하되고, 이러한 자녀는 점점 진정한 자기로서의 기능이 저하되어 더욱 부모에게 의존적으로 된다. 이때 부모는 자녀를 더욱 통제하려 하면서 상호 의존적인 관계가 고착된다. 가족투사과정의 결과로 역기능적인 삼각관계를 형성하게 되는 것이다. 가족투사과정에서 자란 사람은 결국 대인관계나 사회생활에 잘 적응하지 못하며, 자아분화 수준도 낮다.

(5) 다세대 전수과정

미분화된 가족자아군은 가족구성원의 자아분화 수준에 영향을 미치고 가족투사를 통해 삼각관계가 형성되면 가족 내에 지나친 융합이나 단절이 반복된다. 이러한 가족의 정서과정은 세대를 이어 전해진다. 자아분화 수준이 낮은 사람이 자신과 비슷한 분화 수준을 가진 사람과 결혼하면 다음 세대인 자녀에게 그들이 가진 미분화된 특징을 투사시키게 되어 그 자녀의 자아를 더욱 미분화 상태에 놓이게 한다. 따라서 자녀의 문제는 자녀 혹은 부모의 문제라기보다는 여러 세대에 걸쳐 일어나는 행동과 반응의 결과로 볼 수 있다.

2) 치료목표

보웬은 가족치료 목표를 세울 때 과거 세대가 현재 가족기능에 미치는 영향에 관심을 가졌다. 보웬의 가족치료 목표는 불안을 감소시키고 자아분화를 촉진하는 것이다. 그리고 자기분화는 치료목표인 동시에 성장목표이다. 분화되지 않은 가족자아집합체에서 자신을 분리독립시켜 정체감을 형성하고, 자기충동적 · 정서적 사고와 행동에서 자유를 획득해 나갈 수 있도록 돕는 것이다.

3) 치료기법

보웬의 다세대 가족치료에서 가장 많이 사용되는 대표적 기법을 살펴본다.

(1) 가계도의 활용

가계도 작성은 전체 가족에 대한 체계적 접근을 가능하게 하므로 가족의 문제를 사정하기 위해 가계도를 그리고 치료적으로 활용한다. 가계도의 기능은 사정 및 평가 단계에서 자료를 조직하고 치료과정을 통하여 관계과정과 핵심적 삼각관계를 파악할 수 있다.

(2) 탈삼각화 기법

탈삼각화 기법은 가족 내 두 사람 간의 갈등해결방법으로 제3자를 끌어들이는 것에서 벗어나게 하는 것이다. 삼각관계에서 두 가족구성원의 감정영역에서 제3의 구성원을 분리시키는 과정이 탈삼각화이다. 이 기법은 치료자가 의도적이며 일시적으로 삼각관계에 들어가기도 하고 벗어나기도 하면서 제3가족의 삼각관계를 깨는 것이다. 치료자의 자기분화 수준이 높을수록 치료자는 정서적 균형을 유지할 수 있다.

(3) 코칭

코칭은 치료자가 가족문제를 가지고 오는 클라이언트에게 개방적이고 직접적으로 접근하도록 하는 기법이다. 가족치료 과정에서 형태는 다르지만 치료자가 다양하게 개인적 · 정서적으로 관여하는 역할을 한다. 코칭은 코치의 역할을 하는 가족치료자가 가족의 능력과 기능이 최대로 발휘될 수 있도록 돕는 방법이다. 코치한다고 해서 클라이언트에게 어떻게 하라고 요구하는 것이 아니라 클라이언트가 자기 가족의 정서적 과정과 그 속에서의 자신의 역할을 이해하는 데 도움을 주기 위해 질문하는 것이다.

2. 구조적 가족치료모델

구조적 가족치료는 가족치료의 확산에 가장 큰 영향력을 준 모델이다. 그 이유는 구조적 가족치료모델이 단순하고 포괄적이면서 실용적이기 때문이다. 이 모델은 가족체계이론에 기반하고 있으며, 모든 가족은 일정한 구조(structure)를 가지고 있다고 믿는다. 각 가족구성원은 특징적인 구조를 통해 만들어진 방식으로 상호작용한다. 구조적 가족치료의 가장 큰 특징은 치료의 목적이 가족 내의 구조적 변화를 강조한다는 것이다. 가족 내의 문제를 해결하기 위해서는 그 문제를 지속시켜 온 가족구조를 변화시켜야 한다.

1) 주요 개념

구조적 가족치료모델에서 가족은 통합된 전체, 즉 체계이다. 가족은 가족구성원 간의 상호작용을 지배하는 일정한 행동유형과 규칙에 따라 구조화된 하나의 체계이다. 가족 내에 문제가 발생하면 역기능적인 경향에 의한 것으로 보고 이를 재구조화할 필요가 있다고 본다. 이러한 재구조화를 통해 가족은 좀 더 효과적인 기능을 할 수 있고 그 구조 내에서 가족구성원들의 성장이 극대화될 수 있다.

(1) 구조

가족체계를 이해하는 기본개념으로서 구조는 가족구성원 간의 보이지 않는 일련의 기능적 요구이자 상호작용방법이다. 이는 가족 내에서 일관성 있고, 반복적이며, 예측할 수 있는 유형이다. 이러한 가족구조는 가족 상호작용을 지배하는 일련의 묵시적 규칙을 만든다. 따라서 가족의 상호작용 형태를 고찰하는 것은 가족의 조직과 구조가 어떻게 유지되는지를 알려 준다.

(2) 하위체계

하위체계란 전체체계를 유지시키기 위해 특정 기능을 수행하는 전체체계 내의 조직화된 단위들이다. 각 개인은 가족이라 불리는 보다 큰 체계의 하위체계이다. 가족 각자가 소속된 여러 하위체계 중에서 어떠한 하위체계에 소속되느냐에 따라 다른 가족구성원들과 구별되는 보완적인 관계를 형성하며, 또 다른 역할과 교류를 한다.

대부분의 가족은 부부하위체계, 보모하위체계, 형제하위체계로 이루어져 있다. 각각의 하위체계는 고유의 기능과 특징을 가지고 있다. 가족 하위체계의 경계를 표시하기 위해 [그림 9-1]과 같은 기호를 사용한다.

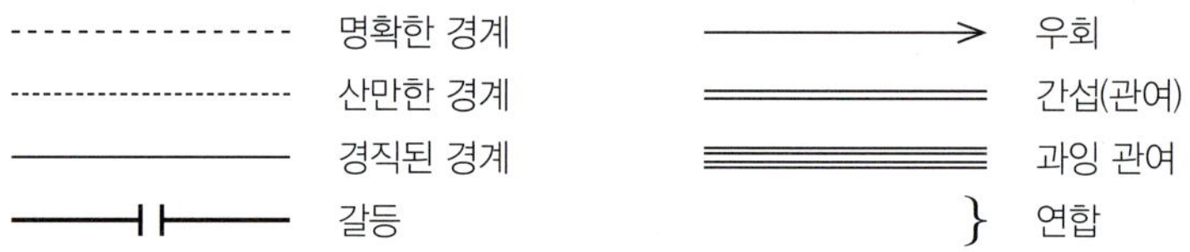

[그림 9-1] 가족 도표를 그리기 위한 기호

출처:Minuchin(1974).

(3) 경계

경계는 가족과 하위체계의 독립과 자율성을 보호한다. 경계는 눈에 보이지 않지만 가족구성원 사이의 접촉 정도와 방식을 정하고, 체계의 근접성과 위계를 관리한다. 가족체계가 적절한 기능을 하기 위해서는 각 하위체계 간의 경계가 명확해야 한다. 즉, 경계가 잘 규정되어 있어서 하위체계 구성원들이 지나치게 방해를 받지 않으면서 자신의 기능을 수행할 수 있도록 해야 한다. 가족의 경계선은 갑자기 정해지는 것이 아니라 가족구성원 간 지속적인 상호작용의 결과 그 범주가 정해진다. 경계는 의사소통, 상호작용, 관여 정도에 따라 명확한 경계, 경직된 경계, 모호한 경계로 구분한다.

경계가 명확한 가족은 가장 기능적인 가족이다. 이런 가족의 가족구성원은 자율적이고 독립적이면서도 필요할 때면 서로의 안녕과 행복을 위해 협동하고 지지하며 서로의 삶에 관여한다. 그래서 명확한 경계의 가족구성원들은 '우리'라는 집단의식과 함께 '나 자신임'의 감정을 잃지 않는다.

경계가 경직된 가족은 외부체계와의 접촉을 거의 허용하지 않아 분리되거나 고립될 수 있다. 이러한 가정은 심각한 스트레스 상황에 놓여야만 상호 지지가 가능하다.

경계가 애매한 가족은 상호 구속을 하게 되어 가족관계가 지나치게 밀착되고 상호 의존적이라서 독립성과 자주성이 저해된다.

2) 치료목표

구조적 가족치료의 목적은 역기능적인 가족구조를 재구조화하는 것이다. 가족문제의 해결은 구조의 변화에 따른 부산물로 이해된다. 가장 중요한 치료목표는 가족의 재구조화를 통해 역기능적 가족을 기능적 가족으로 만드는 것이다.

구조적 가족치료에서 치료의 초점은 가족구조의 변형을 통해 결과적으로 가족 내의 문제를 해결하는 것이다. 궁극적으로 하위체계 간에 보다 적절한 경계를 형성하고 위계질서를 강화함으로써 가족의 상호 교류 규칙들을 재구조화하는 것이다.

3) 치료기법

구조적 가족치료의 기법은 다양하고 구체적이며, 행동지향적인 특성이 있다. 구조적 가족치료의 대표적 기법은 다음과 같다.

(1) 합류

가족은 항상성을 유지하려는 경향을 가지고 있으므로 치료자는 효과적인 치료를 위해 먼저 가족과 합류를 한다. 합류는 치료자가 가족의 조직과 상호 교류 유형을 있는 그대로 수용하고 가족의 강점을 직접 경험함으로써 가족체계와 관계를 맺는 행동이다. 합류를 촉진하는 기법으로 유지, 추적, 모방이 있다.

(2) 실연

실연은 치료자가 구상하고 있는 상호작용의 방법을 가족으로 하여금 실제 행동을 통해서 연기하도록 만드는 방법이다. 가족이 가지고 있는 역기능의 상호작용이 분명하게 보이도록 하기 위해서 치료자가 가족에게 실제 상호작용을 연기하도록 요구한다. 실연을 통해 치료자는 가족구조를 사정하고 확인할 수 있다.

(3) 경계 만들기

경계 만들기는 가족 내 하위체계 간의 경계가 지나치게 유리되거나 밀착된 경우 경계를 가깝게 하거나 멀어지게 조절한다. 예를 들어, 어머니가 지나치게 청소년 자녀를 간섭하고 보호하는 경우에는 어머니와 자녀 간에 방해를 받지 않고 자신의 느낌과 주장을 이야기하도록 하는 경계를 만들어서 부모가 자녀의 이야기를 경청하고 자녀가 자율성을 확보할 수 있도록 도울 수 있다.

3. 경험적 가족치료모델

경험적 가족치료는 현재의 '지금-여기'에서의 경험을 강조하는 인본주의심리학에서 시작되었으며, 가족이 갖고 있는 여러 형태의 역기능적 대화를 연구하여 가족문제를 해결하는 독특한 전략들을 개발하였다. 경험적 가족치료는 개인의 정서적 경험과 가족체계에 대한 초점을 동시에 강조하는 접근이다.

1) 주요 개념

사티어(Satir)의 경험적 가족치료는 가족체계 내의 모든 상호작용은 개인적 경험이 내재되어 있다고 보고 가족의 건강한 교류를 촉진하여 올바른 성장을 자극하는 목표를 가진 성장지향적인 모델이다. 경험적 가족치료는 자아존중감, 생존대처방식, 가족규칙을 중요하게 다룬다. 따라서 경험적 가족치료사는 개입과정에서 가족구성원의 자아존중감을 사정하고 재구성하려고 노력하며, 가족이 사용하는 역기능적인 의사소통유형을 일치적 의사소통유형으로 바뀔 수 있도록 돕는다.

(1) 의사소통유형 및 생존대처방식

사티어(Satir)는 의사소통을 주고받는 과정과 언어적 · 비언어적 과정을 중요시했다. 또한, 메시지의 일치성과 불일치성도 주목했다. 가족 내에서 일어나는 모든 행동이 의사소통에 의한 것이라고 보고, 가족체계를 이해하기 위해 역기능적 의사소통유형을 회유형, 비난형, 초이성형, 산만형으로 분류하였다. 이들 유형은 역기능적 의사소통으로 언어적 메시지와 비언어적 메시지가 일치하지 않는 이중적 메시지로 전달되며, 자존감이 낮고 다른 사람의 감정을 상하게 하는 것을 두려워하는 사람에게 주로 나타난다. 사티어는 이 역기능적 의사소통유형을 생존대처방식이라고 했다. 이 생존대처방식은 성격을 나타내는 범주가 아니라 스트레스 상황에서 사용하는 대처방식이다(Satir, 1972).

〈표 9-1〉 사티어가 제시한 가족 의사소통유형

구분		특징
역기능적 의사소통	회유형 (아첨형)	• 자신의 감정이나 생각을 무시하고 타인의 비위를 맞추려는 성향 • 타인에게 무조건 순종하고 비굴한 자세를 취함 • 심리적 증상으로 감정억제, 짜증, 걱정, 공황발작, 자살생각 등이 나타남 • 자기는 무시하고 상황과 타인을 고려함
	비난형	• 타인의 말이나 행동을 비난하고 통제하며 명령함 • 외적으로는 공격적이나 내적으로는 소외감을 느낌 • 심리적 증상으로 분노, 짜증, 반항, 적대감, 편집증 등이 나타남 • 타인을 무시하고 자신과 상황을 고려함
	초이성형 (계산형)	• 완고하고, 냉담한 자세를 취하고 독재적인 행동을 하나 내적으로 소외감을 느낌 • 심리적 증상으로 우울증, 정신병, 집착증, 강박증 등이 나타남 • 자신과 타인을 모두 무시하고 상황만 중시
	혼란형 (산만형)	• 주제나 상황에 맞지 않는 말을 하며 산만하게 행동함 • 심리적 증상으로 혼란스러움, 부적절함, 낮은 충동통제, 우울증, 공감력 결핍, 타인의 권리 침해, 학습불능 등이 나타남 • 자신, 타인, 상황을 모두 무시함
기능적 의사소통	일치형	• 언어적 메시지와 비언어적 메시지가 일치함 • 진솔한 의사소통, 자기감정을 잘 알아차리고 적절하게 표현함 • 자아자존감이 높음 • 심리적·신체적으로 건강한 상태 • 자신과 타인, 상황을 모두 고려함

출처: 정문자 외(2012). 가족치료의 이해, 재구성.

역기능적 의사소통과 반대로 기능적 의사소통인 일치형은 의사소통 내용과 내면의 감정이 일치하는 것을 말한다. 일치형은 매우 진솔한 의사소통을 하며, 자신의 감정을 정확하고 적절한 언어로 표현한다. 또한, 자신과 타인, 상황을 파악하고 높은 자기 가치감을 가지고 있으며, 심리적으로도 안정된 상태다.

(2) 자아존중감

자아존중감은 자기에 대한 신뢰와 존중을 의미하며, 다른 사람들이 자기를 보는 것과는 별개로 자기가 자신에게 가지는 애착, 사랑, 신뢰, 존중과 같은 것이다.

자아존중감과 자기상은 자기 자신에 관한 것이다. 자아존중감은 자기평가를 통해 갖게 되는 신념이며, 개인의 심리적 상태 및 대인관계에 영향을 주는 중요한 성격 요인이다(어주경, 1998). 자아존중감이 높은 사람은 원만하고 정직하며, 자기능력을 신뢰하고 스스로 결정할 수 있고, 타인의 가치를 인정하며, 믿음과 희망을 가지고 있어서 건강한 의사소통을 할 수 있다. 그러나 자아존중감이 낮은 사람은 자신에 대해 불확실한 감정과 불안감을 갖고, 타인을 불신하며, 외로움과 소외감을 가지고 있어서 건강한 의사소통을 하지 못할 가능성이 크다. 개인이 가지는 개별적 가치인 자기가치는 원가족에 의해 학습되며, 타인의 말, 표현, 몸짓, 행동을 통해 드러나는 명백한 메시지와 은밀한 메시지에 의해 형성된다(Satir, 1972).

(3) 원가족 삼인군

원가족 삼인군은 부모와 한 자녀로 구성된다. 원가족 삼인군의 관계는 유아의 사회적 상호작용의 일차적 원천으로서 개인의 내적 과정이나 대인관계에서 존재감의 기초가 된다(Satir, 1967).

(4) 가족규칙

가족규칙은 일종의 명령과 같은 것으로서 가족구성원의 행동을 규정하는 관계양상이다. 사티어는 가족들의 의사소통을 관찰하여 가족규칙을 발견하는 데 주목했다. 사티어는 가족의 감정 규칙을 중시하며 가족구성원의 문제원인을 '나쁜 사람'에게서 찾지 않고 '나쁜 규칙'에서 찾았다. 특히, 가족체계의 행동규범과 속성, 의사소통을 지배하는 규칙을 중시했다. 가족규칙은 가족이 지킬 수 있는 정도로 인간적이어야 하고, 변화하는 상황에 맞게 융통적이어야 한다. 정보는 가족구성원에게 공유되어야 하며, 경험과 감정이 표현되어야 한다.

2) 치료목표

경험적 가족치료의 궁극적 목적은 각 구성원이 자기가치에 대한 안정된 감점을 발전시킴으로써 성장하도록 하는 것이다. 감수성, 감정표현, 자발성과 창조성, 확실성의 성장이 치료목표가 된다. 사티어의 모델은 네 가지 궁극적인 목표가 있다. 더 높은 자아존중감을 갖도록 하는 것, 더 나은 삶을 선택할 수 있도록 돕는 것, 더 책임지는 사람이 되도록 돕는 것, 더 일치적인 사람이 되도록 돕는 것이다.

3) 치료기법

경험적 가족치료는 이론의 역할을 높게 평가하지 않고 치료자가 가족과의 깊은 상호작용을 통해 가족을 변화시킬 수 있다는 신념으로 치료에 개입한다. 일반적인 기법보다는 치료자의 자질과 태도를 보다 더 중요시한다. 즉, '지금-여기'에서의 감정과 경험을 치료에 이용하고 이론적으로도 절충적인 입장을 보이며, 기법도 다른 분야의 기법을 도입하여 활용하였다. 대표적으로 가족조각과 가족안무는 심리극에서 도입했고 확대가족과 함께하는 기법은 보웬의 이론에서 도입되었다. 그 외에도 참만남 모임기법, 게슈탈트 치료기법, 표현예술 치료기법 등이 절충적으로 사용된다.

(1) 가족조각

가족조각은 가족구성원의 물리적 위치나 몸짓을 통해서 서로의 친밀도나 의사소통과 같은 관계를 나타내도록 하는 도형적인 방법이다. 치료자는 가족구성원 한 사람 한 사람에게 나머지 가족구성원을 배열해서 의미 있는 장면을 조각하도록 한다. 가족조각을 사용하는 것은 가족구성원 각자가 자신의 내면적 감정에 집합으로써 실제의 자신을 알고 느끼며 새로운 대처방법을 생각해 보기 위해서이다. 가족조각을 통해 가족의 의사소통유형, 권력구조. 경계선, 소속감, 개념화, 규칙, 가족체계의 융통성 정도를 파악할 수 있다.

(2) 가족그림

가족으로 하여금 각자 가족에 대해 그림을 그리게 한 다음 각자 그린 것을 가지고 가족 공동 그림으로 엮어 내게 한다. 가족그림을 통해 가족구성원 각자가 가족에 대해 어떻게 느끼는지, 가족관계에 어떤 문제가 있는지 등을 이해할 수 있다.

(3) 역할극

역할극은 실제 경험을 바탕으로 현재의 느낌을 노출시키는 것을 전제해야 한다. 치료 회기 중에 직접 역할극을 해 보게 하여 가족이 과거의 사건이나 바람, 미래 사건에 대한 두려움을 직접 느낄 수 있는 기회를 제공한다. 주의해야 할 것은 이 과정을 통해 가족이 상처를 받지 않도록 해야 한다. 과거의 기억을 되살리고 억압된 감정을 나타내게 하여 강렬한 정서적 경험을 하게 하므로 개인 심리치료에도 유용하다.

4. 해결중심 가족치료모델

해결중심 가족치료는 클라이언트의 문제보다 해결에 초점을 둔 접근이다. 해결중심 가족치료에서는 클라이언트 스스로가 문제해결의 방향과 해결의 능력을 가지고 있다고 전제하고, 치료자는 클라이언트가 문제중심에서 해결중심으로 의식을 전환할 수 있도록 돕는다. 가족의 장점, 긍정적인 것, 이미 성공한 것을 찾아내고 강화하며 확대하는 데 주력한다.

1) 주요 개념

해결중심 가족치료는 인간에 대한 긍정적인 철학에서 출발한다. 치료자는 가족이 일상생활에서 성공한 여러 가지 경험을 가지고 있다고 믿는다. 이러한 믿음을 근거로 가족은 문제를 해결할 수 있는 잠재능력이 있다는 사실을 인정하고 그것을 확대하거나 강화함으로써 가족 스스로가 자신의 실체를 완성해 나갈 수 있다고 본다.

해결중심 가족치료자는 문제보다는 가족과 함께 해결방안을 발견하고 구축하는 과정에 초점을 두고 있다. 클라이언트의 잘못을 고치려는 노력보다는 그들이 잊고 있는 과거의 성공이나 장점을 찾아내어 키우는 것이 치료적으로 중요하다고 보았다.

해결중심 치료의 기본원리는 다음과 같다(정문자 외, 2012).

첫째, 병리적인 것 대신 건강한 것에 초점을 둔다. 잘못된 것에 관심을 두기 보다는 성공한 것과 성공하게 된 구체적인 방법을 발견하는 데 관심을 둔다.

둘째, 클라이언트의 강점과 자원은 물론 증상까지도 발견하여 치료에 활용한다. 클라이언트가 원하는 결과를 성취하기 위해 클라이언트가 이미 가지고 있는 자원, 기술, 지식, 믿음, 동기, 행동, 사회관계망, 환경, 심지어 증상까지도 사용한다.

셋째, 탈이론적이고 비규범적이며, 클라이언트의 견해를 존중한다. 인간 행동에 대한 이론적 틀에 맞추어 클라이언트를 진단하거나 사정하지 않는다.

넷째, 간단하고 단순한 방법을 일차적으로 사용한다. 해결중심접근은 치료목적을 달성하기 위해 치료방법의 경제성을 추구한다.

다섯째, 변화는 불가피하다. 누구에게나 변화는 삶의 일부이기 때문에 변화를 막을 수 없다. 그러므로 문제가 발생하지 않는 예외적 상황을 파악하고 예외를 증가시킴으로써 변화를 긍정적 방향으로 이끈다.

여섯째, 현재에 초점을 맞추며 미래를 지향한다. 과거의 문제보다는 현재와 미래에 적응하고 대처하는 것을 돕는 것에 초점을 둔다.

일곱째, 클라이언트와의 협력관계를 중시한다. 클라이언트와 치료자가 함께 해결방안을 발견하고 구축하는 과정에서 협력을 강조한다.

2) 치료목표

해결중심 가족치료의 목표는 도움을 받으러 온 가족의 어려움을 해소하기 위하여 다양한 해결방법을 가족과 함께 모색하고 실행하는 것이다. 해결중심 가족치료에서는 치료목표 설정 시 클라이언트와 함께 클라이언트가 원하는 목표를 세우는 것이 매우 중요하다. 즉, 클라이언트가 문제해결을 위한 목표를 설정하고 설정된 목표를 성취하여 목표가 성취된 것을 확인할 수 있도록 돕는 것이 주요 목표가 된다.

3) 치료기법

해결중심 가족치료에서는 가족이 문제를 해결하는 과정에 능동적으로 참여하도록 개입하는 치료적 대화가 치료과정이라고 본다. 치료자는 가족에게 하는 질문이 문제해결에 도움이 된다는 가정과 믿음을 갖고 있다. 해결중심 가족치료에서는 치료 이전의 변화를 묻는 질문, 예외질문, 기적질문, 척도질문, 대처질문이 자주 활용된다(김유숙, 2006).

(1) 치료 이전의 변화를 묻는 질문

치료받으러 오기로 약속을 하고 며칠 또는 1주 후에 치료를 받으러 왔을 때는 긴장이나 불안이 감소되거나 문제의 심각 정도가 완화된 경우가 있는데 해결중심 가족치료에서는 이러한 치료 이전의 변화를 관심 있게 탐색한다. 이것을 근거로 가족의 잠재능력을 발견하고 가족 스스로가 발견하지 못한 해결방법을 찾아낸다. 상담 전 변화가 있는 경우, 클라이언트가 이미 보여 준 해결능력을 인정하고 칭찬하여 확대할 수 있도록 격려한다.

(2) 예외질문

예외질문은 가족이 현재 가지고 있는 문제가 발생하지 않은 '예외' 상황을 찾고,

예외를 확장하기 위해 가족이 무엇을 해야 할지에 대한 단서를 찾아내기 위한 질문이다. 성공 경험과 현재 잘 기능하고 있는 점을 발견하는 질문으로 문제해결을 위한 우연이지만 성공적이었던 방법을 찾아내어 의도적으로 물어보는 것이다. 클라이언트가 상세히 기억할 수 있는 최근에 일어난 예외를 발견하는 것이 유용하다.

예외질문은 "최근에 문제가 일어났지만, 문제가 되지 않았을 때는 언제였나요?", "문제가 일어나는 상황과 일어나지 않은 상황에는 어떤 차이점이 있나요?", "어떻게 하면 문제가 발생하지 않을 것 같나요?" 등이다.

(3) 기적질문

기적질문은 문제가 해결된 상황을 상상해 보고 자신이 해결하기 원하는 것을 구체화하고 명료화하는 데 도움을 준다. 질문과정을 통해 해결 상황에 대한 그림을 작은 것부터 무제한으로 상상하게 하고 목적에 대한 그림을 마음속에 그릴 수 있게 한다. 가족이 긍정적으로 대답하도록 질문하는 것이 중요하며, 질문을 통해 기적을 현실화하기 위해서는 가족 스스로가 새롭게 행동해야 한다는 것을 암시해야 한다.

기적질문은 "오늘 밤에 잠들었을 때 기적이 일어나서 지금 겪고 있는 문제가 모두 해결되었다고 가정한다면 당신은 기적이 일어났다는 것을 어떻게 알 수 있을까요? 무엇이 달라져 있을까요?" 등이다.

(4) 척도질문

척도질문은 숫자를 사용하여 클라이언트에게 문제의 심각성, 문제해결에 대한 희망, 자아존중감, 변화에 대한 확신, 변화하기 위한 의지, 문제가 해결된 정도 등을 표현하도록 하는 방법이다. 척도질문은 변화에 대한 동기를 강화하고 다음 단계로 발전하기 위해서 무엇을 해야 할지 탐색하기 위해 만들어진 질문이다. 척도질문은 클라이언트가 자신의 결심을 지킬 수 있다고 확신하는 정도를 수량화하기 위해 사용된다. 척도질문은 멀리 있는 목표보다 실현 가능한 작은 단계로 낮추는 데 이용될 수 있다.

척도질문은 "1에서 100점까지의 척도에서 1을 '전혀 아니다'로 놓고, 100을 '항상 그렇다'라고 할 때 문제를 경험하는 시간이 몇 퍼센트인가요?", "당신이 조금 나아지려면 몇 점이 낮아져야 할까요?", "어떻게 하면 75점에서 70점으로 낮아질까요?", "당신은 무엇을 달리하고 있을까요?" 등이다.

(5) 대처질문

대처질문은 만성적인 어려움과 위기에 관련된 질문이다. 대처질문을 통해 클라이언트의 신념체계와 무력감에 대항해 보는 동시에 클라이언트에게 약간의 성공을 느끼도록 유도할 수 있다. 이러한 질문을 통해서 치료자가 클라이언트에게 심어 주고자 하는 것은 클라이언트 자신이 바로 대처방안의 기술을 가졌음을 깨닫게 하는 것이다.

5. 이야기치료

이야기치료는 탈근대주의적 영향을 받아들이고 사회구성주의적 접근을 적용하는 방법으로 등장하였다. 사람들은 이야기를 통해 자신의 정체성을 말한다. 이야기를 함으로써 자신을 남들에게 이해시키고, 동시에 자신을 이해시킨다. 따라서 사람들은 이야기를 만드는 동시에 그 이야기에 살아가고 있다. 이야기치료는 이런 이야기적 관점을 기초로 하고 있다. 이야기치료자는 클라이언트가 자신의 삶 속에서 문제와 깊은 관련이 있는 주된 이야기를 찾고 그들이 더 이상 그런 삶의 이야기에 머물지 않도록 돕는다.

1) 주요 개념

이야기치료는 클라이언트의 문제와 그 해결에 대해 다음과 같은 기본적 전제를 갖는다(Russell & Mann, 2004). 이 전제는 이야기치료의 여러 가지 기법을 실행하기 위한 기본원칙이다.

① 사람은 능동적 행위자이다.
② 이야기는 삶을 반영한다.
③ 경험과 정체성은 사회문화적 산물이다.
④ 삶은 복합적인 이야기이다.
⑤ 사람이 문제가 아니라 문제가 문제이다.
⑥ 지향 상태는 인간 삶의 방향이다.

(1) 외재화

이야기치료는 가족도 가족구성원도 문제가 아니라 문제가 바로 문제라고 전제한다. 즉, 가족과 구성원은 비난받지 않게 하고 사람들이 문제라고 규정짓는 문화의 방식에 대응하기 위해 문제를 외재화한다. 예를 들어, '폭력행동을 하는 사람이 아니라 폭력행동을 가진 사람'이라는 것이다. 이야기치료사는 사람의 행동은 자신을 설명하는 데 익숙한 이야기로부터 나온다고 보고, 이야기에서의 변화는 행동의 변화를 가져온다고 본다. 그러므로 문제에 몰두해 있는 이야기로부터 자신을 분리하고, 자신의 정체성을 밝히며, 내면에서 문화적 주제들의 영향력을 약화시키게 된다(서혜석, 2017). 문제를 외재화하는 것은 죄의식과 비난을 줄여 준다. 딸이 문제가 아니라 '반항성'이 문제이다. 어머니가 문제가 아니라 '과민성'이 문제이다. 모녀는 서로가 아니라 반항성과 과민성에 맞서 싸우기 위해 하나가 될 수 있다(Michaels, 2013).

(2) 독특한 결과

이야기치료사는 문제의 해결사가 아니라 사람들을 문제와 분리시켜 공동의 적과 싸우게 하기 위해 가족을 연합시키게 한다. 이야기치료사는 가족의 역사를 철저히 살펴 독특한 결과들을 찾는다. 독특한 결과란 지배적인 이야기 밖에 존재하고 있는 잊혀진 삶의 경험 중에서 자신에게 매우 중요한 의미를 가질 수 있는 경험들을 말한다. 독특한 결과를 통해 지배적 이야기를 해체시킬 수 있는 대안적인 이야기의 재료를 찾을 수 있으며, 외재화를 통해 독특한 결과를 찾는 데 도움을 받는다.

(3) 재저작

이야기치료는 클라이언트가 비생산적인 이야기를 해체하고, 새롭고 보다 생산적인 이야기를 재구성하도록 돕는다. 재구성은 경험에 대해 새롭고 좀 더 낙관적인 이야기를 창조하는 것과 관련된다. 이야기치료사는 문제로부터 사람들을 분리시키도록 돕기 위해 외재화하는 대화를 사용한다. 새로운 의미를 형성해 가는 과정으로 치료의 후반은 이러한 재저작 과정으로 이루어진다. 새로운 이야기가 만들어지고 있을 때 치료사는 초점을 미래로 옮겨서, 새로운 이야기를 채울 수 있는 변화를 계획하도록 도와서 가족들이 희망적인 미래의 이야기를 만들어 낸다. 치료사와 클라이언트는 공동으로 새로운 이야기를 만들어 가지만 클라이언트가 스스로 새로운 자기 이야기를 만들어갈 수 있는 능력이 있는 사람이라는 태도를 갖는 것이 중요하다.

(4) 새로운 이야기 강화

새롭게 구성된 이야기가 유지되게 하기 위해서는 그 이야기에 대해 지지하는 환경에 깊숙이 뿌리내릴 수 있어야 한다. 그러므로 치료사는 클라이언트가 자아정체감을 강화할 수 있도록 청중이나 집단을 찾기도 하고, 새로운 이야기를 강화할 수 있도록 편지를 쓰기도 한다. 또한, 클라이언트가 성취한 작은 변화에 대해 질문을 하는 것은 클라이언트가 스스로 자신에게 힘이 있다는 사실을 깨닫게 한다. 치료사는 회기종결 시에 외재화하는 언어를 사용하여 독특한 성과를 강조하면서 면담을 정리한다(서혜석, 2017).

2) 치료목표

이야기치료의 궁극적인 목표는 가족 스스로 자신이 선호하는 방향으로 가족의 이야기를 써 나갈 수 있게 하는 데 있다. 이때 대안적 이야기나 선호하는 이야기는 치료사가 아니라 클라이언트에 의해 규정된다. 화이트(White, 1990)가 제시한 이야기치료의 목표는 다음과 같다.

첫째, 클라이언트가 자기 자신에 대한 부정적 사실을 다시 구성하도록 돕는다.

둘째, 클라이언트가 자신의 생활과 정체성에 대해 갖고 있는 허술하고 빈약한 결론을 깨고 벗어나도록 하고, 예외적인 풍성한 자신의 이야기를 하도록 한다.

셋째, 클라이언트 생활에서 오는 풍성한 이야기를 클라이언트가 말하도록 지지한다.

넷째, 클라이언트가 누구였는지보다는 다른 사람이 되도록 선택권을 준다.

다섯째, 클라이언트와 협력하면서 클라이언트와 다른 사람들을 연결시키는 데 도움이 되는 방법을 강조한 새로운 이야기를 공동 저작하는 것이다.

여섯째, 클라이언트가 능력을 가진 사람으로 삶의 이야기를 발전시킬 수 있도록 협력한다.

3) 치료기법

이야기치료의 치료기법은 클라이언트가 잃어버린 이야기를 되살려 자신을 지배해 온 문제로부터 분리되도록 고안되었다. 이야기치료에서는 다양한 기법을 통해 자신과 문제, 관계에 대한 클라이언트의 이야기를 다시 쓰도록 촉진한다.

이야기치료의 치료기법은 질문의 형태를 취한다. 이야기치료사는 결코 어떤 것을 주장하거나 해석하지 않는다. 단지 클라이언트가 주도하는 것을 따라 계속해서 질문을 하고, 클라이언트의 대답을 반복해서 따라 말하거나 받아 적기도 한다. 또한, 클라이언트의 재능과 성취에 관심을 가지며, 보다 협동적인 분위기를 조성하기 위해 클라이언트도 치료자에 대해 질문할 기회를 준다.

(1) 외재화

문제의 외재화란 문제를 외부로 추출해 낸다는 의미를 가진다. 이것은 문제에 의해 지배되는 클라이언트의 이야기로부터 해방되기 위해 문제를 외부로 표출시키는 의인화 기법이다. 이러한 대화를 통해 문제는 클라이언트 안에 존재하는 것이 아니라 클라이언트와의 관계를 통한 이야기 속에서 존재한다고 본다. 따라서 클라이언트 안에 존재하였던 문제를 끄집어내어 사람과 분리해서 다룸으로써 클라이언트가 문제와 충분한 거리를 두고 바라볼 수 있도록 돕는다.

- 왜 그렇게 슬프게 느끼고 있나요?
- 문제가 당신을 힘들게 한 것은 무엇인가요?
- 어떻게 우울한 마음이 당신에게 영향을 미치나요?
- 이 문제가 당신의 삶에 어떻게 영향을 미쳤나요?

(2) 독특한 결과

외재화 대화를 통해 예외적인 것을 끄집어내어 '독특한 결과'를 형성하는 것은 이야기치료의 과정이며, 기술이다. 독특한 결과는 지배적인 이야기와 '일치하지 않는' 어떤 것일 수 있다. 독특한 결과는 계획, 행동, 감정, 진술, 자질, 욕망, 꿈, 생각, 신념, 능력, 헌신 등이 포함되며, 과거, 현재, 미래에 있을 수 있다. 독특한 결과는 현재 클라이언트가 하고 있는 이야기가 불완전하다는 점을 전제로 하는 것이다. 독특한 결과는 새롭고 좀 더 선호되는 이야기를 형성하는 주춧돌이 된다. 독특한 결과를 발견하기 위해 치료사는 가족들을 만났을 때 탐색을 통해 지배적인 이야기와 일치하지 않는 사건들에 호기심을 갖고, 독특한 결과가 될 것이라고 판단되는 사건의 중요성을 알기 위해 직접적으로 질문한다.

- 분노가 당신을 지배하려 했지만, 당신이 지배당하지 않았던 때를 기억할 수 있나요? 어떻게 그렇게 했나요?
- 예외적인 것을 위해 어떻게 준비했나요?
- 예외적인 것을 가능하게 해 준 것에는 무엇이 있었나요?

(3) 전체 이야기 다시 쓰기

전체 이야기 다시 쓰기는 독특한 결과들이 발견되고 지배적인 이야기가 해체된 후에 새로운 이야기를 형성하는 것이다. 재저작을 위한 질문들은 자신과 타인들과의 관계 또는 상호작용 유형에 대하여 스스로 관찰자가 되어 자신의 행위나 관계성을 검토하는 것이 목적이다. 이런 과정에서 자신에 대한 새로운 점을 발견하고 인식하게 되며, 사람이나 사건에 대한 고정관념이 변하여 새로운 관점, 대안, 창조적인 사고를 키워 나가게 되고 새로운 이야기의 기초를 만들어 간다. 이와 같이 새롭게 구성된 이야기 속의 새로운 의미는 느낌과 행동을 변화시킨다.

- 우울증을 무릎 꿇게 할 수 있었다는 사실은 당신에게 무엇이라고 말하나요? 그러한 일을 하기 위해 당신은 어떤 성격적 특성을 가져야 하나요?
- 그렇게 분노를 잘 처리할 수 있었던 것을 내가 더 잘 이해할 수 있게 당신의 과거에 대해서, 그밖에 다른 어떤 것들이 있는지 말해 주시겠어요?
- 어린 시절의 당신을 아는 사람 중 이러한 경우에 공포에 대항할 수 있었다는 것에 놀라지 않을 사람이 누구인가요?
- 당신을 괴롭히는 것에 대항하는 것을 당신은 무엇이라고 부를 수 있을까요?

(4) 새로운 이야기 강화하기

독특한 결과는 치료자의 질문과 대화를 통해 보다 의미 있는 이야기로 발전시킬 수 있다. 독특한 결과의 의미를 파악하고, 그것을 가능하게 해 준 과거의 조건들을 탐색하는 과정에서 새로운 이야기가 만들어지며, 더 나아가 이야기를 확대하여 미래에 발생할 수 있는 경험들을 어떻게 이해하고 의미를 부여할 것인가를 상상해 봄으로써 새롭게 만든 이야기를 더 강화할 수 있다. 구성된 새로운 이야기는 그 이야기가 그것을 지지하는 사회에 깊숙이 뿌리내릴 수 있을 때 유지될 수 있다. 따라서 치료사는 클라이언트가 자아정체감을 강화할 수 있도록 청중이나 집단을 찾기도 하고, 때로는 새로운 이야기를 강화하기 위한 편지를 쓰거나 질문을 한다.

- 지난주 술은 당신을 얼마나 통제했고, 당신은 얼마나 많이 통제 속에 있나요?
- 어떤 '조금 새로운 반응'을 알아차렸나요?
- 과거에 시도했던 것과 무엇이 다른가요?
- 당신이 이렇게 말하는 것을 듣고 누가 가장 놀라지 않을까요?
- 내년에는 당신이 어떻게 할 것이라고 예측하나요?

생·각·해·보·기

- 구조적 가족치료모델의 관점에서 각자 자신의 가족체계 안에 존재하는 하위체계를 분석하고 각 하위체계 간의 경계 특성을 파악해 봅시다.
- 경험적 가족치료모델을 적용하여 각자 자신의 가족구성원의 의사소통유형을 분석해 보고 기능적 가족이 되기 위해 노력해야 할 점을 알아봅시다.
- 해결중심 가족치료에서 가족에 대한 관점이 기존의 가족치료모델과 다른 점을 비교해 봅시다.
- 이야기치료 관점에서 이야기와 인간의 문제는 어떤 관련이 있는지 알아봅시다.

C·H·A·P·T·E·R 10

빈곤과 가족복지

학습목표

1. 빈곤의 개념을 이해하고 정의를 할 수 있다.
2. 빈곤의 원인 및 빈곤가족의 특성을 이해한다.
3. 빈곤에 따른 문제를 이해한다.
4. 빈곤가족에 대한 개입 정책 및 실천을 이해한다.

가족의 입장에서 발생할 수 있는 다양한 문제점 중 빈곤은 대표적인 문제라 할 수 있다. 이러한 빈곤의 실태를 정확히 이해하는 일은 한국 사회의 빈곤가족에 대해 문제점을 진단하고 이에 따른 대안을 모색하는 데 필수적이므로 빈곤가족의 이해를 위해 본 장에서는 빈곤의 개념에 대해 알아보고 빈곤의 원인 및 빈곤가족의 특성과 문제점을 살펴보고자 한다. 또한, 빈곤가족에 대한 가족복지 정책적 개입과 실천에 대해 알아보고자 한다.

1. 빈곤에 따른 문제

1) 빈곤의 개념 및 정의

빈곤은 경제적 특성뿐만 아니라 사회문화적 특성을 포함하는 복합적인 현상을 포함하고 있다. 먼저 빈곤의 사전적 의미는 '기본적인 욕구를 충족시킬 수 있는 생활 수단이 부족한 상태'이다. 빈곤가족과 유사한 개념으로는 차상위계층가족, 취약계층가족, 위기가족 등이 있다.

빈곤에 대한 문화적 정의로는 '사회의 기존 주요 제도에 대한 참여의 제한으로 지배적 가치를 수용할 기회가 단절되거나 가족관계 및 구조에 있어 불안정하고 역기능적인 경우가 상대적으로 높다'고 한다. 빈곤문화는 심리적 무기력, 절망감, 열등감, 의존심, 충동적 성향 및 무책임한 생활을 하며, 이는 세대 간에 전승이 되고 빈곤의 악순환은 대물림된다고 설명한다. 그러나 최일섭과 최성재(2000)는 이러한 빈곤문화의 세습은 편견이며, 단지 기회의 제한에 있다고 하였다.

일반적으로 빈곤은 '절대적 빈곤(absolute poverty)'과 '상대적 빈곤(relative poverty)'으로 나누어 볼 수 있으며, 그 밖에도 '주관적 빈곤(subjective poverty)'과 '정책적 빈곤(political poverty)'이 있다.

'절대적 빈곤'이라는 용어는 개인 및 가족이 생존에 필요한 의식주를 해결하지 못하는 상태로, 론트리(Rowntree)가 1889년 요크 시의 빈곤조사 시 사용하였다.

20세기 초반에 최초로 빈곤을 측정을 시도한 론트리는 생계 측면에서 엄격하게 빈곤을 정의하고자 하였고 절대적 기준으로 빈곤 측정을 위해 영양학을 빈곤연구에 접목하여 과학적으로 빈곤을 측정하고자 노력하였다. 이는 빈곤을 과학적으로 추정하려는 것으로서 이후 빈곤선 추정에 결정적 영향을 주었다(Townsend, 1979; 한국보건사회연구원, 2017, 재인용).

(1) 절대적 빈곤

사전적 의미로 '절대적 빈곤'이란 그 수준을 확인할 수 있는 과학적 빈곤의 기준을 설정해야 하며, 이 기준, 즉 빈곤선에 미치지 못하고 그 이하일 경우를 말한다. 빈곤선이란 개인이나 가구의 소득 또는 지출이 최저생활을 하는 데 필요한 생계비에 미달하는 정도를 나타내는 것을 말하며, 그 기준이 되는 최저생계비란 인간으로서 건강하고 문화적인 생활을 유지하기 위하여 소요되는 최소한의 비용을 의미한다.

최저생계비는 보건복지부장관이 일반 국민의 소득·지출 수준과 수급권자의 생활실태, 물가 수준 등을 고려해 중앙생활보장위원회의 심의·의결을 거쳐 결정·공표한다. 일반적으로 최저생계비 기준 빈곤율을 활용하여 정책을 결정한다.

김기원(2000)은 절대적 빈곤을 개인 및 가족이 최저한도의 건강하고 문화적인 생활을 유지하는 데 필요한 의식주 및 기타 생활상 필요한 자원이 결핍되어 인간 유기체의 인간다운 생존이 위협받는 상태를 이른다고 하였다. 빈곤한 상태와 빈곤하지 않은 상태를 구분하는 기준선, 즉 기본적 요구를 충족하는 데 드는 비용의 경계를 '빈곤선(poverty line)'으로 정하고 빈곤선 이하의 수입으로 생활하는 상태를 절대적 빈곤이라고 한다.

(2) 상대적 빈곤

'상대적 빈곤'이란 동일한 사회 내에서 다른 사람들과 비교했을 때 상대적으로 생활수준이 떨어지는 상태를 이른다. 즉, 문화적 맥락에 따라 상대적인 측면을 고려하여 임의로 설정한 기준선인 상대적 빈곤선 이하의 상태를 가리킨다. 사회가 점차 발전하여 경제적으로 풍요로워질수록 상대적 빈곤의 기준은 항상 조정된다(학습용어사전).

상대적 빈곤은 한 사회의 재화가 평등하게 분배되지 않는 한 빈곤층은 언제나 존재한다고 보았으며, 특정 사회의 전반적 생활수준과 밀접한 관련하에 상대적 박탈과 불평등의 개념을 중시한다는 사실을 알아야 한다. 특히, 상대적 빈곤은 그 사회의 평균소득 대비, 상대적으로 소득이 낮은 계층을 빈곤층으로 정의하는 것이다.

타운센트(Townsend)는 가구소득이 평균소득의 80% 이하일 때 빈곤층이며, 50% 이하일 때 극빈층으로 정의하였고, 어떤 사회의 생활필수품은 고정되거나 불변적인 것이 아니라 공간적 · 시간적 상대성을 가진다. 현대에서는 절대적 빈곤보다 전반적 생활수준의 향상에 따라 상대적 빈곤에 관심을 가진다(이정우, 2009, 재인용).

타운센트는 소득보다는 일반적으로 인정되는 기본적인 생활양식을 규정하고, 그러한 생활에 미치지 못한 경우를 상대적 빈곤으로 파악하였다. 그는 빈곤보다는 '박탈'이라는 용어를 사용하고 있는데, 일반적인 생활양식을 구성하는 60개의 지표를 설정하여 박탈지표를 수집했다. 그리고 정상적인 생활에서 벗어난 사람을 상대적으로 박탈되었다고 간주했다. 이와 같이 생활양식을 구성하는 지표를 통해서 빈곤을 측정한 시도는 인간의 욕구가 생존에만 있지 않고 삶 전체에 있다는 사상을 반영하고 있다(이용교, 2018, 재인용). 이 중 타운센트가 즐겨 사용한 12가지 지표를 알아보면 다음과 같다.

타운센트가 즐겨 사용한 12가지 지표

- 지난 1년 동안에 집을 떠나서 일주일간의 휴가를 보낸 적이 없다.
- (어른에게만) 지난 4주 동안에 친척이나 친구를 집으로 식사 초대를 한 적이 없다.
- (어른에게만) 지난 4주 동안에 친척이나 친구의 집으로 식사 초대를 받은 적이 없다.
- (15세 이하 어린이에게만) 지난 4주 동안에 같이 놀거나 음료를 나눈 친구가 없다.
- (15세 이하 어린이에게만) 지난 생일에 생일파티를 하지 못했다.
- 지난 2주 동안에 오후나 저녁을 오락 시간으로 보낸 적이 없다.
- 지난 1주 동안에 네 번 정도의 신선한 고기(외식을 포함하여)를 먹은 적이 없다.
- 지난 2주 동안에 하루나 이틀을 요리한 식사를 하지 않고 지나갔다.
- 일주일 중에서 거의 매일 요리한 아침 식사를 하지 못했다.
- 냉장고가 없다.
- 가족이 일요 정찬을 갖지 못했다(한 달에 네 번에서 세 번).
- 네 가지 실내 부대시설(수세식 화장실, 개수대와 수도, 목욕탕과 샤워실, 가스나 전기쿠커)을 단독으로 사용하지 못한다.

출처: 이용교(2018). 알아야 챙기는 복지상식.

(3) 주관적 빈곤

빈곤을 정의하는 또 다른 방식은 절대적 빈곤선이나 상대적 빈곤선과 같은 통계적 자료에 근거한 기준을 제시하는 것이 아니라 자기 스스로 생각할 때 남들보다 본인이 충분히 갖고 있지 않다고 느끼는 개인의 주관적인 판단 수준에 의해 결정하는 주관적 빈곤이 있다.

(4) 정책적 빈곤

국가의 정책 및 제도 내에서 제시하는 선정기준에 의해 결정되는 것으로 우리나라의 경우에는 보건복지부에서 국민기초생활보장수급자를 선정하기 위한 최저생계비기준이 있으며, 이는 일종의 정책적 빈곤선상에 있다고 할 수 있다.

2000년 「국민기초생활 보장법」 도입부터 2002년까지는 소득평가액과 재산이 일정 기준 이하인 자를 기초생활보장수급자로 선정했으나, 2003년부터는 최저생계비를 기준으로 선정하였다. 선정대상은 가구별로 산정된 소득 인정액(소득평가액+재산소득의 환산액)이 최저생계비 이하인 자를 대상으로 하였다.

결론적으로 빈곤가족은 가구 전체 또는 가구원이 인간다운 생활을 하는 데 있어 기본적으로 필요한 자원이 결핍된 상태로 심리정서적 · 정신적 손상과 박탈상태에 처한 가족이라고 정의할 수 있다.

우리나라의 빈곤가족은 노동력이 없는 가난한 자로서 질병, 장애, 고령 등의 이유로 근로능력이 없고 부양능력자가 없는 거택시설보호대상 가구이거나 근로능력이 있지만 가난한 자활보호대상 가구, 또는 불의의 사고나 실직 등으로 빈곤에 처할 수 있는 잠재적 빈곤가구 등을 포함한다. 빈곤가족을 일컫는 또 다른 용어로는 영세민, 저소득층, 빈민, 기초생활보장수급대상가족 등이 있으며, 이러한 용어 대부분은 가족의 경제적 지위와 소득기준으로 규정하고 있다.

먼저, 최저생계비란 「국민기초생활 보장법」 제2조 5항에 "국민의 건강하고 문화적인 생활을 유지하기 위하여 소요되는 최소한의 비용"을 말한다. 특히, 최저생계비는 국민기초생활보장제도의 수급 유무, 급여 정도를 결정하는 매우 중요한 기준일뿐만 아니라 긴급복지지원, 장애아동수당, 보육료지원 등 각종 사회복지 대상자 선정의 기준이 되고 있다.

최저생계비 산출은 정부가 3년마다 소득 하위 40%의 2만 가구를 대상으로 생활실태를 조사하여 산출하고 있다. 조사가 이루어지지 않는 해에는 물가상승률을 반영해 결정하며, 다음 연도 최저생계비는 매해 8~9월 중에 보건복지부장관이 공표한다.

〈표 10-1〉 2021년 및 2022년 기준 중위소득

(단위: 원/월)

가구원 수		1인 가구	2인 가구	3인 가구	4인 가구	5인 가구	6인 가구
기준 중위소득	'21년	1,827,831	3,088,079	3,983,950	4,876,290	5,757,373	6,628,603
	'22년	1,944,812	3,260,085	4,194,701	5,121,080	6,024,515	6,907,004

출처: 보건복지부 자료 재구성.

"기준 중위소득"이란 보건복지부장관이 급여의 기준 등에 활용하기 위하여 중앙생활보장위원회의 심의 · 의결을 거쳐 고시하는 국민 가구소득의 중위 값을 말한다. 기준 중위소득은 급여종류별 선정기준과 생계급여 지급액을 정하는 기준이고, 부양의무자의 부양능력을 판단하는 기준이 된다.

〈표 10-2〉 2021년 및 2022년 급여별 선정기준

(단위: 원/월)

가구원 수		1인	2인	3인	4인	5인	6인
교육급여 (중위 50%)	'21	913,916	1,544,040	1,991,975	2,438,145	2,878,687	3,314,302
	'22	972,406	1,630,043	2,097,351	2,560,540	3,012,258	3,453,502
주거급여 (중위 46%)	'21	822,524	1,389,636	1,792,778	2,194,331	2,590,818	2,982,871
	'22	894,614	14,99,639	1,929,562	2,355,697	2,771,277	3,177,222
의료급여 (중위 40%)	'21	731,132	1,235,232	1,593,580	1,950,516	2,302,949	2,651,441
	'22	777,925	1,304,034	1,677,880	2,048,432	2,409,806	2,762,802
생계급여 (중위 30%)	'21	548,349	926,424	1,195,185	1,462,887	1,727,212	1,988,581
	'22	583,444	978,026	1,258,410	1,536,324	1,807,355	2,072,101

출처: 보건복지부 자료에서 재구성.

2) 빈곤가족의 원인

빈곤의 요인은 크게 자원의 결핍, 개인적 속성의 결여, 제도적 측면의 결핍으로 구분된다. 빈곤은 물질적 결핍과 개인적 속성의 결여, 심리 · 사회 · 문화 · 제도적 박탈과 소외 등으로 인한 개인과 사회의 총체적 결과로 볼 수 있다.

따라서 빈곤가족은 물질적 결핍, 심리 · 정서적 손상, 사회문화적 소외와 제도적 배제로 인하여 가구 전체 또는 가구원들이 인간으로 생활해 나가는 데 있어서 기본적 욕구가 충족되지 못하여 가구원 개인과 가족 전체의 안녕이 깨진 상태의 가족으로 정의할 수 있다. 즉, 빈곤가족은 가족 전체 또는 가족구성원들이 인간적으로 생활하는 데 기본적으로 필요하다고 인정되는 자원이나 경제적 능력을 갖추지 못한 상태로, 심리적으로 손상되어 있으며, 긴장 상태, 억압 상태, 박탈된 상태

에 처해 있는 가족을 의미한다.

일반적으로 소득의 불평등 정도를 나타내는 로렌츠곡선을 이용하여 나타내는 지니계수[1)]를 이용하기도 한다.

빈곤문화론적 측면에서는 근본적인 빈곤의 원인이 빈곤가정의 부적절한 자녀 양육 방식이며, 이는 정서적 · 사회적 · 지적으로 부적절한 아동, 학교에서의 적응 실패, 노동시장에서의 실패, 불안정한 결혼 및 가족생활, 부적절한 부모, 부적절한 아동양육에 이르는 빈곤의 악순환을 겪게 된다고 하였다.

빈곤의 원인은 매우 다양하며, 각각의 원인이 서로 상호 의존적이고 복합적으로 작용한다. 개인적 · 사회구조적인 원인과 더불어 빈곤의 악순환 또는 새로운 사회적 위험 요인들이 복합적으로 작용하여 빈곤이 재구조화되는 신빈곤 현상 등을 들 수 있다.

(1) 개인적 원인

개인적 원인으로는 자발적 요인과 비자발적 요인으로 나눌 수 있다.

자발적 요인으로는 개인의 동기 부족, 낮은 열망 수준, 무절제, 게으름, 의타심, 음주, 도박 등의 개인의 부적절한 생활태도와 도덕적 해이 등과 같은 개인적 특성이 있다. 또한, 비자발적 요인으로는 가구주 또는 본인의 예기치 못한 질병, 장애, 노령, 실직이나 가장의 사망이나 가족해체로 인한 가족기능 상실, 낮은 교육 수준 등이 있다.

(2) 사회구조적 원인

사회적 요인으로는 자원 부족, 정부의 정책적 특성, 경제제도, 자본과 기술의

---

1) 이탈리아 통계학자인 지니(Gini)에 의하여 제시된 것으로 로렌츠곡선을 이용하여 소득 불균형 상태를 나타내는 계수임(지니계수는 0에서 1 사이의 수치로 소득분배가 완전평등한 경우는 0, 완전불평등한 경우는 1)

부족, 기후와 시장구조 등이 있다. 대표적으로 국가의 취업구조, 노동시장의 구조적 불평등과 고용불안정성, 임금차별 등을 볼 수 있다. 세부 요인을 살펴보면 다음과 같다.

① 남녀 불평등으로 여성에 대한 취업 기회 및 임금차별, 임시계약직의 확대, 최저임금제의 미정착, 직종 및 직급 간의 임금격차 심화 등은 여성가장가족, 여성 한부모가족, 임시직 저임금 근로자 가족을 빈곤가족으로 만든다.

② 조세제도가 부를 재분배하는 기능을 제대로 수행하지 못할 때 빈곤이 발생한다.

③ 정치적 요인으로 정치적 조건 등으로 불로소득이나 비정상적인 부의 축적이 만연해짐으로써 소득계층 간의 불평등이 심화되기도 한다. 예컨대 '빈익빈 부익부'와 같은 경우가 발생되기 때문이다.

④ 부적절한 사회복지서비스 및 사회보장제도는 소득재분배기능의 실패로 사회구조적 빈곤을 강화시킨다.

⑤ 인재와 천재지변으로 태풍이나 해일, 지진, 화산폭발이나 산불과 같은 천재지변은 주민들에게 재산상의 큰 손실을 주고 지역 빈곤화를 초래할 위험이 있으며, 전쟁이나 화재와 같은 인재도 개인이나 가족의 전 재산, 재산의 일부를 손실시켜 가족의 빈곤을 촉진한다.

그 밖에도 윌슨(Wilson, 1987)에 의하면 '빈곤의 악순환'[2]은 빈곤의 원인이 사회구조적인 고립과 소외로 인하여 기회구조에서 배제되기 때문이며, 빈곤층 밀집지역에서 자활사슬반응이 경감되어 범죄, 중독, 복지 의존도가 증가되고 지역사회에 대한 관심이 적어져 상호 보호가 어려우며, 저급한 기술노동으로 인한 고용기회의 제한, 중산층의 도심 이탈, 직업 네트워크에서 배제됨으로 일자리에 대한 정보 약화, 성공적인 역할모델의 부재 등은 빈곤을 악순환시키는 사회구조로 작용하고 있다고 하였다.

또한, '신빈곤'이란 1970~1980년대 유럽의 신자유주의를 기반으로 한 노동의 유연화, 고용의 불안정, 복지제도의 빈번한 후퇴, 산업구조의 재편, 소득보장제도의 동요 등 복합적인 사회경제적 변화요인에 기인하여 발생하는 것으로 빈곤이 재구조화되는 현상을 이르는 말이다. 노령, 실업, 질병이나 장애 등과 같은 전통적인 빈곤요인에 의한 빈곤문제와는 달리 불안정고용과 직업의 상실, 저임금, 저기술, 부채 증가, 가족해체 등과 같은 새로운 사회적 위험 요인들이 복합적으로 작용하여 빈곤이 재구조화되는 현상이라고 할 수 있다. 때로는 신빈곤층을 현대 경제적 기술적 변화에 의하여 난파된 자들로 표현하기도 한다. 특히, 우리나라의 경우 1997년 외환위기와 2008년 경제위기를 거치면서 일을 하고 있음에도 불구하고 가난한 근로빈곤층이 급증하고 있으며, 적절한 사회보장정책이 이루어지지 않는다면 다수의 청년근로자는 상대적 빈곤계층을 거쳐 결국 사회적으로 배제된 절대적 빈곤계층으로 전락할 위험에 처한다고 하였다.

---

2) 미국의 경제학자 넉시(Nurkse)가 처음 사용한 용어로 『저개발국의 자본형성의 제문제(*Problems of Capital Formation in Underdeveloped Countries*)』(1953)에서 후진 지역의 빈곤은 여러 원인에 의하여 악순환된다고 말한 것에서 비롯됐다. 빈곤의 악순환의 구조는 다음과 같다. 저생산력→저소득→저저축→저자본형성→저생산력….

3) 빈곤가족의 특성

(1) 인구사회학적 특성

빈곤은 성별과 연령, 가족구성원의 유형과 가구유형, 가족원의 건강 정도, 직업과 교육, 지역 등 특정 인구사회학적 특성을 갖는 집단과 연결되어 고착되고 있다. 특히, 빈곤가족의 인구사회학적 특성으로는 빈곤의 여성화와 노령화, 만성적 건강 문제, 낮은 교육 수준과 불안정한 직업 등이 있다.

❶ 빈곤의 노령화

급속한 고령화와 생활양식의 변화, 가족해체 및 부양의식의 약화 등 가치관의 변화가 있으며, 노인이 노년기에 대한 재정적 · 사회적 준비가 제대로 안 되어 있는 상태로 빈곤가족이 되는 경향이 많아지고 있다.

❷ 만성적 건강문제

가족구성원 중 만성적인 질병과 장애를 가지고 있는 경우 가족기능을 약화시키고 경제적 · 심리적 자원을 고갈시켜 빈곤화를 초래하는 원인이 될 것이다. 또한, 실직으로 인한 소득 감소가 가족원의 심리적 · 신체적 욕구에 적절한 영양과 보호 및 보살핌을 제공하지 못하여 질병을 치료할 기회와 능력이 없을 경우에도 만성적인 건강문제를 일으킨다. 반대로 개인적 질병이나 장애가 실직을 유발하여 빈곤을 심화시킬 수도 있다.

❸ 낮은 교육 수준과 불안정한 직업

낮은 교육 수준과 불안정한 직업은 밀접한 관련이 있다. 특히, 도시 저소득층 가구의 생활실태조사 결과에 의하면 낮은 교육 수준과 높은 무직율 및 저생산성, 비영속적인 노동에 종사하는 특성이 있다. 취업특성도 일일고용 혹은 임시고용으로 사회보장의 혜택에서 제외되어 있는 경우가 많아 이중적인 문제를 안고 있다.

(2) 심리사회적 특성

빈곤은 스트레스를 주는 환경적 조건이나 사건과 관련이 높고, 이는 심리적 스트레스의 위험을 증가시켜 우울, 불안, 기타 정신과적 증상을 일으키는 요인이 되기도 한다. 대부분의 연구에서 빈곤가족의 가족구성원들은 일반 가족구성원들에 비하여 자존감이 낮고, 정신증, 공포불안, 대인예민성, 우울, 불안, 적대감, 강박증 등을 보이는 경향이 크다.

개인과 가족이 빈곤화되는 과정에서의 스트레스 상황은 가정폭력, 자살, 알코올이나 기타 약물중독과 같은 복합적인 문제와 함께 가족과 사회에 부정적 영향을 미친다.

실업기간이 오래된 사람, 가계의 생계유지를 위한 취업의지에 반하여 취업기회가 박탈된 사람들일수록 불안감과 우울감, 적대감이 더 많은 것으로 나타났다.

빈곤가족의 아동과 청소년은 적응 유연성이 떨어지고 부정적인 정서발달을 통하여 정상적인 발달과업을 이루는 데 어려움이 많다. 빈곤은 아동에게 영양부족과 성장장애와 같은 신체적 건강의 장애, 절망감, 우울, 스트레스와 문제행동, 또래갈등, 학업부진과 중퇴 등의 심리사회적 부적응을 유발하는 요인이 되기도 한다. 또한, 가족의 보호와 양육이 부족한 환경으로 인하여 다른 계층보다 사회정서적 어려움이나 학습, 학교생활의 부적응, 학습부진, 비행, 가출, 범죄 등을 경험할 가능성이 크고 청소년기로 확대될 확률도 높다.

가족화 과정에서 빈곤가족의 부모는 스트레스와 갈등으로 비일관적이고 혹독한 양육행동이나 방임, 학대와 같은 일탈적 양육행동을 통하여 아동의 생애 전반에 걸친 부정적인 영향을 미치고, 그러한 부정적 영향은 성인이 된 후의 직업, 경제력, 결혼 및 결혼생활 등의 생애 전반에 걸쳐 악영향을 준다.

오늘날과 같은 정보사회에서 빈곤은 정보접근과 정보활용 기회를 박탈하여 정보격차로 인한 사회문화적 · 경제적 빈자와 소외자로 전락하게 하는 중요한 요인이 되며, 이러한 과정을 통하여 무기력을 학습하고 소외된 집단으로 전락하게 되는 악순환을 경험할 수 있다.

(3) 가족관계적 특성

빈민가족은 다양한 이유로 가족해체를 경험한 가족이거나 반대로 빈곤화되는 과정에서 가족해체가 일어나기도 한다. 가족해체는 부모의 이혼이나 별거, 가출, 자녀양육의 포기, 가족원의 자살, 가정폭력, 가족불화와 질병 등으로 나타난다. 가족해체의 원인이라고 인식되는 특성은 모두 빈곤과 밀접한 관련이 있어서 가족해체와 가족갈등은 빈곤의 원인인 동시에 빈곤의 결과라고도 할 수 있다.

① 빈곤가족에서의 부부관계는 폭력과 불화의 특성을 갖는 경우가 많고 부모-자녀관계는 방임과 부적절한 양육태도의 특성을 갖는다.
② 빈곤가족은 역기능적 가족의 심리적 특성을 띠는 경향이 있으며, 가족 내 하위체계 간의 경계가 밀착 또는 유리되어 과잉의존, 소외, 갈등의 문제가 생기는 경우가 흔하다.
③ 가족 내 부모-자녀 간의 삼각관계를 유발할 경우도 흔하게 나타나며, 의사소통의 문제로 불분명하며 불만족스러운 관계를 유발하기 쉽다.

4) 우리나라 빈곤가족의 문제 및 현황

(1) 빈곤가족의 문제

이영실 외(2017)는 빈곤가족의 문제는 사회경제적 문제, 자녀양육과 교육문제, 가족관계의 문제, 생활변천의 문제, 빈곤환경의 문제, 가족 역동성의 문제 등이 있다고 하였다. 일반적으로 외부적 문제로는 기본적 욕구충족이 어려운 낮은 소득, 주거의 불안정, 개인과 가족의 생존을 위협하는 의식주와 자녀양육 및 교육기회, 의료혜택 등의 결여가 있다. 예컨대, 영양실조 및 질병 감염에 노출되는 경우가 있으며, 어려운 경제사정으로 부모가 일을 하는 동안 자녀를 돌볼 사람이 없어 방임하는 경우와 미성년자임에도 불구하고 노동현장으로 내몰리는 경우 등이 있다. 내부적 문제로는 과중한 정신적 · 신체적 부담으로 인한 건강문제, 심리적 스트레스로 인한 정신과적 문제, 일 · 가정 양립에 따른 부담감, 부적절한 양육태도, 가족구조 및 관계의 균열, 가족해체 등을 들 수 있다.

현재 우리나라의 경우 노인가구와 1세대 가구, 임시일용직 여성가장가구의 소득불평등 정도와 절대빈곤 정도가 가장 심각하다. 고령화의 급속한 진전과 함께 복합적인 요인에 의한 가족해체 및 이혼율의 증가는 빈곤 여성노인과 빈곤 한부모 가족의 확대 및 심화시키고 있다. 그밖에도 이혼, 별거, 사별, 혼외출산, 동거 증가와 같은 개인의 생애과정 및 가족 차원의 요인과 실업, 고용불안정, 성차별 및 여성의 주변화 현상과 같은 노동시장적 요인이 복합적으로 연결되어 만성적 빈곤화 과정을 보여 주고 있다.

(2) 빈곤가족의 현황

우리나라 인구유형별 빈곤율 중, 특히 여성가구주 가구, 아동, 노인, 취업자, 한부모가구, 1인 가구의 빈곤현황을 살펴보면, 여성가구주 가구의 경우 2016년 최저생계비 기준 빈곤율은 29.6%로 전년 대비 1.0%p 상승하였으며, 상대적 빈곤율은 39.2%로 전년 대비 0.4%p 감소하였다. 또한, 아동의 경우 2016년 최저생계비 기준 빈곤율은 5.4%로 전년 대비 0.4%p 상승하였으며, 상대적 빈곤율은 7.6%로 전년 대비 0.5%p 감소하였다. 최저생계비 기준 빈곤율은 상승하였으나 상대적 빈곤율은 감소함을 알 수 있다.

노인의 경우 2016년 최저생계비 기준 빈곤율은 55.2%로 전년 대비 4.1%p 상승하였으며, 상대적 빈곤율은 65.7%로 전년 대비 2.4%p 상승하였다. 또한, 취업자의 경우 2016년 최저생계비 기준 빈곤율은 6.3%로 전년 대비 0.7%p 상승하였으며, 상대적 빈곤율은 10.2%로 전년 대비 0.1%p 상승하였다. 최저생계비 기준 빈곤율과 상대적 빈곤율이 모두 상승하였음을 알 수 있다. 한부모(모자)가구의 경우 2016년 최저생계비 기준 빈곤율과 상대적 빈곤율 모두 감소하였으며, 감소 폭은 각각 3.8%p와 10.1%p로 나타났다. 1인 가구의 경우에는 2016년 2016년 최저생계비 기준 빈곤율과 상대적 빈곤율은 모두 상승하였으며, 상승 폭은 각각 2.6%p와 0.4%p로 나타났다.

〈표 10-3〉 인구 유형별 빈곤율

(단위: %, %p)

구분		2015년(%)	2016년(%)	증감률(%p) (2015년 대비)
여성가구주가구	최저생계비 기준 빈곤율	28.6	29.6	3.5
	상대적 빈곤율(중위 50% 기준)	39.6	39.2	-1.0
아동	최저생계비 기준 빈곤율	5.0	5.4	8.0
	상대적 빈곤율(중위 50% 기준)	8.1	7.6	-6.2
노인	최저생계비 기준 빈곤율	51.1	55.2	8.0
	상대적 빈곤율(중위 50% 기준)	63.3	65.7	3.8
취업자	최저생계비 기준 빈곤율	5.6	6.3	12.5
	상대적 빈곤율(중위 50% 기준)	10.1	10.2	1.0
한부모가구	최저생계비 기준 빈곤율	13.2	12.7	-3.8
	상대적 빈곤율(중위 50% 기준)	22.8	20.5	-10.1
1인 가구	최저생계비 기준 빈곤율	42.2	43.3	2.6
	상대적 빈곤율(중위 50% 기준)	53.8	54.0	0.4

※ 주: 농어가 제외 전 가구, 1인 가구 포함
퍼센트 포인트(%p)는 두 백분율과의 산술적 차이를 나타낼 때 쓰는 단위

출처: 한국보건사회연구원(2017). 2017 빈곤 통계연보, 재구성.

2. 빈곤가족에 대한 개입

세계화와 외환위기를 겪으면서 빈부격차의 확대는 우리 사회의 큰 고민이 아닐 수 없다. 최일섭(2000)은 빈곤으로 인한 미시적 차원에서 빈곤은 개인과 가족의 생존을 위협하고 의식주, 교육기회, 의료혜택 등이 결여되어 있으며, 대인관계에서도 절망이나 굴욕을 경험하기 쉬울 뿐만 아니라 생계유지를 위해 도덕과 규범에 어긋나는 행동을 하게 만든다고 하였다. 거시적 차원에서는 빈곤한 개인과 가족 집단이 커지면 지역사회에 위협이 되며, 빈곤문제 해결에 들어가는 사회복지 지출로 인하여 재정적 부담도 커져 사회적 위협이 된다고 하고 빈곤문화적 측면에서

는 부모교육, 상담 등을 통해 자녀양육방식을 바로 잡고 이에 대한 보완책으로 빈곤가족의 아동에게 보육, 조기교육 등을 확대하는 것은 가족정책에서 매우 중요한 부분임을 강조하였다. 이영주 외(2018)는 국민기초생활보장제도의 개선과 좋은 일자리를 확대하는 방안, 주거비용과 의료비용의 경감, 조세개혁으로 빈곤가족을 위한 복지정책을 개선할 것을 주장하였다.

1) 빈곤가족 관련 정책

(1) 빈곤가족지원 관련 법

생활이 어려운 사람에게 필요한 급여를 실시하여 이들의 최저생활을 보장하고 자활을 돕는 것을 목적으로 하는 「국민기초생활 보장법」이 있으며, 생활이 어려운 사람에게 의료급여를 함으로써 국민보건의 향상과 사회복지의 증진에 이바지함을 목적으로 하는 「의료급여법」이 있고, 그밖에 「긴급복지지원법」, 「기초연금법」, 「장애인연금법」 등이 있다.

(2) 빈곤가족 지원정책 내용

원영희 외(2016)는 우리나라의 빈곤지원정책으로 국민기초생활보장지원, 고용촉진을 위한 자립 · 자활지원, 기초의료보장, 주거생활안정지원, 긴급복지지원 등이 있다고 하였다.

❶ 국민기초생활보장지원

국민기초생활보장제도는 생활이 어려운 사람에게 필요한 급여를 실시해 이들의 최저생활을 보장하고 자활을 돕고자 실시되는 제도이다. 대상은 「국민기초생활보장법」 제2조 제1호에 따른 '수급권자'이며, 기본단위는 '개별가구'이다.

각종 급여지원은 생계급여[3], 주거급여[4], 교육급여[5], 의료급여[6], 해산급여[7], 장제급여[8], 자활급여[9] 등으로 급여별 특성 고려, 대상자 선정과 지원 수준을 다층화하였고 국민의 생활수준 향상 및 상대적 빈곤 관점을 고려, 지원기준에 중위소득을 반영하고 있다.

❷ 자립·자활지원(고용촉진)

자활지원은 근로능력이 있는 수급자에게 자활에 필요한 사업에 참여할 것을 조건으로 생계급여를 실시하였다. 체계적 자활지원서비스와 각종 자활사업 참여 기회를 제공, 자활능력 배양 및 빈곤 탈피를 유도한다.

예컨대, '희망키움통장'이 있으며, 희망키움통장은 수급가구, 차상위가구가 저축을 통해 자립할 수 있도록 지원하기 위해 2010년에 도입되었다. 본인이 매월 일정한 금액을 저축하면 여기에 정부와 지방자치단체가 지원금을 합하여 목돈을 마련하도록 지원하는 방식이다. 희망키움통장은 기초보장수급자를 대상으로 하는 내일키움통장 I 과 차상위계층을 대상으로 하는 내일키움통장 II 로 다시 구분된다. 내일키움통장은 자활근로사업단에 3개월 이상 참여하고 있는 기초보장수급자나 차상위계층을 대상으로 하는 사업으로 본인이 매월 일정 금액을 저축하면 3년 이

---

3) 수급자에게 수급자의 생계를 유지하기 위해 일상생활에 기본적으로 필요한 의복비, 음식물비 및 연료비 등이 포함된 금액이 생계급여로 지급(「국민기초생활 보장법」 제8조 제1항)

4) 수급자에게 수급자의 주거 안정에 필요한 임차료, 수선유지비 등이 주거급여로 지급(「국민기초생활 보장법」 제11조 제1항)

5) 수급자에게 입학금, 수업료, 학용품비, 그 밖의 수급품 등이 교육급여로 지급(「국민기초생활 보장법」 제12조 제1항)

6) 수급자에게 건강한 생활을 유지하는 데 필요한 각종 검사 및 치료 등을 하는 비용이 의료급여로 지급(「국민기초생활 보장법」 제12조의 3제1항)

7) 조산했거나 분만하기 전후로 조치와 보호가 필요한 자에게 해산급여 지급(「국민기초생활 보장법」 제13조 제1항)

8) 수급자가 사망한 경우 사체의 검안(檢案) · 운반 · 화장 또는 매장, 그 밖의 장제조치를 하는 비용을 장제급여로 지급(「국민기초생활 보장법」 제14조 제1항)

9) 수급자의 자활을 돕기 위해 필요한 각종 비용이 자활급여로 지급(「국민기초생활 보장법」 제15조 제1항)

내 노동시장으로 진출할 때 장려금과 수익금을 지원하는 제도이다.

서울특별시에서는 자산형성 지원사업으로서 서울시민 중 근로활동을 하는 저소득층 대상으로 자산형성을 지원하는 '희망플러스통장', 참가자가 3년 또는 5년간 매월 자녀 교육자금 용도로 저축하는 금액을 소득 수준에 따라 시민의 후원금 등으로 지원하는 '꿈나래 통장(교육 목적에 한정된 통장)', 어려움을 겪고 있는 청년이 자립할 수 있도록 일정 수준 이상의 자산형성을 지원하기 위한 '희망두배 청년통장' 등이 있다.

❸ 기초의료보장지원

빈곤가족을 위한 건강지원서비스로 생활유지능력이 없거나 생활이 어려운 저소득 국민의 의료문제를 국가가 보장하는 공공부조제도로 건강보험과 함께 국민 의료보장의 중요한 수단이 되는 사회보장제도이다. 특히, 만성질병에 대한 의료서비스 접근성을 높이는 데 있다. 만성질병은 이들의 소득능력 감소 및 지출범위에 제약이 따르기 때문이다.

❹ 주거생활안정지원

국민기초생활보장제도 주거급여는 일정 금액을 현금으로 지급, 가구원 수에 따라 차등 지급, 주택전세금 융자, 주택임대보조금 비용보조, 주택 증서 제공, 공공임대주택 임대, 주거환경 개선지원 등을 함으로써 주거비 부담의 어려움 및 부채로 인한 압박감을 줄여 생활을 할 수 있도록 하는 것이다.

❺ 긴급복지지원

소득, 재산 및 부양의무자 기준 등으로 인해 기초생활보장제도로는 보호받을 수 없는 저소득층이 생계곤란 등 위기상황에 내몰린 경우, 정부가 일시적으로 신속하게 지원하는 제도이다. 긴급복지지원의 기본원칙으로는 '선지원 후처리 원칙', '단기 지원 원칙', '타법률 지원 우선의 원칙', '가구단위 지원의 원칙'이 있다.

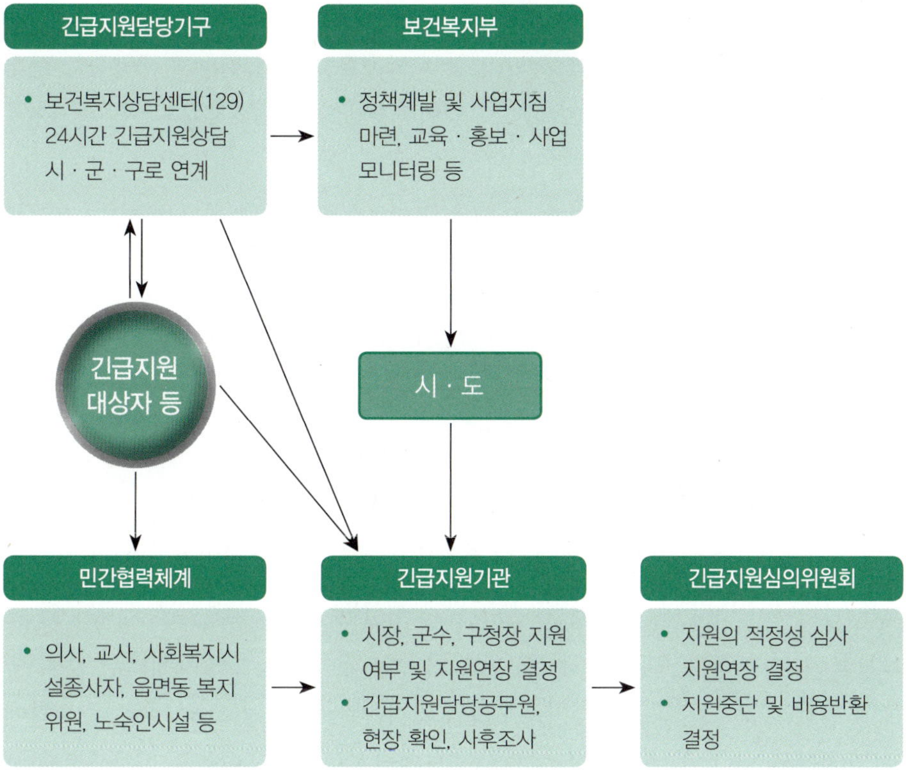

[그림 10-1] 긴급지원체계별 역할

출처: 보건복지부, 2018년 긴급지원사업 안내.

긴급복지지원의 종류로는 생계지원, 의료지원, 주거지원, 사회복지시설 이용지원, 교육지원, 그 밖의 지원과 같은 '금전 또는 현물 등의 직접 지원'과 「대한적십자사 조직법」에 의한 대한적십자사, 「사회복지공동모금회법」에 의한 사회복지공동모금회 등의 사회복지기관 · 단체로의 연계 지원, 그리고 상담 · 정보제공 등 그 밖의 지원과 같은 '민간기관 · 단체와의 연계 등의 지원'이 있다.

❻ 빈곤가족 자녀교육 지원

교육기회의 평등증진과 함께 사회 양질의 노동력 공급을 위한 인재양성을 하기 위하여 교육보호를 위한 드림스타트[10], 지역아동센터[11], 교육복지우선 지원사업[12] 등을 하고 있다.

그 밖에도 정부의 가계부채 관련 종합대책으로는 가계부채 연착륙 종합대책(2011년 6월), 가계부채 구조개선 촉진방안(2014년 2월), LTV[13] · DTI[14] 규제완화(2014년 8월), 가계대출 구조개선 프로그램(2015년 3~4월), 가계부채 종합관리방안(2015년 7월), 가계부채 관리방안(2016년 8월) 등이 시행되고 있다.

2) 빈곤가족을 위한 복지방안

빈곤가족은 경제적 문제와 함께 가족구성원 간 정서적 · 심리적 문제가 복합적으로 나타나고 있다. 특히, 상대적 박탈감과 생활만족도가 낮아 긴장과 갈등이 많으므로 이를 해결할 수 있는 대인서비스 제공이 필요하다. 특히, 가족관계 및 구조에서 오는 문제를 해소하고 가족구성원 간 관계를 원만히 하여 가족 내 생활에서 응집력을 지니고, 가족구성원 스스로 문제해결을 할 수 있도록 역량강화(임파워먼트)를 해야 한다. 강점중심 관점에서 가족이 지닌 강점을 최대한 알아보고 강

---

10) 취약계층 아동에게 맞춤형 통합서비스를 제공하여 아동의 건강한 성장과 발달을 도모하고 공평한 출발기회를 보장함으로써 건강하고 행복한 사회구성원으로 성장할 수 있도록 지원하는 사업

11) 지역사회 아동의 보호 · 교육, 건전한 놀이와 오락의 제공, 보호자와 지역사회의 연계 등 아동의 건전육성을 위하여 종합적인 아동복지서비스를 제공하는 시설(「아동복지법」 제52조 제1항 제8호)

12) 취약계층 학생이 밀집한 학교를 선정하여 집중 지원함으로써 교육 · 문화 · 복지 수준을 높이고 교육격차를 해소하는 사업으로 해당사업학교에서 대상 학생에게 교육과정과 연계한 학습, 문화 · 체험, 심리 · 정서, 보육 · 복지 등을 종합적으로 지원

13) 담보 인정 비율(LTV: Loan-to-value ratio)은 금융기관에서 대출을 해 줄 때 담보물의 가격에 대비하여 인정해 주는 금액의 비율을 의미함

14) 총부채 상환 비율(DTI: Debt-to-income ratio)은 돈을 빌리는 사람이 자신의 소득에 비해 얼마나 많은 원금과 이자를 상환하는가의 비율을 의미함

점을 문제해결의 자원으로 적극 활용할 뿐만 아니라 자긍심과 희망을 고취하도록 돕는다. 또한, 현실적 개입목표를 설정하고 자원개발과 팀접근을 하도록 한다.

(1) 빈곤가족의 자립지원서비스 확대

빈곤가족이 경제적 어려움에서 벗어나기 위해 경제 활성화, 일자리 창출, 직무분할, 민간기업에 대한 채용보조금 지급, 저생산성 근로자나 미취업자를 위한 직업훈련 및 재훈련의 강화, 최저임금 현실화 등이 이루어져야 한다.

특히, 빈곤계층은 교육 수준이 낮고 여성가구주인 경우가 많아 소득창출능력이 떨어지는 경우가 적지 않으며, 취업을 비롯한 창업지원, 효과적 자활자원 프로그램 개발과 보급, 근로소득공제 확대 등이 필요하다. 채무가 과중할 시 개인파산, 면책, 채무조정을 고려하여 상담을 실시하고 비수급 빈곤층(차상위계층)에 대해서는 지속적 상담과 후원물품 지원 등 서비스 연계, 저소득층 금융교육, 금융재무 컨설팅, 자활교육 등이 필요하다.

(2) 빈곤가족에 대한 역량강화

❶ 가족지원서비스 강화

공공부조 내 가족해체 등 위기에 처한 가족을 위해 경제적 지원뿐만 아니라 가족의 역할 수행, 기능유지를 위한 접근이 필요하며, 소득기준은 미충족하나 돌봄 등 복합적 문제를 가진 경우 통합사례관리를 실시하고 지역사회 단위로 정서적 지원, 사회적 지지, 상담, 필요에 따른 가족 대체기능 수행 등의 종합서비스 제공이 필요하다.

❷ 빈곤가족 자녀 대상 지원

아동수당제도 도입, 공교육 확충, 급식지원사업 개선, 영유아 보육료 지원 확대 및 다양한 보육서비스를 개발하여야 하며, 방과 후 보호 및 학습지원 등 교육 · 문화 · 복지지원 확대, 빈곤가족 아동의 사회 진출 시 필요 자립자금 지원 및 심리사회적 지지(심리적 상담, 사회기술훈련, 문제해결능력 배양) 등을 통해 학교와 가정에 잘 적응하도록 돕는 것이 중요하다.

❸ 빈곤가족 생활여건개선

빈곤가족의 의료지원 확대 및 열악한 주거여건 개선 등이 필요하다. 우선적으로 차상위계층에 대한 의료지원을 확대하기 위해서는 의료서비스 접근성을 높여야 하며, 빈곤가족 건강관리, 건강증진 프로그램, 올바른 건강생활을 위한 영양 및 운동실천 교육이 필요하다. 이를 위해 구체적으로는 공공보건 의료체계 강화, 빈곤가족 의료서비스 포괄성 및 접근 용이성 확보, 지역사회 중심 보건의료 · 복지서비스 One-Stop체계가 마련되어야 할 것이다. 주거여건 개선을 위해서는 임대주택의 확대, 전월세자금 융자, 주거비 보조, 빈곤가족을 위한 취사, 난방시설 개선 및 연료비 지원 확대가 고려되어야 한다.

그 밖에도 사랑의 음식 나누기, 자원봉사활동 등 민간단체가 광범위하게 참여할 수 있는 일을 장려하고 민간이 복지공동체 형성에 기여하며, 정부가 민간과 협력관계를 형성하도록 한다.

❹ 국민기초생활보장제도의 개선

수급대상이 되지 못하고 심한 경제적 어려움을 겪고 있는 차상위계층을 포함하도록 수급자 확대, 기준 완화가 필요하다. 그 밖에도 부양의무자의 부양능력 판정 기준의 개선이 필요하다. 또한, 부양의무자 소득기준 상향 조정, 부양의무자 재산기준에서 주거용 재산 제외 등을 모색하고 사회초년생에 대한 의료 · 교육급여, 이행급여(일정 기간 기초생활보장 혜택 유지) 확대가 필요하다.

생 · 각 · 해 · 보 · 기

- 빈곤이란 무엇인지 생각해 봅시다.
- 빈곤에 따른 문제점은 어떤 것이 있는지 생각해 봅시다.
- 빈곤을 해결하기 위한 대안 및 정책들은 어떤 것이 있는지 생각해 봅시다.

CHAPTER 11

이혼 및 재혼과 가족복지

학습목표

1. 이혼가족의 실태와 특성에 대해 이해하고, 이혼가족을 위한 복지적 접근을 학습한다.
2. 재혼가족의 실태와 특성에 대해 이해하고, 재혼가족을 위한 복지적 접근을 학습한다.

1. 이혼과 가족복지

1) 이혼에 따른 문제

(1) 이혼의 실태

❶ 이혼의 개념과 유형

우리나라에서는 법적으로 남녀 평등한 자유로운 이혼제도를 채택하고 있다. 즉, 협의상이혼의 경우, 당사자 쌍방의 협의, 가정법원의 확인, 신고만 있으면 이혼이 성립되고 특별한 원인의 존재를 필요로 하지 않는다(「민법」 제834~836조, 「호적법」 제79조). 그러나 일방 당사자의 의사로 강제로 이혼을 하기 위해서는 법정의 원인을 이유로 하여 재판상이혼을 통해 하며, 이때 조정(調停)이 선행한다(「가사소송법」 제2조 1항 및 제50조, 「민법」 제840~842조, 「호적법」 제81조). 「민법」 제840조에 재판상이혼의 원인으로 6개 조항(① 배우자의 부정한 행위가 있었을 때, ② 배우자가 악의로 다른 일방을 유기(遺棄)한 때, ③ 배우자 또는 그 직계존속으로부터 심히 부당한 대우를 받았을 때, ④ 자기의 직계존속이 배우자로부터 심히 부당한 대우를 받았을 때, ⑤ 배우자의 생사가 3년 이상 분명하지 않을 때, ⑥ 기타 혼인을 계속하기 어려운 중대한 사유가 있을 때)이 있다.

❷ 이혼 현황

이혼은 혼인을 전제로 하기 때문에 먼저 혼인율을 살펴보면, 2018년의 혼인건수는 25만 7,600건으로 전년 대비 2.6%p 감소하였다. [그림 11-1]에 1970년부터 2017년까지 혼인의 건수와 인구당 혼인비율을 볼 수 있는데, 혼인율은 1996년에 정점을 찍은 뒤 계속 감소하고 있다. 인구 1,000명당 혼인건수로 나타내는 조혼인율도 계속 낮아지고 있다.

[그림 11-2]에 1970년부터 2018년까지 이혼건수와 조이혼율을 보면, 우리나라의 2018년도 이혼건수는 10만 8,700건으로 전년 대비 2.5%p 증가했고, 조이혼율은 2.1건으로 전년도와 유사하다.

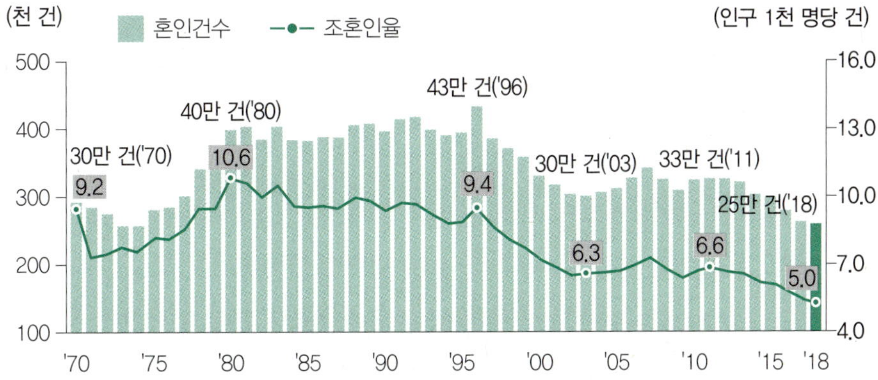

[그림 11-1] 혼인건수 및 조혼인율 추이(1970~2018)

출처: 통계청, KOSIS(국가통계포털).

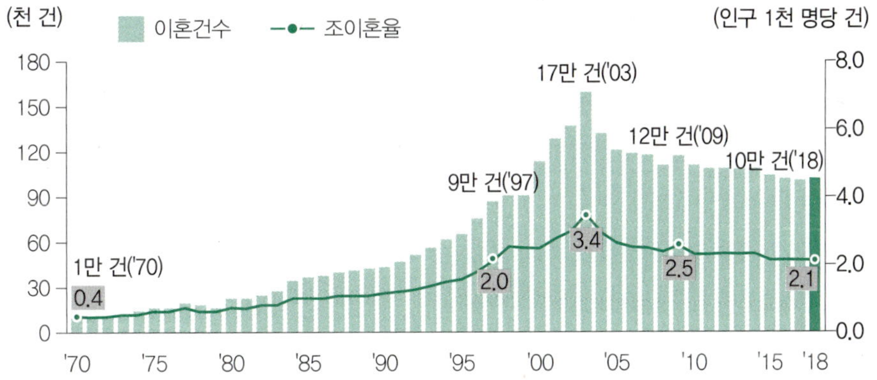

[그림 11-2] 이혼건수 및 조이혼율 추이(1970~2018)

출처: 통계청, KOSIS(국가통계포털).

❸ 이혼 증가의 원인

여러 가지 사회적 · 개인적 요인으로 이혼율이 크게 증가하고 있다. 이혼이 증가하는 원인으로는 먼저 가족형태와 가족가치관의 변화를 들 수 있다. 과거의 부계 직계가족이라는 가문중심적 가족관계에서는 친자관계, 특히 부자관계가 가장 중요했다. 그러나 현대의 핵가족 및 다양한 가족유형에서는 부부관계가 가장 중요시되며, 가족이나 자녀에 대한 책임감보다는 개인의 행복이 더욱 중요한 가치가 되었다. 가족가치관도 변화하여 결혼은 두 사람의 애정에 기초한 합의된 관계로 인식되며, 당사자가 행복한 결혼이 아니라고 생각되면 언제라도 관계를 끊을 수 있다는 생각을 한다. 무자녀 가족이나 자녀를 한두 명밖에 낳지 않는 것도 이혼율을 증가시키는 중요한 원인이 된다. 둘째, 사회적 인식의 변화도 이혼 증가의 원인이다. 우리 사회는 이혼에 대한 부정적인 인식이 크게 감소하였으나 아직까지 부정적으로 생각하는 경향은 남아 있다. 법적으로 배우자에게 중대한 사유나 결점이 없어도 이혼을 허용하는 「민법」 제840조의 6항은 무결점 이혼법(no-fault divorce laws)에 해당되고 사회적인 이혼억제기능에 한계가 있음을 인정한 예이다. 셋째, 여성의 지위향상과 의식의 변화도 이혼 증가의 원인이다. 여성이 남편에게 경제적으로 의존하던 상황과는 달리 경제력을 확보한 여성의 경우 불합리하거나 불평등하다고 생각하는 결혼생활을 참고 살기보다는 이혼을 제기하는 가능성이 커졌다. 넷째, 법제상의 변화도 이혼 증가의 원인이다. 과거에는 제한적이고 여성에게 전적으로 불리하게 적용되었던 가족법이 여러 차례의 법 개정을 통해 개방적이고 평등한 방향으로 변화하였다. 이혼 시에 재산분할청구권을 신설하여 여성의 가사노동 가치를 인정하고 있고, 면접교섭권의 신설, 자녀양육권의 선택 및 조정의 가능성 등 과거에 문제시되었던 이혼과 관련된 불평등한 법 조항들이 개정됨에 따라 과거에 비해 이혼에 따른 여러 가지 장애요소가 줄어든 점이 이혼율 증가의 한 가지 요인으로 작용한다.

(2) 이혼의 특성

❶ 이혼의 다양한 측면

보한난(Bohannan, 1970)은 이혼은 여섯 가지 측면의 복합적인 양상이 드러나고 단기적 · 장기적으로 일어나는 과정을 포함한다고 하였으며, 정서적 이혼, 법적 이혼, 경제적 이혼, 공동양육자 이혼, 사회적 이혼, 심리적 이혼으로 구분하여 설명하였다(표 11-1).

〈표 11-1〉 이혼의 양상과 과정

구분	내용
정서적 이혼	• 결혼관계를 약화시키는 정서적인 문제에 초점을 맞춘 것으로, 결혼 초기에 협조적이고 긍정적이던 부부관계가 상대의 단점이나 약점에 주목하게 되면서 나타나는 이혼의 모습 • 짧게는 몇 개월 또는 수년에 걸쳐서 일어나기도 함 • 배우자로부터 거부당하는 이러한 정서적 좌절은 사별보다 더 큰 충격을 줄 수 있음 • 새로운 생활로 완전히 적응한 이후에 정서적 이혼 극복 가능
법적 이혼	• 결혼관계를 공식적 · 형식적으로 끝내기 위한 과정 • 협의이혼이나 재판이혼 절차 및 문서 • 재판상이혼은 극단적인 대결이나 갈등을 겪기도 함 • 적대적 부부관계로 끝나는 것을 막기 위한 대안으로 이혼무책주의(no-fault divorce)가 등장함 • 무책주의는 누가 잘못했는지 따지지 않고 '혼인을 계속하기 어려운 중대한 사유'를 인정하는 것으로, 「민법」 제840조 6항을 통해 우리나라의 경우도 일부 무책주의를 채택하고 있음
경제적 이혼	• 이혼에 따른 재산분할, 법적 비용 부담, 위자료 및 양육비 등 재판경제적인 사항에 관련된 것을 정리하는 과정 • 경제적 생활이 중요한 만큼 갈등의 소지가 매우 큼 • 이혼 후 자녀양육비의 문제도 결정해야 함
공동 양육자로의 이혼	• 일반적으로 이혼에 있어 가장 고통스럽고 어려운 과정임 • 단순하게 누가 주 양육자이고, 친권자가 되느냐를 결정하는 것뿐만 아니라 이혼 후에도 어떻게 면접교섭을 할지의 문제가 있기 때문에 단기적으로 완결되는 과정이 아님 • 이혼 후 면접교섭과 자녀양육비 지급 등으로 비양육부 · 모와 자녀의 지속적 접촉이 생길 수 있음 • 이혼 후 비양육부 · 모와의 만남이 물리적 상호작용이 가능하다는 점에서는 긍정적이지만 자녀가 부모 사이를 왕래하며 적응해야 하는 부담이 생길 수 있음
사회적 이혼	• 이혼을 하게 되면 공동의 사회적 관계에서 각자의 사회적 관계로 이동하게 됨 • 주거, 이웃, 친구 등 새로운 사회적 관계로의 적응이 필요하며, 자녀에게는 매우 큰 부담이 되기도 함
심리적 이혼	• 부부는 심리적으로 서로에게 의존하나 이혼은 의존적 관계에 대한 종말을 의미함 • 독자적인 삶으로 변화해야 하고, 배우자 없이 일상의 일을 해야 함 • 심리적 이혼은 매우 큰 적응의 노력이 요구되며, 이로 인해 이혼 전후 심리상담이 필요함

출처: Bohannan(1970) 재구성.

❷ 이혼의 심리적 단계

이혼은 생애의 어느 사건보다도 충격적인 경험으로서, 단기적 · 장기적인 적응 과정이 필요하다. 애트우드와 제노비스(Atwood & Genovese, 2006)는 이혼 후 일반적으로 4단계를 거치면서 심리적 적응을 하게 된다고 하였다(표 11-2).

〈표 11-2〉 이혼 후 적응 단계

단계	내용
1단계 : 부정	• 부부 별거에 따른 충격으로 많은 이혼 당사자들은 긴 터널을 빠져나온 느낌, 멍한 기분, 공황, 섭식장애, 수면장애 등 신체적 · 심리적 어려움 호소 • 자신을 압도하는 스트레스로부터 벗어나기 위하여 위 느낌을 부정하거나 부인하는 단계
2단계 : 갈등	• 1단계의 충격이 지난 후 심한 감정적 상태가 되어 안정감과 불안감이 수시로 반복되어 갈등적 단계가 나타남 • 한동안은 자신의 새로운 생활에 안도하다가도, 자신의 과거를 반추하면서 죄의식과 분노, 후회가 몰려오기도 하여 감정상태를 예측하기 어려움 • 자신의 인간관계를 재정립하는 계기가 되기도 하며, 억눌린 감정을 해소하는 기회가 되기도 함 • 심한 외로움, 상실감, 고독을 느끼며, 우울감이 높아짐
3단계 : 병존	• 개인 정체성에 대한 변화가 오게 되는데, 이혼 과정 중 심리적으로 가장 어려운 단계 • 결혼으로 남편/아내라는 역할 정체감을 발달시켰는데, 이혼 후 이러한 역할 정체감에 혼란을 겪고 방황하게 됨 • 청소년기 발달과정의 정체감 혼미라는 과정을 재경험하는 것과 유사 • 타인이 자신을 보는 관점에 매우 민감해지고, 새로운 옷이나 자동차, 새로운 데이트 관계를 모색하기도 함
4단계 : 수용	• 자신의 상황에 대한 수용의 단계 • 더 이상 과거에 머무르지 않고 새로운 생활양식에 적응하게 되고, 새로운 인간관계도 형성됨 • 이때까지도 이혼 후 생활 적응에 어려움을 겪는다면 전문적인 도움이 필요함

출처: Atwood & Genovese(2006) 재구성.

❸ 이혼가족의 특성

이혼자를 심층 면접한 연구(옥선화 · 남영주, 2006)에는 이혼을 긍정적이기보다는 부정적으로 인식하였다. 이혼 사실이 알려지는 것이 싫어 종교모임이나 단체 모임에 나가는 것을 꺼리므로 사회관계망이 축소되는 경향이 있었다. 사회관계망 축소는 이혼 당사자뿐만 아니라 이혼자의 부모와 형제자매 관계에까지 영향을 미쳤다. 이혼 전 · 후에 가족이 겪게 되는 정서적 과정과 발달적 쟁점은 〈표 11-3〉과 같다.

〈표 11-3〉 이혼 전후 가족의 정서적 과정과 발달적 쟁점

구분		정서적 과정	발달적 쟁점
이혼 전 (pre-divorce)	이혼 결심	• 결혼관계 유지를 위한 문제해결능력 부족 인정	• 결혼실패에 각자가 책임이 있음을 수용
	이혼절차 계획	• 시댁 및 처가 가족체계에 이혼 관련 대화와 대처	• 자녀양육, 면접 및 양육비와 같은 문제 의논 • 확대가족과 이혼 후 대안 협의
	별거	• 자녀에 대한 공동 부모역할과 재정 부담 의견 • 배우자에 대한 애착을 없애기 위한 작업	• 정상가족 상실에 대한 애도 • 부부관계, 부모-자녀관계 및 재정문제 재구조화, 별거 생활 적응 • 확대가족 관계 재정비 • 배우자의 확대가족 관계 유지
	이혼	• 상처, 분노, 죄책감 등 부정적 정서 극복 노력	• 정상가족 상실에 대한 애도: 재결합 환상 포기 • 결혼에 대한 희망, 꿈, 기대 회복 • 확대가족과 지속적 관계 유지
이혼 후 (post-divorce)	한부모가족 (양육 부모)	• 재정적 책임 부담, 전 배우자와 공동양육 유지	• 전 배우자 및 그의 가족이 방문할 수 있도록 방문시간 융통적 조절 • 자신의 경제적 기반 재정립 • 자신의 사회적 관계망 재정립
	한부모가족 (비양육자)	• 자녀 면접교섭 기회 마련 및 양육부모-자녀관계 지지	• 효율적 부모관계를 지속하는 방법 찾기 • 전 배우자와 자녀에 대한 재정적 책임 유지 • 자신의 사회적 관계망 재정립

출처: Carter & McGoldrick(2000) 재구성.

2) 이혼가족에 대한 개입

(1) 법률적 개입

이혼이 많아지고 특히 협의이혼 비율이 증가하면서 우리나라에서도 충분하게 고려하지 않은 충동적 이혼에 대한 제도적 제동 장치가 필요하다는 의견이 있었고, 이로 인해 이혼숙려제가 도입되었다. 이혼숙려제는 경솔한 이혼을 방지하고 이혼결정에 대해 다시 한번 생각할 기회를 주기 위한 것이다. 가정폭력 등 급박한 사유가 있는 경우를 제외하고 협의이혼 의사확인 신청을 한 때로부터 일주일(일종의 숙려기간) 후에 협의이혼 의사확인 기일을 지정하였다. 다만, 법원에서 제공하는 상담을 받은 경우에는 당일이나 그다음 날 협의이혼의사 확인을 받을 수 있었다. 그러나 2007년 12월 21일자 「민법」 개정(2008년 1월 1일부터 시행)으로 이혼숙려제가 강화되었다. 즉, 협의이혼 당사자는 일정 기간(양육하여야 할 자녀가 있는 경우는 3개월, 양육하여야 할 자녀가 없는 경우는 1개월)이 경과한 후 가정법원으로부터 이혼의사 확인을 받아야만 이혼이 가능하도록 강화되었다.

또한, 당사자 사이에 자녀 양육사항 및 친권자 지정에 관한 합의 없이도 협의이혼이 가능함에 따라 자녀의 양육환경이 침해되는 문제가 있었다. 이 역시 「민법」이 개정되어 협의이혼을 하고자 하는 부부에게 양육자의 결정, 양육비용의 부담, 면접교섭권의 행사 여부 및 그 방법 등이 기재된 양육사항과 친권자 결정에 관한 협의서 또는 가정법원의 심판정본을 이혼 확인 시 의무적으로 제출하도록 하였다. 부모에게만 면접교섭의 권리를 인정하기 때문에 자녀는 면접교섭권의 객체로만 인식되는 문제가 있었으나 「민법」 개정으로 자녀에게도 면접교섭권을 인정하게 되었다. 그리고 「민법」 개정으로 부부의 일방이 상대방 배우자의 재산분할청구권 행사를 해함을 알고 사해행위를 한 때에는 상대방 배우자가 그 취소 및 원상회복을 법원에 청구할 수 있도록 법률적인 지원이 강화되었다.

(2) 사회적 개입

이혼은 이혼 당사자에게 힘들고 어려운 것과 마찬가지로 사회적으로도 매우 중요한 문제이므로 예방이 필요하다. 이혼에 대한 예방은 가족의 불안정성 개선과 가족 건강성을 위한 가족생활교육이나 상담 등 시스템 강화에 의해 가능하다. 이혼예방뿐만 아니라 이혼 이후의 적응에 있어서도 가족의 잠재적 자원을 극대화시킬 수 있는 가족생활교육이나 상담 프로그램은 효과적인 대안이 될 수 있다.

브레이버 외(Braver et al., 1996)의 분석에 의하면, 미국의 이혼교육 프로그램에는 주로 자녀양육기술, 갈등관리기술, 비양육부모의 책임, 부모의 이혼이 자녀에게 미치는 영향, 부모역할 계획 수립, 지역사회자원 소개, 분쟁해결방법, 양육권 문제 등이 포함되어 있다. 우리나라의 경우에는 이혼상담자의 개입이 미국과 같이 공식화되지 않은 만큼, 구체적인 법적 · 현실적인 문제에 대한 것보다는 이혼의 심리적인 영향과 극복전략 혹은 자녀양육 관련 기술에 대한 프로그램이 많다.

그러므로 우리나라 현상에 맞는 체계적인 프로그램이 개발 · 운영되어 실제적인 이혼 전 · 후 가족을 지원하는 대안이 필요하다. 위기상태의 부부 혹은 갈등을 겪고 있는 부부를 대상으로 좀 더 적극적이고 치료적인 부부교육이나 상담 프로그램을 실시하는 것도 대안이 될 수 있다. 이혼했을 때 자신과 자녀의 생활변화, 가족관계 변화, 생활양식 변화 등에 대하여 통찰할 수 있도록 교육과 상담을 실시해야 한다.

이혼 과정이 진행되면서 대부분의 사람들이 심리적 손상 이외에 물리적 · 관계적 측면의 갈등과 부적응 문제를 겪게 된다. 이혼 전후의 상담에서는 현실적 문제를 주로 다루면서 원만한 이혼을 지원하기 위해 중재적 상담과 가족구성원들에 대한 심리적 상담 두 가지를 병행해서 진행해야 한다. 먼저 중재적 상담은 이혼을 결심한 부부를 대상으로 부부관계 회복을 위한 화해, 만족스러운 이혼을 위한 조정 및 중재, 부부 당사자의 판단을 돕기 위해 이혼 관련 법률상담의 기회를 제공하는 것 등을 포함한다. 이혼을 결심한 부부라 할지라도 신중을 기하여 재고하되, 그래도 이혼을 해야 할 때는 이혼 당사자와 자녀 모두가 상처를 덜 받고 상호 협조적인 이혼협상이 이루어져야 하며, 이 과정에서 중재적 상담이 필요하다. 화해, 조정, 중재가 성립되지 않을 때는 재판상이혼을 하도록 한다.

또한, 애트우드와 제노비스(Atwood & Genovese, 2006)는 이혼 전후 심리적 상담을 위해 인지행동적 개입방법으로 상담지원 영역을 제시하였다.

- 부모역할 변화에 따른 적응과 참여 강화
- 상실감 등 부모와 자녀의 심리적 손상 회복
- 확대가족과의 관계 지원
- 모자가족의 모 자립 지원
- 한부모가족으로서의 정체성 확립 지원
- 사회적 관계망 획득 지원
- 전 배우자와의 합리적 관계 설정 지원
- 가족의 잠재력과 자원 발굴 지원

이혼가족을 만나는 상담자는 이혼 당사자뿐만 아니라 자녀의 상처를 최소화하기 위해 노력해야 한다. 자녀에게는 부모의 이혼이 그 자체만으로 충격이 되는데 갑작스럽게 이혼을 받아들여야 할 때는 마음의 준비가 안 되어 더욱 충격적이다. 자녀가 이해할 수 있고 마음의 준비를 하여 자녀 스스로도 나름대로 대처할 수 있는 기회를 주어야 한다. 그리고 부모 자신이 평정상태가 아니라 할지라도 희생당하고 있는 자녀에게 세심한 주의를 기울여 자녀에게 이성적인 대안을 제시해 주어야 한다.

(3) 이혼가족 복지 서비스

아직까지 이혼에 대한 사회적 시각이 부정적이고 이혼은 당사자의 책임이라는 의식이 일반적이다. 저소득 한부모가정 등과 같은 단순히 가족의 경제적 수준 등에 기초한 복지 서비스만 제한적으로 이루어지고 있는 실정이다. 일반 이혼가족에 대해서는 공공 시스템에서의 사회복지서비스가 별도로 이루어지지 않고 일부

민간 차원에서의 교육 프로그램 혹은 개인 차원의 심리상담만 있다. 이혼가족의 증가는 사회적 불안정 요인을 증가시키는 만큼 사회적 책임을 가지고 다양한 직접적 서비스가 제도화될 필요가 있다.

이혼 후의 남녀는 일시적 · 계속적인 한부모가족이 되므로 한부모가족을 위한 복지와 중복될 수도 있다. 그러므로 이혼을 결혼생활 해소 후 또 다른 관계 양상으로 변화하는 과정에 있다는 인식하에 대처할 필요가 있다. 이혼의 특성에 기초한 가족복지사업이 필요하며, 이혼 후의 문제와 적응에 영향을 미치는 요인들이 고려된 구체적인 대책이 필요하다. 첫째, 정부 차원에서 경제적 · 일상적 지원제도를 마련한다. 저소득층 한부모가정뿐만 아니라 일반가정에도 이혼 후의 생활조건의 변화가 매우 많고, 대부분의 모자가정은 경제적인 수준 하락을 경험한다. 따라서 복지 대상 가정의 확대가 가장 바람직하고, 부 또는 모의 야간취업으로 자녀를 돌볼 수 없는 가족을 위한 자녀양육 및 지도 지원사업, 부자가족에 대한 찾아가는 가사지원서비스, 조세감면혜택 등도 좀 더 활성화될 필요가 있다. 둘째, 이혼가족의 잠재력 확보를 위한 사업이 필요하다. 이혼가족 특성을 잘 이해하여 복지정책 및 서비스에 활용하여야 한다. 취업 활성화는 복지서비스의 출발이라는 점에서 매우 중요하다. 저소득층뿐만 아니라 일반 이혼가족의 경우에도 취업, 재취업, 재교육 등의 유예기간 동안 경제적 지원이 필요하다. 셋째, 사회단체 차원에서 심리적 지지 프로그램을 실시한다. 다양한 프로그램을 열어 놓고 이혼한 사람들이 자신의 형편에 따라 선택하여 지원받을 수 있도록 그 기회를 제공하여야 한다.

더불어 이혼가정 자녀를 위한 대책도 필요하다. 첫째, 학교 교육과정이나 사회정보 매체에서 이혼에 대해 부정적인 경우가 많다. 따라서 정규 교육과정에서도 다양한 가족형태, 가족생활의 다양성, 가족문제 등에 대해 설명되어야 하며, 민간단체의 사회교육과정에도 적용되어야 한다. 또한, 대중매체의 시각도 바뀌어서 이혼가족 자녀의 심리적인 적응을 도와주어야 한다. 둘째, 이혼가족 자녀를 위한 전문 프로그램이 개발 · 실시되어야 한다. 교육 및 상담 이외에 자녀 대상의 다양한 활동, 정보, 프로그램이 개발되고 온라인 · 오프라인상으로 활발하게 참여할 수 있어야 한다. 셋째, 모자가정의 경우 비양육친으로부터 양육비를 안정적으로 받지 못하는 경우 현실적인 어려움에 부딪치거나 자녀양육 환경이 열악해질 수 있다. 그러므로 아동양육은 국가에도 어느 정도 책임이 있기에 국가가 양육비 청구에 대한 책임을 지고 대리하는 체제 정립이 필요하다.

2. 재혼과 가족복지

1) 재혼에 따른 문제

(1) 재혼의 실태

❶ 재혼의 개념

재혼은 사별 혹은 이혼 등의 사유로 인하여 혼인관계가 해소되고 홀로 된 사람이 다시 혼인관계를 맺는 것을 의미한다. 재혼가족은 자녀의 유무와 관련 없이 부부 일방 혹은 양방이 재혼인 경우 이루어지는 가족형태를 일컫는다. 이때 부부 일방 혹은 양방이 전혼관계에서 낳은 자녀를 동반했을 때 상대방과 이 자녀와의 관계를 기준으로 '계부모가족' 혹은 '의붓가족' 등으로 칭하기도 한다.

미국에서는 이혼 후 약 90%의 어머니가 자녀의 양육권을 가지게 됨에 따라, 계부와 친모, 그리고 의붓자녀로 구성된 재혼가족이 많은 비중을 차지하여 왔다(Pasley & Ihinger-Tallman, 1988). 즉, 재혼가족에서의 전혼자녀의 존재와 관련된 양육권의 형태와 동거 여부를 살펴볼 때, 미국의 경우는 자녀양육권이 주로 여성에게 있으므로 계부가족이 82%에 이르렀다(Glick, 1989).

❷ 재혼 현황

우리나라의 경우 최근 들어 전체 혼인에서 재혼이 차지하는 비율이 점차 증가하고 있다. 총 혼인에서 재혼이 차지하는 비율이 1990년에는 10.7%, 2000년에는 18%, 2016년에는 45%로 높은 재혼율을 보이고 있다. 이혼 후 재혼의 비율은 93%

에 달한다(통계청, 2016).

재혼을 선택하게 하는 변수는 연령과 자녀 유무, 소득, 학력 등인 것으로 알려지고 있다. 미국에서는 이혼한 사람 중 70% 가까이가 결국에는 다시 재혼을 하여, 미국 결혼 중 1/3은 재혼인 것으로 알려져 있다. 40세 이전에 이혼자의 90%는 재혼하게 되는데, 연령이 적을수록 재혼율이 높으며, 40세 이후의 이혼여성 재혼율이 낮게 나타나고 있다. 이혼과 재혼 사이 시간은 3년 미만인 것으로 알려져 있으며(Stinett et al., 1984), 25세 이전에 이혼한 여성 중 자녀가 없는 여성은 자녀가 있는 여성보다 재혼율이 높으나, 35세 이상 여성 중에는 자녀 없는 여성의 재혼율이 자녀가 있는 여성보다 낮게 나타나고 있다.

소득의 경우 남성은 소득이 높을수록 재혼율이 높은 반면, 여성은 반대의 경향이 나타나고 있고 학력의 경우도 마찬가지이다. 특히, 자녀가 있는 약간 나이 든 여성의 경우 경제적 안정성을 확보하려는 욕구에 의해 재혼을 결정하는 경향이 높다(Glick, 1980).

재혼 증가와 더불어 재이혼 문제도 심각하게 드러났다. 재혼 이혼율에 대한 정확한 통계는 없지만 재혼부부의 이혼 관련 상담 비율이 매년 증가하고 있음(김효순, 2016)을 통해 이혼위기를 겪는 재혼가족이 있을 수 있음을 짐작해 본다.

(2) 재혼의 특성

❶ 재혼의 다양한 측면

재혼을 고려하는 사람은 비슷한 결혼지위를 가진 사람을 선호하는 경향이 있다. 이혼한 사람은 이혼한 사람과 재혼하고자 하고, 사별로 전혼 경험을 한 사람은 사별을 경험한 사람과 재혼하고자 하는 것이다. 재혼 배우자 양측의 전혼에서의 상황과 조건 등 경험이 다양하게 개입하기 때문에 재혼은 매우 복잡하다. 복잡한 변수들이 등장하는 만큼 재혼 적응 과정은 다양한 측면이 있다(Goetting, 1982). 고에띵은 재혼에 대해 정서적 재혼, 심리적 재혼, 사회적 재혼, 부모역할자로서의 재혼, 경제적 재혼, 법적 재혼으로 구분하여 설명하였다.

이혼 · 사별을 경험한 사람이 재혼을 통해 다른 사람과 또다시 사랑, 헌신 혹은 신뢰 관계를 만들어 나가는 것은 매우 느리고 때로는 고통스러운 과정이다. 이들은 인간관계에 대한 상처를 가지고 있고 실패에 대한 두려움이 있다. 그렇기 때문에 새로운 결혼관계 수립에 어려움을 느끼게 된다. 이러한 정서적 문제를 극복하고 재혼에 정착하게 되는 과정이 '정서적 재혼'이다.

재혼자는 이혼 · 사별 후 얻은 자율성과 자유를 다시 포기해야 한다는 점에서 심리적 적응이 필요하다. 또 다른 동반자 의식이 형성되어 가는 과정이 '심리적 재혼'이다.

재혼자는 남편 · 아내로서의 사회적 책임을 다시 시작한다. 친구관계도 변해서 이혼 · 사별로 홀로 된 시절의 친구들과는 멀어지게 되고 다시 부부 친구들과 사회관계망에 정착하게 된다. 이것은 '사회적 재혼'이다.

계부모 · 친부모 역할이 재혼에서 가장 어려운 부분이다. 배우자의 자녀는 이전 결혼에서부터 지속되어 온 관계이기 때문에 가끔 계부모를 침입자로 간주하기도 한다. 결혼관계와 부모관계가 동시에 시작되므로 부부결속이 방해받기도 한다. 친부모와 부모역할을 협의해야 하는 복잡한 상황을 잘 대처해야 재혼에 따른 혼란과 후회, 좌절감을 극복할 수 있다. 이것은 '부모역할자로서의 재혼'이다.

재혼으로 한 가족이 되는 것은 공동의 경제 관리를 의미한다. 재혼자는 새로운 공동 경제체계에 적응하여야 한다. 재혼가족은 재혼 이후의 경제적 소비수준 등을 예측하기 어렵기 때문에 재혼 전에 각자의 재정적 상황에 대해 구체적으로 계획을 세워 새로운 가정경제 시스템을 만들어 간다. 이것은 '경제적 재혼'이다.

재혼 이후에도 자녀공동양육, 양육비 부담 등 이전 결혼관계에서 이어지는 법적 의무가 있다. 이에 대해 명확한 경계 설정과 비용 부담을 위한 대책이 필요하다. 예를 들어, 이전 결혼 관계에서 이어진 연금이나 보험 처리방법, 확대가족과 관련한 경조사 비용과 책임을 규정으로 분명히 하여야 한다. 이것을 '법적 재혼'이라고 한다.

❷ 재혼가족의 문제

재혼가족은 기본적으로 가족의 구성과 유형이 복잡하다는 구조적 특성으로 인해 고유한 문제를 안고 있다. 이러한 문제 가운데 일반적으로 계부모가 경험하는 문제와 자녀가 경험하는 문제가 있다(Coleman, 1988).

계부모가 부모역할을 수행하는 것은 매우 어렵다. 첫째, 계부모로서 계자녀를 사랑하기도 힘들지만, 계자녀 또한 계부모를 사랑하지 않을 수도 있다는 사실을 깨닫고 이에 적응해야만 한다. 둘째, 계자녀로 인해 부부간에 불필요한 갈등과 긴장이 생길 수 있다. 종종 계자녀는 계부모에게 부정적이며 때로는 재혼생활을 방해하기도 한다. 셋째, 계부모인 자신이 계자녀의 훈육에 개입함으로써 원치 않은 경우 분노나 소외감을 느끼기도 한다. 넷째, 계부모로서 자신이 새 배우자의 인생에서 가장 중요한 사람이라고 느끼기 어려울 때가 있다. 다섯째, 경제적 형편상 자신의 욕구보다 계자녀의 욕구 해결이 우선시 될 때 분노의 감정이 생길 수도 있다.

계부모를 맞이하는 자녀 입장에서도 현실적인 문제가 많다. 첫째, 자신의 친부모를 계부모와 공유해야 하는 문제에 직면해야 한다. 둘째, 새로 형성된 가족도 이혼·사별로 끝날지 모른다는 두려움에서 새 가족구성원과 애착을 형성하는 것을 두려워하는 자녀도 있다. 셋째, 이전의 양육방식과는 다른 양육방식에 적응해야 하며, 계부모의 훈육과 간섭을 받아야 하는 것에 대하여 분노의 감정을 느낄 수도 있다. 다섯째, 이혼 후 재혼한 경우에 이혼 부모들의 재결합에 대한 꿈을 포기하기 어렵기 때문에 이로 인해 계부모에게 적대감을 갖기도 한다.

❸ 재혼가족의 적응에 미치는 영향

재혼가족의 부적응에 영향을 미치는 요인으로는 빈약한 부부관계, 지나치게 강하게 유대가 형성된 부모-자녀관계, 전혼가족으로부터의 잠재적인 방해 등이 있다. 특히, 우리나라는 계모가족이 대부분을 차지하고 있어 계모와의 적응이 보다 중요한 문제로 부각된다. 계모의 적응에 대한 연구에서, 계모에 대한 사회적 낙인과 부정적 이미지, 모호하게 규정된 계모 역할, 전처 자녀의 양육과 관련된 문제에서 많은 스트레스를 받는다(임춘희 · 정옥분, 1997).

초혼가족과는 달리 계부모가족에서는 부모–자녀 간의 유대가 배우자 간의 유대보다 더 오래되었다는 특성을 가지고 있기 때문에 친밀한 부부관계 형성에 어려움이 있다. 더구나 계부모 가족에서 남편이나 아내가 전혼자녀와 친밀한 관계를 형성하고 있는 경우 친밀한 부부관계를 형성하기는 더욱 어렵다. 계자녀들은 계부모를 자신의 친부모에 대한 애정과 관심의 경쟁자로 보거나 배신감을 갖기도 하며, 그들과의 친밀한 관계형성을 거부한다.

재혼가족에서는 경계가 명확하지 않다. 경계는 가족원 상호 간이나 다른 집단으로부터 가족구성원을 구분해 주는 정체성이다. 경계의 애매성으로 인해 누가 어떤 역할과 책임을 수행해야 하는지 불분명하며, 자신에게 적합한 행동양식이 어떤 것인지도 불확실하다. 가족 내 계부모의 역할에 대한 일치된 의견도 없고, 가족구성원 상호 간의 역할에 대한 기대가 불분명하므로 끊임없이 역할혼란을 경험한다. 자신이 어느 정도까지 부모역할을 해야 하는가에 대한 명확한 한계가 없으며, 이러한 역할의 애매함으로 인해 가족응집성은 낮고, 빈약한 의사소통이 이루어지고, 서로 관심도가 약하다.

재혼가족에 대한 인식은 구체적인 사실에 근거하기보다는 왜곡된 고정관념에 의한 것이며, 바로 그러한 점이 재혼가족의 적응을 더욱 어렵게 만든다. 특히, 계모가족은 〈콩쥐팥쥐전〉, 〈장화홍련전〉, 〈심청전〉 등의 전래동화나 〈신데렐라〉, 〈백설공주〉, 〈헨젤과 그레텔〉 등의 서양 동화에서 냉정한 계모와 착하고 불쌍한 계자녀라는 이미지로 나타난다(임춘희, 1996). 이로 인해 계모 역할은 계부 역할보다 어려움이 많다. 계모에 대한 문화적인 편견은 계모가 계부보다 자녀양육에 보다 많은 시간을 할애하기 때문이다. 이러한 비현실적인 편견으로 인해 가족 단합이 어렵고, 계모는 부모역할에서 이중으로 어렵게 된다.

경제적인 문제는 재혼가족에서 주요 갈등 원인이다. 경제적 문제와 관련된 스트레스는 전혼 자녀 유무와 관련이 있다. 전혼 자녀가 있는 경우 서로 경제적 문제에 대해 의논하는 것을 명확하게 하지 않는 경우가 많다. 남성은 계자녀에 대해 전적으로 재정적 책임을 지는 것을 주저하고, 여성은 자신의 자녀가 재혼 남편에게 경제적 부담이 되는 것에 대해 염려한다.

전혼의 잔재도 재혼생활의 적응에 부정적인 영향을 미친다. 초혼에서의 경험은 재혼관계를 판단하는 기준이 되며, 재혼부부는 재혼생활을 초혼과 비교하여 만족이나 불만을 느낀다.

2) 재혼가족에 대한 개입

(1) 법적 혹은 제도적 측면의 개입

여성의 재혼에 대한 법적·제도적 제약이 사라졌지만, 여성은 여전히 재혼에 대한 사회적 제약의 영향을 받는다. 여성이 계부와 성이 다른 자녀를 동반했을 때 계부의 성을 따를 수 없기 때문에 자녀는 사회적 낙인을 받아왔다. 그러나 「민법」 제781조 6항의 성본 변경 조항으로 2008년부터 법원의 허가를 받아 성을 바꿀 수 있게 되어서 이러한 법적 문제가 일부 해소되었다.

또한, 지금까지의 협의이혼제도는 당사자 사이에 자녀 양육사항 및 친권자 지정에 관한 합의 없이도 이혼이 가능했었다. 이로 인해 제대로 양육비를 지불받거나 양육권자의 책임감 있는 보호를 받기 어려운 경우가 있었으나, 「민법」 개정으로 다소 보완되었다(「민법」 제837조 참조). 협의이혼을 하고자 하는 부부에게 양육자의 결정, 양육비용의 부담, 면접교섭권의 행사 여부 및 그 방법 등이 기재된 양육사항과 친권자 결정에 관한 협의서 또는 가정법원의 심판정본을 이혼 확인 시 의무적으로 제출하도록 하였다. 이혼에 관련된 이러한 법적 보완은 재혼 이후에 발생할 수 있는 전혼배우자와의 갈등을 줄여 주고 재혼가족의 아동 복리를 증진시켜 줄 수 있다. 또한, 「민법」 개정으로 자녀에게도 면접교섭권을 인정하게 됨으로써 자녀의 직접적인 의사 표시가 강화되었다.

제781조(자의 성과 본) ① 자는 부의 성과 본을 따른다. 다만, 부모가 혼인신고시 모의 성과 본을 따르기로 협의한 경우에는 모의 성과 본을 따른다.

② 부가 외국인인 경우에는 자는 모의 성과 본을 따를 수 있다.

③ 부를 알 수 없는 자는 모의 성과 본을 따른다.

④ 부모를 알 수 없는 자는 법원의 허가를 받아 성과 본을 창설한다. 다만, 성과 본을 창설한 후 부 또는 모를 알게 된 때에는 부 또는 모의 성과 본을 따를 수 있다.

⑤ 혼인 외의 출생자가 인지된 경우 자는 부모의 협의에 따라 종전의 성과 본을 계속 사용할 수 있다. 다만, 부모가 협의할 수 없거나 협의가 이루어지지 아니한 경우에는 자는 법원의 허가를 받아 종전의 성과 본을 계속 사용할 수 있다.

⑥ 자의 복리를 위하여 자의 성과 본을 변경할 필요가 있을 때에는 부, 모 또는 자의 청구에 의하여 법원의 허가를 받아 이를 변경할 수 있다. 다만, 자가 미성년자이고 법정대리인이 청구할 수 없는 경우에는 제777조의 규정에 따른 친족 또는 검사가 청구할 수 있다.

제837조(이혼과 자의 양육책임) ① 당사자는 그 자의 양육에 관한 사항을 협의에 의하여 정한다.

② 제1항의 협의는 다음의 사항을 포함하여야 한다.

1. 양육자의 결정 2. 양육비용의 부담 3. 면접교섭권의 행사 여부 및 그 방법

③ 제1항에 따른 협의가 자(子)의 복리에 반하는 경우에는 가정법원은 보정을 명하거나 직권으로 그 자(子)의 의사(意思)·연령과 부모의 재산상황, 그 밖의 사정을 참작하여 양육에 필요한 사항을 정한다.

④ 양육에 관한 사항의 협의가 이루어지지 아니하거나 협의할 수 없는 때에는 가정법원은 직권으로 또는 당사자의 청구에 따라 이에 관하여 결정한다. 이 경우 가정법원은 제3항의 사정을 참작하여야 한다.

⑤ 가정법원은 자(子)의 복리를 위하여 필요하다고 인정하는 경우에는 부·모·자(子) 및 검사의 청구 또는 직권으로 자(子)의 양육에 관한 사항을 변경하거나 다른 적당한 처분을 할 수 있다.

⑥ 제3항부터 제5항까지의 규정은 양육에 관한 사항 외에는 부모의 권리의무에 변경을 가져오지 아니한다.

제837조의2(면접교섭권) ① 자(子)를 직접 양육하지 아니하는 부모의 일방과 자(子)는 상호 면접교섭할 수 있는 권리를 가진다.

② 자(子)를 직접 양육하지 아니하는 부모 일방의 직계존속은 그 부모 일방이 사망하였거나 질병, 외국거주, 그 밖에 불가피한 사정으로 자(子)를 면접교섭할 수 없는 경우 가정법원에 자(子)와의 면접교섭을 청구할 수 있다. 이 경우 가정법원은 자(子)의 의사(意思), 면접교섭을 청구한 사람과 자(子)의 관계, 청구의 동기, 그 밖의 사정을 참작하여야 한다.

③ 가정법원은 자의 복리를 위하여 필요한 때에는 당사자의 청구 또는 직권에 의하여 면접교섭을 제한·배제·변경할 수 있다.

(2) 사회적 측면의 개입

재혼가족 문제의 큰 이유는 재혼가족의 장애와 어려움이 예측됨에도 불구하고 재혼가족 내의 지위나 역할에 대한 준비와 계획이 부족했기 때문이므로, 미리 준비한다면 재혼가족이 당면하는 문제는 예방 가능하다(Ganong & Coleman, 1994).

첫째, 재혼가족을 위한 가족생활교육이 필요하다. 재혼생활을 시작하려는 사람을 대상으로 재혼준비를 위한 예비재혼교육, 재혼 초기 가족 대상의 가족생활교육이 필요하다(임춘희, 1996). 재혼으로 인한 새로운 가족관계 적응을 위한 재혼교육 프로그램은 재혼 예정자에게는 예방적 기능을 하고, 초기 재혼자에게는 실질적인 해결책을 제공하는 지침서의 역할을 할 수 있다.

재혼가족은 전통적인 혈연중심의 가족과는 다른 새로운 가족형태이다. 그러므로 재혼에 대해 긍정적으로 수용할 수 있도록 교육해야 하며, 재혼가족의 가족원이 변화된 역할에 적응할 수 있도록 프로그램이 제공되어야 한다(김영화 외, 2002). 구체적으로는 재혼 특성, 건강한 재혼부부관계 형성, 새로운 부모-자녀관계 형성, 재혼으로 인한 문제나 갈등해결 등이 포함되어야 한다.

둘째, 재혼가족을 위한 상담이 필요하다. 재혼가족에 대한 상담은 재혼의 예비단계와 재혼 이후 단계가 일관된 형태로 연속되어 진행되어야 한다. 재혼을 선택하는 사람은 크든 작든 전혼관계 실패에 대한 경험자이거나 사별로 인한 상처를 갖고 있기 때문에 새로운 관계를 시작하기 전에 전혼관계에서 발생한 정신적 상처를 치유할 필요가 있다.

재혼의 예비단계 상담은 재혼하고자 하는 분명한 의도에 대한 개인의 확신을 도와주고 올바른 판단을 할 수 있도록 안정감을 주는 과정으로 이루어진다. 이러한 과정에서 전혼관계의 문제점이 분석되고 문제가 반복되지 않도록 제반 조건을 검토해 주어야 한다. 그리고 재혼 이후의 상담은 일반적인 부부상담과 마찬가지로 부부의 적응과 발전적인 관계 수립에 초점을 맞추어 진행되지만, 재혼이라는 특수상황에 대한 이해나 재혼적응의 장애요인에 대한 고려가 이루어져야 한다.

셋째, 다양한 복지서비스 개입이 필요하다. 재혼가족은 경제적 문제의 해결방편으로 결혼하는 경우 등 현실적인 고려요인이 다수 개입하는 만큼, 부부의 욕구를 복지서비스로 연결시켜 주는 노력이 필요하다. 그러한 의미에서 재혼가족의 실태조사를 통하여 보다 치밀한 정책구상이 이루어져야 한다. 이혼이 지속적으로 증가하는 만큼 재혼의 증가도 불가피하므로 일반가정에 대한 보편적인 복지정책으로부터 보다 특성화된 가족형태로의 정책이 더욱 활발히 모색되어야 한다.

최근 출산장려나 결혼의 불안정성 개선정책의 일환으로 주거지원 등 신혼자에 대한 지원이 일부 시작되고 있는바, 재혼자의 경우에도 가족주기상으로는 신혼기를 보내게 되므로 가족정책이나 출산정책에 의한 동일한 혜택이 가능하도록 해야 할 것이다. 또한, 재혼 전후 부부가 교육이나 상담에 적극적으로 참여하도록 유도하는 것도 제도적으로 이루어져서 실효성 있는 정책을 개발 · 운영해야 한다.

초혼보다는 재혼에서의 이혼율이 더 높게 나타나고 있어, 이 경우 자녀가 받는 연속적인 상처는 심각한 손상을 가져올 수 있다. 청소년 자녀는 흔히 부모의 이혼보다 재혼을 더 받아들이기 힘들어하므로 근본적인 적응문제가 내재하기 쉬우며, 폐쇄적 의사소통 등 재혼가족이 건강하게 기능화되어 있지 않을 때 자녀의 문제행동이 생길 수 있다(최연실, 1995; Lamanna & Riedmann, 1991).

또한, 자녀의 안정적 생활과 성장 · 발달을 위해서는 가정의 안정화가 필수적이다. 그러므로, 정부 차원에서 재혼가족이 정착하고 적응할 수 있도록 관련 복지사업을 더욱 강화해야 한다. 예를 들어, 한부모가족에서 재혼가족으로 전환한 저소득가정이 일정 기간 동안 적응 기간을 가질 수 있도록 생활자립 지원기간을 연장해 주는 것이 필요하다.

생 · 각 · 해 · 보 · 기

- 이혼가족을 위한 복지로서 향후 보완 · 개선되어야 할 부분에 대해 생각해 봅시다.
- 재혼가족이 갖는 비현실적 기대(재혼가족 신화)에 대해 생각해 봅시다.
- 재혼가족을 위한 복지로서 향후 보완 · 개선되어야 할 부분에 대해 생각해 봅시다.

C·H·A·P·T·E·R 12

가정폭력 및 학대와 가족복지

학습목표

1. 가정폭력의 개념 및 유형을 통해 가정폭력을 전반적으로 이해한다.
2. 가정폭력의 이론 및 가정폭력의 실태 및 영향을 파악한다.
3. 가정폭력 예방을 위한 개입방안에 대해 학습한다.

1. 가정폭력의 개념 및 유형

가정폭력이란 가족구성원 사이의 신체적 · 정신적 또는 재산상 피해를 수반하는 행위를 말한다. 「가정폭력범죄의 처벌 등에 관한 특례법」에 의하면 가족구성원이란 혼인관계에 있는 배우자 또는 배우자 관계에 있던 자, 자기 또는 배우자의 직계존비속 관계(사실상 양친자 관계를 포함함)에 있거나 있었던 사람, 동거하는 친족 등을 말한다. 사실상 가정폭력에는 가족구성원 내에서 이루어지는 부부간의 폭력, 부모의 자녀에 대한 폭력, 가족 간의 폭력 등이 있으며, 이로 인한 범죄에는 추행, 폭행, 상해, 유기, 강간, 재물손괴 등으로 나타난다. 가정폭력이 발생하는 경우 국내외적으로 차이는 있지만 가해자 또는 피해자의 성이 구분되어 있지는 않기 때문에 가해자는 남성이거나 여성이 될 수도 있으며, 피해자 또한 남성이거나 여성이 될 수도 있다. 그럼에도 불구하고 가정폭력의 피해자는 가족구성원 중 약자를 대상으로 하고 있기 때문에 일부 여성이 피해자가 되는 부부폭력의 문제와 어린 자녀가 피해자가 되는 아동학대, 노인 조부모를 대상으로 하는 노인학대 등은 주요 사회문제가 될 수 있다.

가정폭력은 의도적이고 반복적인 폭력으로 가족 안의 또 다른 구성원에게 신체적 · 정신적 손상과 고통을 주게 된다. 가장 안전하고 보호되어야 할 장소이어야 할 가정 내에서의 폭력은 단순히 개인이나 가족의 문제로 지나치기에 지나친 심각한 사회문제이며, 피해자뿐만 아니라 가해자 역시 정상적인 가족생활을 유지하는데 어려움을 경험하게 된다. 폭력은 또 다른 폭력을 낳는다는 악순환적 현상은 가정이 폭력의 실습장이 됨으로서 세대를 통한 폭력의 재생산이 이루어지고 이러한 재생산이 사회로 확대 재생산이 될 가능성이 커진다는 특징을 고려하면 가정폭력의 문제는 더욱 큰 사회문제로 볼 수 있다(김혜경 외, 2006).

가정폭력은 보통 부부, 자녀, 노인 등 대상별로 나누거나 신체적 · 정서적 · 성적 · 경제적 폭력 등의 유형으로 나눌 수 있다. 대상별 유형은 남편이 아내에게, 아내가 남편에게 폭력을 행사하는 부부폭력, 부모가 자녀에게 폭력을 행사하는 자녀폭력과 아동학대, 자녀 또는 배우자가 (노)부모에게 폭력을 행사하는 노인학대, 형제간 또는 친인척 간 폭력을 행사하는 가족 간 폭력이 있다.

1) 배우자 폭력(부부폭력)

배우자 폭력은 배우자에게 상해를 일으키는 신체적 · 정신적 · 경제적 · 성적 폭력을 의미한다. 과거 부부폭력을 아내폭력, 아내학대 등으로 규정하였으나 최근에는 가해자 피해자 관계에 따라 남편이 아내에게, 아내가 남편에게 폭력을 행사하는 모든 경우를 포함한다. 우리나라 가정에서는 남편에 의해 이루어지는 비율이 아내폭력 비율보다 5배 정도 높으며(박귀영 외, 2017), '2016년 가정폭력 실태조사'에 따르면 지난 1년간 여성이 배우자로부터 경험한 폭력 피해율은 12.1%, 남성이 경험한 폭력은 8.6%로 나타났다.

르노어 워커(Lenore Walker, 1979)는 가정폭력 당사자인 남편과 아내 사이에는 일정하고 반복적인 주기가 존재한다고 하였으며, 이것을 폭력의 3단계로 구분하였다.

첫 번째는 긴장고조의 단계(the tension-building stage)이다. 이는 사소한 언쟁을 포함한 작은 폭력이 발생하거나 무시와 비난을 통해 단점을 끄집어내는 행동적 특징이 두드러진다. 남편의 화와 분노를 막기 위해 상대방인 아내는 남편의 눈치를 보거나 남편의 공격적인 행동을 친절하게 받아주기도 하지만 이러한 아내의 수동적 태도는 오히려 남편에게 폭력적 행동을 유발시키거나 공격적 성향을 가중시키게 된다. 따라서 폭력의 원인이 아내 자신에게 있다는 가해자의 논리를 그대로 받아들여 죄책감을 느끼게 되기도 한다.

두 번째는 폭력의 발생단계(the acute battering incident)이다. 누적된 긴장감은 갈등을 심화시켜 폭력 행위를 발생시키고 일단 폭력이 시작되면 본인이 학대를 당한다고 인지하지 못할 정도로 일방적으로 당하게 된다. 아내는 남편의 폭력이 통제 불가능함을 인식하고 설득하는 것도 소용없다고 믿으며, 육체적 · 정신적으로 학대를 당하여 심각한 상해를 입게 된다. 이러한 경우 아내는 정신적 공황상태를 보이거나 무기력한 상태에 처하고 우울증 등을 경험하게 된다.

세 번째는 사랑과 화해의 단계(contrite loving behavior)이다. 이 단계에서 남편은 자신의 폭력적 행동에 용서를 구하고 진심이 담긴 듯 사과를 하고 사랑이 존재하는 모습을 보이며, 다시는 그러한 폭력 행위를 하지 않겠다고 설득하거나 믿음을 가지도록 노력한다. 아내는 이러한 모습이 남편의 진짜 모습이라고 믿으며, 폭력 행위가 앞으로 다시는 발생되지 않기를 바라게 된다. 아내는 가족의 안정과 존속을 위해 가정폭력으로 인한 신체적 피해와 심리적 상실감을 감수한다.

그러나 화해의 시기가 끝나면서 긴장이 다시 고조되는 폭력의 반복적 주기는 계속적으로 순환되며, 무엇보다 문제의 원인을 피해자의 행동에서 찾는 가해자의 행위로 인해 폭력은 정당화되거나 합리화된다.

부부폭력은 유형에 따라 네 가지로 정의될 수 있으며, 그 구체적인 행동은 〈표 12-1〉과 같다.

〈표 12-1〉 부부폭력의 유형 및 구체적인 행동

유형		행동
정서적 폭력		• 모욕하거나 욕을 하는 행동 • 때리려고 위협하는 행동 • 상대방의 물건을 부수는 행동
신체적 폭력	경한 폭력	• 물건을 집어 던지는 행동 • 밀치거나 어깨나 목 등을 꽉 움켜잡는 행동 • 손바닥으로 뺨이나 몸을 때리는 행동
	중한 폭력	• 목을 조르거나 고의로 화상을 입히는 행동 • 칼이나 흉기 등으로 배우자를 위협하거나 다치게 하는 행동 • 주먹으로 때리거나 맞으면 다칠 수 있는 물건으로 때리는 행동 • 사정없이 마구 때리는 행동
경제적 폭력		• 생활비를 주지 않는 행위 • 동의 없이 재산을 임의로 처분하는 행동 • 수입과 지출을 독점하는 행동
성적 폭력		• 상대방이 원치 않음에도 성관계를 강요 • 상대방이 원치 않는 형태의 성관계를 강요

출처: 여성가족부(2017). 2016년 전국 가정폭력 실태조사.

2) 자녀 및 아동학대

아동학대는 보호자를 포함한 성인이 아동의 건강 또는 복지를 해치거나 정상적인 발달을 저해할 수 있는 모든 행위를 말하며, 크게 신체학대, 정서학대, 성학대, 방임 등으로 구분된다.

신체학대는 아동의 정상적 발달을 저해할 수 있는 신체적 폭력 또는 가혹 행위로 보호자를 포함한 성인이 우발적 사고가 아닌 상황에서 의도적으로 피해아동에게 행하는 신체적 폭력 또는 가혹 행위이다. 직접적 또는 도구나 유해한 물질로 신체를 가해하거나 완력을 사용하여 신체를 위협하는 행위, 물리적인 공격을 포함한 정도가 심한 처벌을 하는 행위, 연령에 적합하지 않은 일을 시키는 행위 등이 있다. 아동의 신체에 손상을 주는 학대 행위에 해당하는 경우 5년 이하의 징역 또는 3천만 원 이하의 벌금에 처하게 된다.

정서학대란 아동에게 언어적 폭력, 정서적 위협이나 감금, 억제 기타 가학적인 행위를 의미한다. 언어적 폭력 행위와 정서적 위협뿐만 아니라 아동의 인성발달에 손상을 입히는 행위로 아동에 대한 비현실적인 기대나 강요, 형제나 친구 등과의 비교, 차별 왕따 등의 행위가 포함된다.

성학대는 자신의 성적 만족을 위해 아동을 관찰하거나 아동에게 성적 노출을 하는 행위, 아동을 성적으로 추행하는 행위, 아동에게 유사성행위를 하는 행위, 성교를 하는 행위, 성매매를 시키거나 성매매를 매개하는 행위 등이 있다. 성학대 처벌은 아동에게 음란한 행위를 시키거나 이를 매개하는 행위, 또는 아동에게 성적 수치심을 주는 성희롱 등의 성적 학대 행위에 해당하는 경우 10년 이하의 징역 또는 5천만 원 이하의 벌금에 처하게 된다.

방임은 아동의 보호자가 고의적 · 반복적으로 아동을 유기하거나 방임하는 행위로 물리적 방임, 교육적 방임, 의료적 방임, 유기 등으로 나눌 수 있다. 기본적인 의식주를 제공하지 않거나 상해와 위험으로부터 아동을 보호하지 않는 물리적 방임, 보호자가 아동을 학교 등 의무교육에 보내지 않거나 아동의 무단결석을 허용하는 교육적 방임, 아동에게 필요한 의료적 처치를 하지 않는 행위, 아동을 보호하지 않고 버리거나 아동을 입원시키고 사라지는 등의 유기로 구분할 수 있다.

아동학대는 한 가지만 발생하기보다 여러 종류의 학대가 복합적으로 발생하는 중복학대 비중이 높으며, 이 중 정서적 학대 비율이 가장 높은 것으로 나타났다. 대한민국에서 아동학대의 80%는 가정에서 이루어지고 있으며, 친부모가 훈육이나 교육을 명목으로 한 학대가 지속적으로 이루어지고 있다.

학대를 당하는 아이는 다양한 후유증을 가질 수 있으며, 신체학대 등으로 인해 피부결손, 화상, 골절, 안구출혈, 장기파열, 두뇌손상, 정상적 성장의 실패, 생리기능 변화, 사망에 이르는 신체손상 등이 나타날 수 있다. 정서학대 또는 성학대와 방임 등으로 자아기능 손상, 감정조절기능 저하 및 이상, 자기개념 손상과 무력감, 애착형성 붕괴, 충동조절능력 저하, 자학적 · 자기 파괴 행동, 정신병리를 일으킬 수 있는 심리적 · 정서적 손상을 입을 수도 있다. 무엇보다 이러한 아동학대로 또래와 적절한 상호작용을 하지 못하고 사회적 상호작용에서 부적절하거나 방어적인 행동을 하거나 정상적인 사회기능에 대한 손상이 지속적으로 나타날 수 있다.

〈표 12-2〉 아동학대 체크리스트

번호	체크항목	O	X
1	사고로 보이기에는 미심쩍은 멍이나 상처가 발생한다.		
2	상처 및 상흔에 대한 아동 혹은 보호자의 설명이 불명확하다.		
3	보호자가 아동이 매를 맞고 자라야 한다는 생각을 갖고 있거나 체벌을 사용한다.		
4	아동이 보호자에게 언어적 · 정서적 위협을 당한다.		
5	아동이 보호자에게 감금, 억제, 기타 가학적인 행위를 당한다.		
6	기아, 영양실조, 적절하지 못한 영양섭취를 보인다.		
7	계절에 맞지 않는 옷, 청결하지 못한 외모를 보인다.		
8	불결한 환경이나 위험한 상태로부터 아동을 보호하지 않고 방치한다.		
9	성학대로 의심될 성 질환이 있거나 임신 등의 신체적 흔적이 있다.		
10	나이에 맞지 않는 성적 행동 및 해박하고 조숙한 성지식을 보인다.		
11	자주 결석하거나 결석에 대한 사유가 불명확하다.		
12	아동에게 필요한 의료적 처치 혹은 예방접종을 실시하지 않는다.		
13	보호자에 대한 거부감과 두려움을 보이고, 집으로 돌아가는 것에 대해 두려워한다.		
14	아동이 매우 공격적이거나 위축된 모습 등의 극단적인 행동을 한다.		

출처: 중앙아동보호전문기관.

3) 가족원 폭력(노인학대)

가족원 폭력은 배우자를 제외한 부모, 형제, 자매 등 가족원 간에 발생한 신체적 · 정서적 · 경제적 폭력을 의미한다. 대표적인 가족원 폭력으로는 노인학대를 들 수 있으며, 우리나라 「노인복지법」의 정의에 따르면 "노인학대란 노인에 대하여 신체적 · 정신적 · 정서적 · 성적 폭력 및 경제적 착취 또는 가혹 행위를 하거나 유기 또는 방임하는 것"을 말한다.

노인학대의 대표적인 유형으로는 첫째, 신체적 학대로서 폭력이나 육체적인 해를 가하는 행위이고, 둘째, 비난, 모욕, 위협, 협박 등 언어 및 비언어적 행위를 통해 노인에게 정신적 고통, 공포 혹은 불안을 야기하는 정서적 학대이다. 셋째, 성적 학대는 성적 수치심 유발 행위, 성폭력 등 노인의 의사에 반하여 강제적으로 행하는 모든 성적 행위를 말하며, 넷째, 경제적 학대는 노인의 의사에 반하여 노인으로부터 자산 또는 권리를 빼앗아가는 행위로서 경제적 착취, 재산에 관한 법률 및 권리 위반, 경제적 권리와 관련된 의사결정에서의 통제 등을 하는 행위이다. 마지막으로 방임은 부양의무자로서 책임이나 의무를 의도적 · 비의도적으로 거부, 불이행 혹은 포기하여 노인의 의식주 및 의료 행위를 적절하게 제공하지 않거나 부양의무자가 노인을 버리는 유기 등이 있다(김미혜, 2001).

노인학대와 관련한 요인으로는 개인적 요인에서부터 사회문화적 요인까지 다양한 원인이 나타날 수 있다. 부양자의 가정폭력 내력이나 빈약한 가족관계 등의 문제, 부양자나 노인의 약물남용 문제 등도 원인으로 나타날 수 있다. 노년기 특성이라고 할 수 있는 신체적 · 인지적 취약성과 정서적 의존성 또한 학대 피해의 잠재성을 가지고 있으며, 가족이 노년기나 노화에 대한 지식과 이해가 부족한 경우 노인학대로 연결될 수 있다. 또한, 노인의 경제적 무능력으로 인해 부양자의 경제적 압력이 높아지는 반면, 사회적 · 경제적 자원과 지지가 부족할 때도 노인학대의 주요 원인으로 나타났다(이성희, 1998).

노인학대의 주 대상은 고령층의 여성 노인이 가장 많은데 이는 여성 노인이 남성 노인보다 평균 수명이 길어 배우자와 사별하고 혼자 사는 경우가 많거나 자녀에게 의지해서 사는 경우가 많기 때문이다. 또한, 75세 이상의 고령자는 정신적 · 신체적 · 경제적인 의존상태에 있기 때문에 가족으로부터 지원을 제공받아야 할 상황에 놓이게 된다. 그러나 부양자가 경제적으로 안정되어 있지 못하다면 자녀에게는 부모부양 자체가 큰 부담이 되고, 부모가 무능력한 존재로 인식되면서 부양에 대한 스트레스가 높아지게 된다. 이와 같은 부양 스트레스 정도가 심할수록 노인학대가 나타날 가능성도 커지는 것으로 나타났다. 가정폭력 중 노인학대는 가정에서 반복적 · 중복적으로 일어날 수 있기 때문에 더욱 심각성이 제기된다. 가정의 문제가 외부로 밝혀지는 것을 꺼리는 노인의 특성과 노인학대 피해자가 노화나 질병으로 심신이 취약한 상태일 경우에는 더욱 외부와 고립에 놓여 있기 때문에 외부에서 학대문제를 발견하기 어려울 수도 있다.

2. 가정폭력 발생 이론

1) 사회학습이론(세대 간 전달이론)

세대 간 전달이론(Intergene-rational Transmission)은 사회학습이론에서 차용된 모델로서 1963년 초 미국 정신병리학 저널 「폭력은 폭력을 낳는다」(Widom, 1989)라는 논문에서 발표되었다. 가정폭력 초기모델은 학대의 순환(Cycle of abuse)(cappell & heiner, 1990)이라는 개념과 함께 부모에게서 양육기법이 학습되고 학대받은 자녀는 결국 학대를 가하는 부모가 된다는 가정을 포함하고 있으며, 학대 가능성은 세대 간 전수된다는 것이다. 즉, 인간의 공격 행위는 다른 사회적 활동처럼 자극과 강화를 통해 학습된 행위이며, 폭력가정에서 역할모델을 통해 폭력을 배우고, 폭력이 문제해결에 효과적임을 배우게 된다. 라이너슨과 피셸(Rynerson & Fishel, 1993)은 치료 프로그램에 참가하고 있는 학대 부모를 조사한 결과 상당수가 어릴 적에 자신의 아버지가 자신의 어머니를 구타했었던 기억을 가지고 있는 것을 보고하였고, 대다수의 참여자가 자신의 부모로부터 가혹한 체벌방법으로 억압을 당한 경험이 있음을 보고하였다.

사회학습이론에서 공격적 행동을 당했을 때 심리적으로 좌절하게 되고 그 좌절된 상태에서 공격적 행동을 배우고 강화하는 과정으로 나타나게 된다. 역할학습 과정에서 목표달성에 폭력(공격적 행동)을 사용하게 되면 폭력에 의한 강화가 주어지면서 다시 폭력행동이 발생할 가능성이 크다는 것이다. 폭력에 대한 태도는 원가족으로부터 어릴 때의 경험을 통해 정당성과 효과를 인정하는 규범적 인식이 생기고 이로 인해 폭력의 악순환적 고리를 형성하게 되는 것이다.

2) 가족체계이론

가정폭력은 개인의 정신병리에 의한 수준의 문제가 아니라 가족 내에서 형성된 가족체계의 문제임을 설명하는 체계적 접근이론이다. 슈트라우스(Strauss, 1973)에 의하면 가정폭력은 개인의 병리적 행동의 산물이기보다는 체계의 산물이며, 가족 안의 상호작용에서 파생되는 긴장으로 가족이 운영되는데 이 가운데 폭력을 포함하는 갈등 또한 산출될 수 있다. 가족구성원들은 가족 내에서 목적을 추구하고 환류하는 체계이며, 가정폭력이 발생하는 과정에 주목한다. 가해자의 폭력이 발생했을 때 피해자가 가해자의 폭력에 대응을 하면, 가해자의 폭력은 강화되고 더욱 심한 폭력을 행사하게 된다. 체계운영의 한 방식으로 폭력은 일정한 과정을 거치며, 폭력의 피드백으로 인한 폭력행동은 증대되는 경향을 가진다.

가족은 결혼이라는 관계 속에서 부부 또는 부모와 자녀 각각 독립적으로 존속할 수 없기 때문에 서로 영향을 맺고 보다 큰 체계 내의 작은 체계 단위로 간주될 수 있다. 가족 내의 스트레스 또한 가정폭력을 가족체계이론으로 설명하는 이유 중 하나로 볼 수 있다. 예를 들어, 부모의 실직은 가족 내의 스트레스 요인이 되고, 이는 가족구성원에게 가해지는 폭력의 원인으로 나타난다. 공적인 원조의 제한, 별거와 분리, 법 위반 등 크고 작은 스트레스가 자녀에게 폭력을 일으킬 수 있는 가족체계 안에서의 문제로 볼 수 있다. 각각의 행위와 조건에 일정한 피드백이 생기면 다른 대응이 발생하여 형태가 변화하기도 된다. 폭력을 참지 못해 이혼을 하거나 살인 행위 등 체계를 벗어나는 계기도 생기지만, 변화가 생기지 않는 한 안정화 과정 속에서는 계속적인 폭력의 문제가 반복될 수 있다.

그러므로, 가족체계적 접근을 통해서 폭력과 관련된 요인과 영향력을 확인하기 위해 가족 모두 치료를 받도록 권유하고, 개별 치료 또는 부부 치료 형식으로 치료하는 것이 필요하다. 치료과정을 통해 부부는 서로 부정적으로 상호 교환했던 방식이나 분노가 상승하여 폭력이 야기되었던 각각의 갈등상황에서 다른 형태로 새롭게 대응하는 것을 배울 수 있고 이러한 습득을 통해 변화를 이끌어 낼 수 있다(Robert, 2003).

3) 사회 구조론

사회 구조론은 성차별, 문화적 규범, 사회경제적 요인, 성역할의 불균형 등에서 가정폭력의 원인을 찾고 있다. 일부 가정폭력은 가족구성원 간 갈등 및 분쟁 과정에서 물리적 힘을 사용하는 현상만이 아니라 통제의 수단으로 폭력이 사용되고 근본적으로 남녀 불평등에서 비롯된 문제라고 보는 것이다. 가족은 가부장적 이데올로기와 불평등의 사회문화적 구조 속에서 경직된 성정체성과 성역할을 규정하며, 가족구성원의 욕구를 종속시킨다. 가족은 구성원 각각의 독립과 자율성 욕구를 충족할 수 있는 정서적 지원을 제공해야 하지만 경직된 성정체성과 성역할은 이를 본질적으로 방해한다. 즉, 사회구조론에서 가정폭력은 경직된 성정체성과 성역할을 가진 여성을 낮게 평가하고 남편의 폭력을 정당한 행위로 인정하는 남녀 간 불평등한 권력의 문제이며, 아내에 대한 남편의 소유권을 인정하는 가부장적 문화로 인해 야기된 결과인 것이다.

가족구성원인 아내와 자녀가 스스로의 선택권을 확장하고자 노력하지만 가부장적 특권을 지닌 남성과의 갈등은 불가피하다. 많은 권력을 지닌 남성은 다른 구성원의 욕구를 억압하거나 자신의 특권적 선택이 계속 종속되길 기대한다. 이 이론은 학대 가해자 중 남편의 특징이 가부장적 특권의식이 높았고, 성역할 정체성에 대한 유연성이 낮다는 일부 연구에서(Bennett & Williams, 2004; Saunders &

Parker, 1989) 뒷받침해 준다. 반면, 사회구조론은 사회구성원의 개별적 상황과 환경이 다른 폭력의 원인에 대해서는 설명할 수 없다는 한계를 가지고 있다.

일부 여권주의 이론에 따르면 가정폭력의 가해자와 피해자에 대해 여성이 가정폭력에 대한 분명한 피해자라고 주장하는데, 이는 다음의 요인을 지지하기 때문이다. 먼저, 역사적 · 문화적으로 뿌리박힌 힘의 불균형, 남성의 키와 체중, 힘의 우위, 남성이 스포츠나 신체적 공격에 대해 훈련을 받은 경험 등이 남성이 폭력의 가해자라고 주장한다. 따라서 이에 대한 치료와 개입을 위해서도 부부를 분리한 치료와 피해자의 경험에서는 위협이 벗어난 공간에서의 지지가 필요하고, 가해자의 경우에는 성차별, 파워에 대한 태도, 폭력 통제감을 다루어야 한다고 강조한다 (Adams & McCormick, 1982).

3. 가정폭력의 실태 및 가족에게 미치는 영향

1) 가정폭력 실태 및 피해여성에게 미치는 영향

여성가족부에서 실시한 '2016년 가정폭력 실태조사'에 따르면 여성이 지난 1년간 배우자로부터 경험한 폭력 피해율은 12.1%였고 폭력 유형별 피해율은 신체적 폭력 3.3%, 정서적 폭력 10.5%, 경제적 폭력 2.4%, 성적 폭력 2.3%로 나타났다. 남성이 지난 1년간 배우자로부터 경험한 폭력 피해는 8.69%(신체적 폭력 1.6%, 정서적 폭력 7.7%, 경제적 폭력 0.8%, 성적 폭력 0.3%)로 나타났다. 부부폭력이 일어나게 된 주된 이유는 여성과 남성 피해자 가해 경험에서 모두 성격 차이와 경제적 문제라고 답하였고, 부부폭력 발생 시 남편이 먼저 폭력행동을 시작했다는 응답이 48.4%로 아내(15.8%)에 비해 높게 나타났다.

가정폭력 피해를 경험한 응답자는 폭력으로 인해 신체적 · 정신적 고통을 경험하였고, 여성이 남성에 비해 더 심각한 수준의 고통과 위협, 공포심을 겪는 것으로 나타났다. 가정폭력을 확인하는 과정에는 여러 가지 장애요인이 있다. 가장 큰

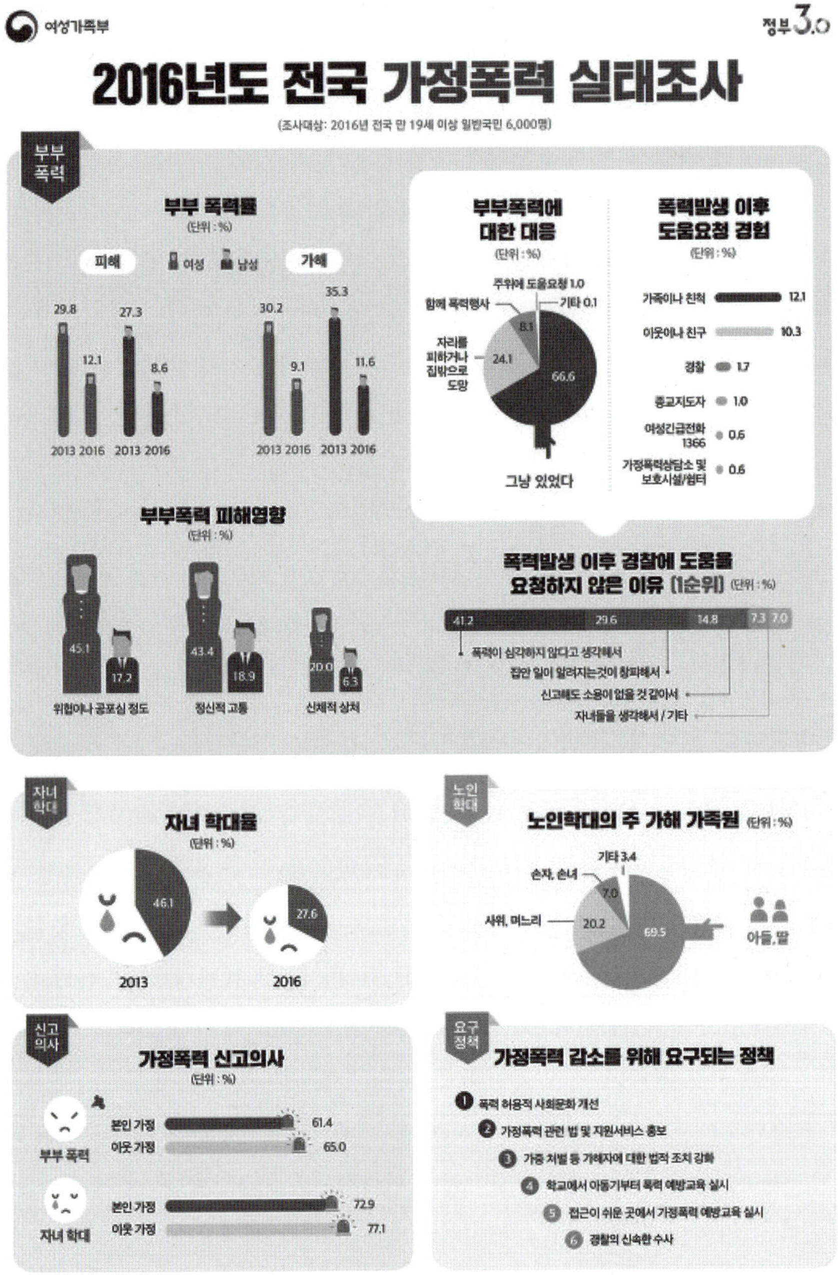

[그림 12-1] 2016년도 전국 가정폭력 실태조사

출처: 여성가족부(2017). 보도자료.

어려움은 가정폭력은 폭력의 문제이기 전에 가정의 일이며, 가정은 사적인 영역, 개인적인 영역의 문제라는 사실이다. 또 다른 어려움 중 하나는 피해자는 폭력이나 학대가 노출되는 것을 싫어할 수도 있다는 사실이다. 폭력의 문제가 노출됨에 따라 오히려 가해자의 보복성 폭력이 나타나거나 폭력의 강도가 더 높아지거나 더 은밀해지고 가혹해질 것을 두려워할 수 있다.

또 다른 가정폭력 피해여성은 가해자가 집을 떠남으로써 야기되는 가족해체와 재정적 상실 등의 부정적 결과를 두려워한다. 학대받은 아동, 노인 역시 가해자가 제공하던 경제적인 지원과 보호를 상실하는 것을 두려워할 수 있다.

'피해여성들이 왜 폭력에 머무는가'는 중요한 주제로 다루어져 왔다(Weiss, 2003). 피해여성들은 두려움, 자녀, 종교, 고립 등 다양한 이유로 폭력가정에 머무르게 된다. 결혼에 대한 책임을 느끼거나 가해자의 논리처럼 피해자 자신이 변화한다면 결혼이 유지되거나 폭력이 중단될 수도 있다고 기대하기 때문에 폭력가정에 머무는 경우도 있다. 또는 사랑과 학대에 대해 혼동하고 폭력의 문제가 사랑이라는 이유로 합리화되어 문제의 본질을 잘못 이해하기도 한다[참고]. 때로는 가정폭력의 상황 그 자체에 절망과 무기력을 느끼고 자신이 처해 있는 상황을 떠나려고 시도조차 하지 못하는 경우도 많다.

[참고]

"처음 ○○아빠가 절 때렸을 때 내가 널 사랑하기 때문에 때린다고 그랬어요. 내가 널 사랑하지 않으면 손을 안 댄다고 늘 그랬어요. 그래서 모든 여자들은 나 정도는 맞고 사는구나 생각했어요. 그런데 강도가 점점 강해지는 것이에요. 아무리 사랑해도 유분수지. 여자를 목을 조를 정도로 때리면 사랑하는 게 아니구나 싶더라고요.(중략)"

사랑과 학대에 대한 표현은 혼란스러움을 야기한다. 가해자는 아내를 때리고 나서 한 시간이 지난 뒤 울면서 사랑한다고 이야기한다. 얼마나 아내를 아끼는지 이야기할 수도 있다. 학대를 사랑이라는 메시지로 표현하는 경우 학대를 당하는 당사자들은 잘못된 믿음을 갖거나 상반된 메시지로 인해 무엇이 옳고 그른지 혼란스러울 수 있다.

출처: 이원숙(2010). 가정폭력 프로그램.

2) 아동학대 실태 및 자녀에게 미치는 영향

학대나 방임과 같은 아동학대는 지속적으로 보고되어 왔다. 신체적 학대는 흉터, 화상, 멍과 같이 눈에 잘 띄는 징후를 남기며, 치명적일 수 있다는 점 때문에 외부에 알려질 기회가 있는 반면, 방임의 경우에는 오히려 영양실조 또는 심지어 죽음이라는 심각한 결과에 이를 수도 있으나 방임이라는 특징으로 인해 외부에서 확인하기 어렵고 더 은밀한 심각성을 띤다. 학대와 방임은 서로 구별하기도 어렵고 오히려 방임의 경우 신체적 학대보다 더 자주 보고된다. 적절한 신체적 보호나 영양, 주거의 결핍으로 방임된 아동은 종종 영양실조 상태나 비위생적이거나 안전하지 못한 환경으로 사고를 당할 확률이 높아진다(Erickson & Efeland, 1996). 방임된 아동은 종종 불안장애, 회피적 행동, 또는 과도한 성적 행위나 성적 언어 및 행위 등이 나타나며, 심리적 · 정서적 학대의 지속적인 후유증은 신체적 상해보다 훨씬 더 심각할 수 있다(Claussen & Crittenden, 1991).

〈표 12-3〉 지난 1년간 자녀 학대율

(단위: %)

구분	전체		여성		남성	
	본인	배우자	본인	배우자	본인	배우자
자녀 학대율	27.6	19.2	32.1	18.5	22.4	19.9
신체적 학대	7.3	3.1	9.8	3.2	4.5	3.1
정서적 학대	25.7	18.5	30.1	17.6	20.6	19.5
방임	2.1	1.6	2.3	1.3	1.9	1.9

※ 백분율은 미성년 자녀가 있는 1,813명(응답자 수)를 기준으로 가중치를 부여하여 추정함

출처: 여성가족부(2017). 2016년 전국 가정폭력 실태조사.

지난 '2016년 가정폭력 실태조사'에 따르면 가정폭력에서 자녀 학대율은 27.6%였으며, 여성 응답자의 자녀 학대율은 32.1%, 남성 응답자의 자녀 학대율은 22.4%였다. 여성의 자녀 학대율이 남성에 비해 높은 이유는 자녀양육과 교육을 여성이 주로 담당하기 때문인 것으로 나타났다. 유형별 학대율은 신체적 학대

7.3%, 정서적 학대 25.7%, 방임 2.1%로 정서적 학대 비율이 가장 높았다.

신체적 학대에 대한 후유증은 발달지연과 중추신경계의 장애, 충동성, 언어발달의 장애를 경험하기도 하고 자아기능이 손상되기도 한다. 심한 공황상태에 빠지는 급성 불안 반응을 보이기도 하고, 부모의 문제인 것을 부정하거나 외부로 투사하는 방어기제를 보이거나 청소년의 경우 반사회적 행동과 비행 등 충동 조절의 모습을 보이기도 한다. 신체적 학대는 신체에 대한 손상뿐만 아니라 학대가 종료된 이후에도 정서적 후유증을 남겨 전 생애에 심각한 영향을 미치게 된다.

정서적 학대의 후유증으로는 아동이 욕구의 정당성과 가치를 인정받지 못하고 거부당하며 정상적인 사회경험과 적합한 자극을 제공받지 못하여 정서적 발달과 지적 발달에 경직된 반응이 나타나기도 한다. 아동은 세상으로부터 격리되어 있고, 고립되어 있다고 느끼기 때문에, 결국 반사회적 행동을 하게 되거나 사회적 적응에 어려움을 경험하게 된다.

성적 학대 및 방임 역시 성인에 대한 신뢰 부족이 나타나거나 퇴행행동, 분노와 적대적 공격행동 등의 문제를 보이게 된다. 아동은 부모에게 지나치게 의존적이면서도 부모와의 상호작용을 회피하게 되고, 자신에 대한 수치감과 죄책감으로 인해 문제해결을 하지 못해 기능적인 수행 하락과 비행행동의 문제를 보일 수 있다.

3) 가족원 폭력 및 노인학대에 따른 실태 및 영향

가족원에 대한 폭력 및 노인학대문제 또한 지속적인 사회문제로 검토되어야 한다. 먼저, 만 65세 미만 응답자를 대상으로 지난 1년간 배우자를 제외한 부모, 형제자매, 배우자의 부모, 친척 등 가족원 간 발생한 폭력 실태경험을 조사한 결과 가족원으로부터 받은 폭력 피해는 3.7%, 가족원에게 행사한 폭력 가해는 3.6%로 나타났다. 폭력 유형별로는 모욕하거나, 욕을 하거나, 때리려는 위협, 상대방의 물건을 부수는 행위 등 정서적 폭력 비율이 가장 높았다. 신체적 폭력과 정서적 폭력의 경우, 형제자매가 가해한 비율이 가장 높았고 생활비를 주지 않거나 동의 없이 재산을 임의 처분, 수입과 지출을 독점하는 등의 경제적 폭력의 경우에는 본인의 부모가 가해한 비율이 가장 높았다.

〈표 12-4〉 지난 1년간 가족원 폭력률(65세 미만 응답자)

(단위: %)

구분	전체			여성			남성		
	피해	가해	상호폭력	피해	가해	상호폭력	피해	가해	상호폭력
가족원 폭력률	3.7	3.6	1.8	4.0	3.3	1.7	3.4	3.8	1.9
신체적 폭력	1.1	1.1	0.5	1.1	1.0	0.4	1.0	1.2	0.6
경한 폭력	1.1	1.1	0.5	1.1	1.0	0.4	1.0	1.2	0.6
중한 폭력	0.3	0.3	0.1	0.2	0.2	0.0	0.4	0.4	0.2
정서적 폭력	3.2	3.1	1.6	3.4	2.7	1.4	3.1	3.5	1.8
경제적 폭력	0.6	0.4	0.1	0.5	0.4	0.0	0.7	0.4	0.1

※ 백분율은 5,339명(응답자 수)를 기준으로 가중치를 부여하여 추정함

출처: 여성가족부(2017). 2016년 전국 가정폭력 실태조사.

65세 이상 응답자를 비롯한 노인학대문제는 최근 고령화 사회에 진입하면서 심각한 사회문제로 대두되고 있다. 중앙노인전문기관(2017)에 따르면 노인학대 신고건수는 2011년 8,603건수에서 2016년 12,009건으로 가파른 증가를 보이고 있다. 노인학대 유형을 살펴보면, 정서적 학대가 2,730건(40.1%)으로 가장 높게 차지하고 있으며, 신체적 학대 2,132건(31.3%), 방임 778건(11.4%) 순으로 나타났다. 학대를 하는 행위자에는 아들, 배우자, 피해자 본인(자기방임) 순으로 나타난 반면, 60대 이상 노인이 60대 이상 노인을 학대하는 노(老)-노(老) 학대자 유형은 배우자가 926명(45.7%)으로 가장 높고, 피해자 본인이 522명(25.8%), 아들이 217명(10.7%) 등의 순으로 나타났다

학대피해노인의 학대 장소는 가정이 가장 높았으며, 가정 내 학대 행위자로는 아들이 41.5%로 가장 높고, 배우자가 23.1%, 피해자 본인, 며느리, 딸 순으로 나타났다.

〈표 12-5〉 노인학대 유형

	신체적 학대	정서적 학대	성적 학대	경제적 학대	방임	자기방임	유기	계
계	2,132 (31.3%)	2,730 (40.1%)	91 (1.3%)	491 (7.2%)	778 (11.4%)	523 (7.7%)	66 (1.0%)	6,811 (100%)
남성	463 (26.2%)	662 (36.9%)	9 (0.5%)	141 (8.0%)	253 (14.3%)	221 (12.5%)	30 (1.7%)	1,769 (100%)
여성	1,669 (33.1%)	2,078 (41.2%)	82 (1.6%)	350 (6.9%)	525 (10.4%)	302 (6.0%)	36 (0.7%)	5,042 (100%)

출처: 중앙노인보호전문기관(2017).

4. 폭력 및 학대가족에 대한 개입

1) 가정폭력방지 및 피해자 보호 등에 관한 법률 제도

「가정폭력범죄의 처벌 등에 관한 특례법」(이하 가정폭력처벌법)은 가정폭력을 가정 내 문제로만 치부하던 과거의 사고방식에서 벗어나 국가의 사법체계 안에서 해결해야 할 범죄행위로 인식하면서 「가정폭력범죄방지 및 피해자보호에 관한 법률」과 함께 1997년에 제정되었다. 이후 현재까지 24차에 걸친 개정을 통하여 「가정폭력처벌법」은 가정폭력범죄의 형사처벌 절차에 대한 특례를 정하고 가정폭력범죄를 범한 사람에 대하여 교정을 위한 보호처분을 함으로써 가정폭력범죄로 파괴된 가정의 평화와 안정을 회복하고 건강한 가정을 가꾸며, 피해자와 가족구성원의 인권을 보호함을 목적으로 하고 있다. 가정폭력은 발생 초기부터 신속하게 개입하여 관련 가해자에 대한 사법처리, 피해자를 위한 보호체계 마련 등 가정폭력을 예방하고 안전하게 보호하기 위한 과정이 체계적으로 연결되기 위해 국가 및 지역사회 차원의 다기관의 협력체계를 바탕으로 해야 한다.

먼저, 경찰은 가정폭력 사건에 대해 응급조치, 임시조치 신청, 긴급임시조치를 할 수 있다. 가정폭력범죄에 대해 신고를 받은 사법경찰은 현장에서 폭력 행위에 대한 제지, 피해자의 분리 및 범죄 수사, 피해자 상담소 또는 보호시설 인도, 재발 시 임시조치를 신청할 수 있다는 것을 통보해야 한다(「가정폭력처벌법」 제5조). 또한, 경찰은 가해자의 퇴거격리나 가해자의 접근금지 등과 같은 수사 단계의 임시조치를 검사에게 신청하거나 법원으로 청구할 수 있다. 두 번째, 검사는 법원에 임시조치를 청구하거나 가정폭력 사건을 가정보호사건으로 송치하거나 형사사건으로 기소, 상담조건부 기소유예를 할 수 있다. 검찰의 단계에서는 피해자의 의사를 존중하여 가정보호사건 또는 형사사건으로 결정할 수 있고 가해자의 성행교정이 필요한 때에는 상담조건부 기소유예를 할 수 있다(동법 제9조).

가정폭력범죄 처리현황에 따르면 전체 가정폭력 범죄자의 19% 정도만이 보호처분을 받는 상황이며, 검찰로 송치된 사건은 절반 이상 불기소처분되거나 약식재판에 의해 벌금형으로 가볍게 처리되기도 한다(성경숙, 2017). 대부분의 가정폭력 사건은 가해자를 처벌해야 하거나 벌금을 집행해야 한다는, 결국 가족의 문제 안에서 해결해야 한다는 특징을 지님에 따라 문제에 대한 적극성과 해결방안에 대해 미온적인 대처가 있을 수 있다. 그러나 가정폭력의 재발과 심각성을 고려한다면 초기 단계의 신고 및 접수, 분리 조치 등 다양한 단계에서 폭력 가해자와 피해자의 안전과 재발을 방지할 수 있는 효율적이고 적극적인 예방전략이 필요하다.

2) 가정폭력에 대한 정책적 서비스

(1) 긴급전화 1366

가정폭력 피해자에 대한 정책적 서비스로 먼저, 가정폭력 · 성폭력 · 성매매 등으로 긴급한 보호와 상담을 필요로 하는 여성이 언제라도 도움을 받을 수 있도록 전국적으로 통일된 '1366'을 운영되고 있다. 긴급전화 1366은 첫째, 위기여성 긴급조치를 위한 365일 24시간 Hot-Line으로 운영되며, 위기개입에 대한 초기 지원 상담과 여성폭력 피해자에 대한 신고접수 및 긴급상담, 긴급구조를 진행하고 있다. 두 번째로는 피해여성의 위기가 발생했을 경우 먼저, 긴급피난처로 임시보호한 후에 전문시설로 연계하고, 가정폭력 피해자와 동반자녀까지 최대 7일 동안 임시로 보호하고 숙식을 제공하는 긴급피난처를 운영하고 있다. 셋째, 수사기관 ·

상담소 · 보호시설, 의료기관, 법률기관, 사회복지기관과 연계하여 피해자 긴급보호 요청 시 현장에 신속히 출동하여 현장상담 서비스를 진행하고 있다. 폭력 피해자에 대한 적절한 위기개입과 긴급한 구조를 위해 112 등을 연계조치하거나 피해자의 심리적 안정을 위한 상담과 프로그램 등을 위해 가정폭력상담소 및 무료 숙식이 가능한 보호시설을 연계한다. 또한, 신체적 피해에 대한 신속한 치료와 긴급치료, 그리고 심리적 피해에 대한 상담 및 사후관리를 위하여 의료기관 정보를 제공하여 의료기관과 연계한다. 또한, 향후 피해자 보호를 위한 사법적 소송지원, 피해자의 법률적 보호와 상담을 위한 법률기관 정보 제공 및 연계하고 있다.

(2) 가정폭력상담소

가정폭력상담소는 가정폭력 피해자를 상담하여 피해자의 권익을 보호하고, 법률지원 · 의료지원서비스, 가정폭력 피해에 관한 조사 · 연구 사업 및 가정폭력의 예방 · 방지를 위한 홍보활동 등 18년 현재 전국에 207개소가 운영 중이다. 가정폭력상담소는 먼저 가정폭력을 신고받아 이에 관한 상담을 진행하고 가정폭력 피해자 치료 및 가정폭력 가해자 교정 · 치료와 상담을 진행한다. 가정폭력 가해자에 대한 고발 등 법률적 사항에 관하여 자문하기 위해 대한변호사협회 또는 지방 변호사회, 「법률구조법」에 따른 법률구조법인 등 필요한 법률적 협조를 지원하고 무료변호 및 임시보호, 긴급보호 등을 위한 기관을 연계하고 있다. 무엇보다 가정폭력상담소는 기본적으로 가정폭력 피해자 및 동반아동의 치유를 통한 자존감 회복을 도모하기 위해 가정폭력 피해자 치료 · 회복프로그램과 가정폭력 가해자에 대하여 전문가 상담, 심리치료, 집단상담, 부부캠프 등을 운영하고 있다.

〈표 12-6〉 지역별 가정폭력상담소 설치 현황('18. 6. 30. 기준)]

구분	합계	서울	부산	대구	인천	광주	대전	울산	경기	강원	충북	충남	전북	전남	경북	경남	제주	세종
가정폭력 상담소 (개소)	207 (40)	37 (3)	11 (5)	5 (2)	8 (1)	9 (1)	6 (1)	4 (2)	40 (3)	11 (6)	6 (2)	12 (4)	7 (1)	10 (1)	22 (5)	14 –	4 (2)	1 (1)

※(　)는 가정폭력 · 성폭력 통합상담소 수임

(3) 가정폭력 피해자 보호시설(쉼터)

가정폭력 피해자 보호시설은 가정폭력으로 인한 피해자와 그 동반자녀를 보호하여 의식주를 제공하고, 상담 및 의료 지원 등 기타 프로그램을 통해 피해여성의 자립을 지원하는 기구로서 단기보호시설 및 장기보호시설 등 현재 총 66개소가 운영되고 있다. 가정폭력 피해자 단기보호시설은 가정폭력 피해자 및 가족구성원이 총 6개월, 3개월 추가 연장하여 함께 살 수 있고, 단기 쉼터를 거친 가정폭력 피해자 및 가족구성원이 지낼 수 있는 장기보호시설은 총 2년까지 이용할 수 있다. 보호시설은 피해자 및 동반가족에 대한 숙식 및 보호를 기본으로 피해자의 심리적 안정과 사회적응을 위한 상담 및 치료가 진행되고 있다. 또한, 피해자가 동반하는 자녀의 취학 및 비밀 전학 등을 지원하고 피해자 본인을 위한 취업훈련 프로그램 및 지역사회와 연계한 의료 법률 관련 협조 지원을 진행하고 있다.

〈표 12-7〉 가정폭력 피해자 보호시설 설치 현황('18. 6. 30. 기준)

구분	합계	서울	부산	대구	인천	광주	대전	울산	경기	강원	충북	충남	전북	전남	경북	경남	제주
가정폭력 피해자 보호시설	66	11	3	3	1	4	1	1	12	5	3	4	4	4	2	6	2
폭력피해 이주여성 쉼터	28	4	1	2	1	1	1	1	4	1	1	1	2	3	3	1	1

(4) 가정폭력 피해자 주거지원 제도

국토교통부에서 '주거지원 복지사업'으로 매입한 임대주택 중 일부를 별도 물량으로 확보하여, 폭력 피해여성과 그 가족들이 공동생활가정(그룹홈) 형태로 생활할 수 있도록 저가에 임대가정폭력 · 성폭력 등 폭력 피해여성의 자립을 지원하고 사회적응 요건을 조성하고자 저렴한 임대료로 주거공간을 제공하고 있다. 임대기간은 2년 동안 지원이 되며, 1회에 한해 2년 연장이 가능하며, 그룹홈의 취지에 따라 임대주택 1호당 2가구가 입주하도록 되어 있다. 입주자는 임대보증금이 면제되고, 관리비 및 각종 공과금은 입주자가 부담하도록 되어 있다.

또한, 일부 가정폭력 피해자를 대상으로 한국토지주택공사 또는 지방공사가 건설하는 국민임대주택의 우선 공급 대상으로 선정하는 지원제도도 있다. 가정폭력 피해자 본인이 무주택 세대주이면서, 소득기준의 입주자격을 충족할 때 관련 구비 서류를 바탕으로 국민임대주택 우선 입주권을 부여받을 수 있다.

〈표 12-8〉 지역별 주거지원시설 공급 현황('18. 6. 30. 기준)

구분	계	서울	부산	대구	인천	광주	대전	울산	경기	강원	충북	충남	전북	전남	경북	경남	제주
임대주택(호)	314	10	40	30	18	20	22	28	24	10	11	20	10	10	10	42	9

(5) 아동학대 예방 및 보호체계 강화

아동학대에 대한 예방 및 보호는 크게 네 가지 단계로 이루어질 수 있다. 첫 번째 단계는 신고 · 접수로 24시간 운영되는 신고전화 112를 통해 아동학대 의심사례를 접수받게 된다. 아동학대로 의심만 되어도 누구나 신고가 가능하며, 아동의 인적 정보와 학대 의심 내용을 받아 아동학대 사건을 접수하게 된다. 두 번째 단계는 현장조사와 사례판단이 이루어진다. 아동학대 신고가 접수되면 아동보호전문기관 상담원은 2인 1조로 팀을 이루어 경찰과 함께 현장조사를 수행한다. 신고된 내용이 정말 사실인지, 아동과 학대 행위 의심자, 주변인을 조사하여 증거를 수집하며, 이후 아동보호전문기관은 조사한 내용을 바탕으로 아동학대 혐의를 판단한다. 세 번째 단계는 조치결정이 이루어진다. 만약, 조사결과 아동학대로 판단되면 학대의 경중에 따라 여러 대책을 마련한다. 피해아동의 경우 격리, 보호 시설 및 의료기관으로 의뢰, 피해아동 보호명령 등을 진행하며, 학대 행위자는 접근금지, 친권 및 후견인 제한, 상담이나 교육 위탁의 임시조치를 하거나 고소나 고발을 진행하기도 한다. 아동학대 사례개입의 마지막 절차는 서비스 제공이다. 피해아동은 상황에 맞게 상담이나 의료적 지원, 심리치료, 학습, 법률지원을 받게 되며, 학대 행위자에게도 상담과 교육, 심리치료 및 의료지원 등을 지원한다. 또한, 피해아동의 가족에게도 건강한 가족기능의 회복을 위해 상담, 가족치료, 가정지원, 가족기능 강화 프로그램을 진행한다.

신고의무자가 아동학대가 의심되는 상황에도 신고하지 않은 경우, 「아동학대범죄의 처벌 등에 관한 특례법」에 따라 500만 원 이하의 과태료 부과를 실행하고 있으며, 2016년 5월 29일 개정된 「아동학대범죄의 처벌 등에 관한 특례법」에 따라 직무를 수행하면서 아동학대 범죄를 알게 된 경우나 그 의심이 있는 경우에는 아동보호전문기관 또는 수사기관에 즉시 신고하여야 하며, 이를 이행하지 않을 시에는 500만 원 이하의 과태료가 부과될 수 있다. 또한, 「아동학대범죄의 처벌 등에 관한 특례법」의 개정으로 아동학대 신고의무자 직군이 보육교직원, 유치원 교직원 및 강사 등의 교사 직군, 의료인 등 의료인 직군, 가정위탁지원센터, 아동복지시설 등 시설 종사자 및 공무원 직군 등으로 확대되었다. 아동과 관련된 업무종사자는 아동학대 신고의무가 있으므로 스스로 아동학대에 민감성과 책임의식을 갖고 접근하는 것이 필요하다.

생·각·해·보·기

- 과거 가족 안에서 체벌 경험이 있는지 생각해 보고 체벌 동안 어떠한 느낌과 생각이 들었는지, 당시의 상황에 대해 이야기를 나누어 봅시다. 또한, 현재 그 사건을 해석하며 느껴지는 감정과 생각을 이야기 나누어 봅시다.
- 가정폭력 및 아동 또는 노인학대 예방을 위해 국내외에서 이루어지는 예방정책 및 홍보 정책을 살펴보고 발표해 봅시다.
- 가정폭력 피해자 및 가해자를 위한 국내외 프로그램을 살펴보고 가정폭력 대상자에게 가장 필요한 서비스가 무엇일지 생각해 봅시다.

C·H·A·P·T·E·R 13

다문화가족과 가족복지

학습목표

1. 이민 · 다문화가족에 중점을 두고, 다문화가족의 개념과 실태 및 현황의 흐름을 이해한다.
2. 다문화가족 복지 대상의 특성 및 문제점을 이해하고 다문화가족의 복지욕구를 이해한다.
3. 다문화가족 복지증진을 위한 복지실천 대책의 기본소양을 함양한다.

세계적으로 한국의 경제적 위상이 높아지면서 노동의 일환으로 유입된 외국인 근로자와 한류문화의 열기와 함께 결혼이주여성의 유입이 날로 증가하면서 우리나라 다문화가족의 수도 점점 증가하고 있다. 특히, 외국인근로자의 수가 늘어나면서 자연스럽게 국제결혼으로 형성된 가족의 수도 증가하였다.

2000년대 중반 본격적으로 추진된 한국의 다문화가족정책은 우리 사회에서 다문화가족의 존재와 정책적 지원 명분을 분명히 하고, 인도적 차원의 지원을 강화하는 등 사회적 이슈로 급속히 발전하여 우리나라 가족정책 및 외국인정책의 한 영역으로 자리매김되었다. 그동안 다문화가족 관련 정책 환경은 빠른 속도로 변하였고, 변화하는 정책만큼이나 우리 사회에서 다문화가족의 규모 또한 지속적으로 증가하였다.

「다문화가족지원법」이 처음 시행된 2008년 당시만 해도 외국인 주민현황조사에 나타난 다문화가구 수는 14만 4천 명이었으나, 2017년에는 33만 명으로 집계되어 지난 십여 년간 두 배 이상 증가하였다(그림 13-1). 현재 통계청이 집계하고 있는 전국의 다문화가구 수는 31만 9천 가구로 전체 가구원 수는 96만 4천 명으로 추정된다(통계청, 2018a). 그동안의 증가 속도를 고려할 때, 머지않아 국내 다문화가족의 수는 100만 명에 이를 것으로 전망된다(한국여성정책연구원, 2019).

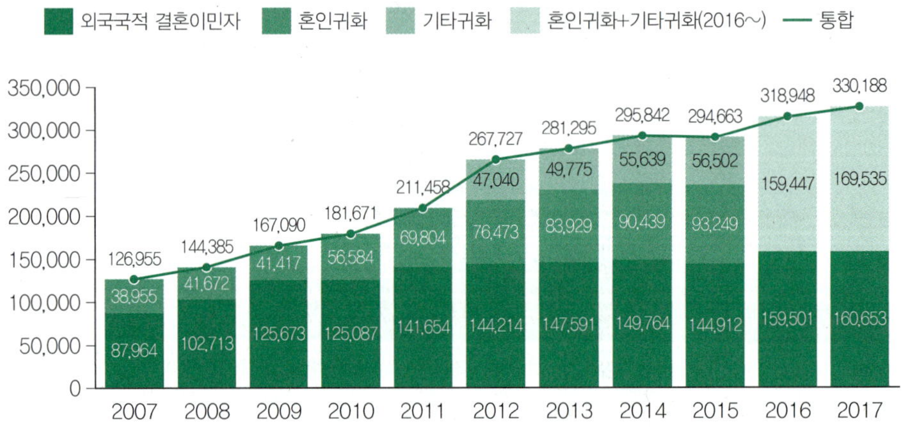

[그림 13-1] 결혼이민자 · 귀화자 규모 추이

출처: 여성가족부(2019). 2018년 전국 다문화가족 실태조사 연구.
자료: 행정안전부(각년도). 외국인주민현황조사 재분석.

다문화혼인 비중 또한 약간의 반등 추이를 보인다. 2005년에 13.5%(4만 2천 건수)를 기록한 이래 전체 혼인에서 국제결혼 비중은 지난 십여 년간 지속적으로 감소하여 2015년에는 거의 절반 수준에 해당하는 7.4%(2만 2천 건수)를 기록하였다(그림 13-2). 그러나 2016년을 기점으로 건수 자체는 증가하지 않았지만, 전체 혼인 대비 비중은 반등을 보이기 시작하여 2017년에는 8.3%로 다시 상승 추이를 보인다. 무엇보다 일단 국내에 입국, 정착한 다문화가족의 경우에는 다시 외국으로의 이주(emigrant)는 희소하므로 혼인건수와 그 비중이 감소한다고 하더라도 결혼이민자 · 귀화자와 그들의 가족 수는 누적 증가할 수밖에 없다는 특징이 있다.

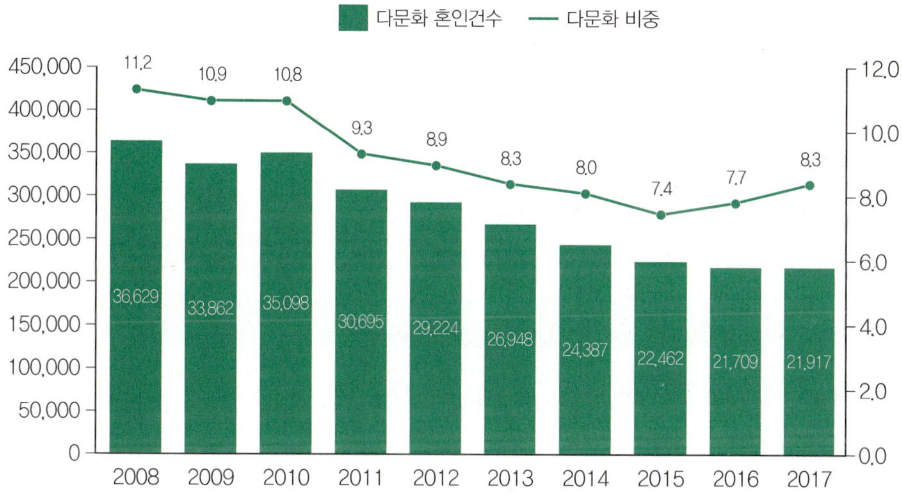

[그림 13-2] 다문화 혼인건수 및 다문화 비중 추이

출처: 여성가족부(2019). 2018년 전국 다문화가족 실태조사 연구.

자료: 통계청(2018). 2017년 다문화 인구동태 통계.

일반적으로 다문화가족이라 함은 결혼이민자가족, 외국인근로자가족, 북한이탈주민가족까지 포함한다. 이 장에서는 결혼이민자가족, 외국인근로자가족, 북한이탈주민가족을 중심으로 그들이 단순한 거주자가 아닌 우리 지역사회에 적극적인 주체자로서 그들이 안고 있는 문제와 이를 해결하고 정착할 수 있는 가족복지 욕구와 지원방안 및 대책을 살펴보고자 한다.

1. 다문화가족

1) 다문화가족의 개념 및 유형

다문화가족이란 우리와 다른 민족과 다른 문화적 배경을 가진 사람들로 구성된 가족으로 정의하고 있으며, 언어, 문화, 인종 등이 다른 남녀가 결혼하여 형성된 가족으로 한 가족 내에 다양한 문화가 공존하고 있는 가족을 의미한다.

최근 관심의 대상이 되고 있는 다문화가족의 범주는 국제결혼에 따른 이주여성 및 외국인근로자의 유입, 탈북자 출신의 북한이탈주민의 증가 등 한국 사회 내에 대한민국이 아닌 다른 문화권으로 이루어진 가족을 의미한다. 이러한 다문화가족의 형태는 외국인근로자의 증가, 북한이탈주민의 유입, 농촌 총각의 국제결혼 증가로 매우 다양하다.

이 개념을 범주화하여 정리해 보면 〈표 13-1〉과 같다.

〈표 13-1〉 다문화가족의 유형

유형	내용
결혼이민자 가족	• 한국인 남성과 외국인 여성의 결혼으로 이루어진 가족 • 한국인 여성과 외국인 남성의 결혼으로 이루어진 가족
외국인근로자 가족	• 외국인근로자인 남성과 여성이 한국에서 결혼하여 이루어진 가족 • 외국인 남성과 여성이 그들의 자국에서 결혼 후 한국에 이주한 가족 • 외국인근로자로서 결혼하지 않고 단독으로 또는 동료와 함께 생활하는 가족
북한이탈주민 가족	• 북한이탈 출신 남성과 여성의 결합으로 이루어진 가족이 한국에 입국한 경우 • 북한이탈 출신 남성 또는 여성이 한국에 입국한 후 한국의 여성 또는 남성과 결합하여 이루어진 가족 • 탈북자 출신으로서 결혼하지 않고 단독으로 또는 동료와 함께 생활하는 가족

「다문화가족지원법」에 나타난 '다문화가족'과 '결혼이민자'에 대한 정의는 다음과 같다.

제2조(정의)

1. '다문화가족'이란 다음 각 목의 어느 하나에 해당하는 가족을 말한다.
   가. 「재한외국인 처우 기본법」 제2조 제3호의 결혼이민자와 「국적법」 제2조에 따라 출생 시부터 대한민국 국적을 취득한 자로 이루어진 가족
   나. 「국적법」 제4조에 따라 귀화허가를 받은 자와 같은 법 제2조에 따라 출생 시부터 대한민국 국적을 취득한 자로 이루어진 가족
2. '결혼이민자 등'이란 다문화가족의 구성원으로서 다음 각 목의 어느 하나에 해당하는 자를 말한다.
   가. 「재한외국인 처우기본법」 제2조 제3호의 결혼이민자(대한민국 국민과 혼인한 적이 있거나 혼인관계에 있는 재한외국인)
   나. 「국적법」 제4조에 따라 귀화허가를 받은 자

2) 다문화가족의 실태 및 현황[1)]

'2018년 다문화가족 실태조사 연구'에서 다문화가구의 수는 총 1만 7,550가구이며, 가중치 적용 시 추정치는 총 30만 8,395가구이다. 유형별로 살펴보면, 전체 다문화가족 중 결혼이민자 가구는 85.7%이며, 기타귀화자 가구는 14.3%이다.

---

1) 여성가족부의 '2018년 전국 다문화가족 실태조사 연구'(한국여성정책연구원, 2019) 결과를 토대로 현황 소개

〈표 13-2〉 유형별 다문화가구 분포

(단위: %, 가구)

유형		비율 빈도
전체(2015)		100.0 (278,036)
전체(2018)		100.0 (306,995)
다문화가구 유형	결혼이민자	85.7 (262,969)
	기타귀화자	14.3 (44,026)

출처: 여성가족부(2019). 2018년 전국 다문화가족 실태조사 연구.
자료: 한국여성정책연구원 연구결과(2019).

전체 다문화가구의 지역별 분포에서는 도시 지역 동부가 76.7%, 읍면부가 23.3%로 대다수의 다문화가구는 동부에 거주하고 있다는 결과를 찾아낼 수 있다. 또한, 거주 가구가 읍면부보다 약 세 배 이상 많고, 각 지자체별 분포를 살펴보면, 경기와 서울이 각각 28.7%, 20.4%이며, 그 외 지역은 모두 10% 미만으로 분포한다. 인천(6.5%)까지 포함하여 서울과 수도권 지역 분포 비율이 55.6%로 17만 가구가 넘는 것으로 서울과 경기권에 집중적으로 분포하고 있다는 것을 알 수 있다.

〈표 13-3〉 거주지역별 다문화가구 분포

(단위: %, 가구)

거주지역	비율 빈도	거주지역	비율 빈도	거주지역	비율 빈도
동부	76.7 (235,328)	서울	20.4 (62,516)	강원	2.4 (7,424)
		부산	4.2 (12,823)	충북	3.2 (9,783)
		대구	3.0 (9,059)	충남 · 세종	5.4 (16,520)
		인천	6.5 (19,998)	전북	3.7 (11,343)
읍면부	23.3 (71,667)	광주	2.1 (6,414)	전남	4.1 (12,670)
		대전	2.0 (6,226)	경북	4.8 (14,639)
		울산	2.0 (6,212)	경남	6.2 (18,963)
		경기	28.7 (88,213)	제주	1.4 (4,192)

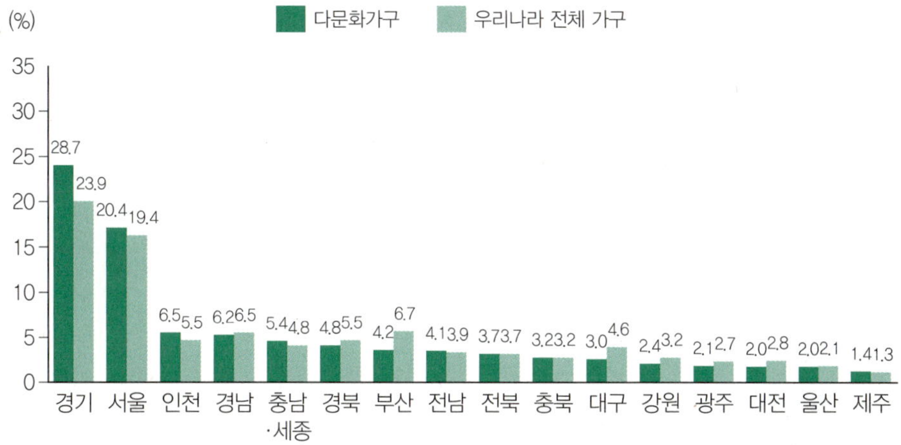

[그림 13-3] 다문화가구의 16개 시·도별 분포

출처: 여성가족부(2019). 2018년 전국 다문화가족 실태조사 연구.
자료: 우리나라 전체 가구, 행정안정부, 주민등록 인구통계, 주민등록 인구 및 세대현황, 2018년 8월 31일자 통계 현황.

행정안전부의 주민등록인구통계를 활용하여 다문화가족의 거주지역별 분포를 우리나라 전체 가구의 지역별 분포와 비교하면 다문화가구의 비율이 상대적으로 가장 높은 지역은 경기(28.7%)로 전체 가구(23.9%)에 비해 4.8%p 높다. 그 외에도 서울(1.0%p), 인천(1.0%p), 충남 · 세종(0.6%p)에서 다문화가구 비율이 전체 가구에 비해 상대적으로 높게 나타났다. 다시 말해, 서울, 경기, 인천과 같은 수도권 지역은 다문화가구 거주 자체가 많을 뿐만 아니라, 전체 가구에 비해서도 상대적으로 높은 거주율을 보인다는 것을 알 수 있다. 반면, 전체 가구의 분포율에 비해 다문화가구의 분포율이 상대적으로 가장 낮은 지역은 부산으로 2.5%p 격차를 보였으며, 대구(1.6%p) 또한 상대적으로 다문화가구 비율이 낮은 지역으로 나타난다. 그 외에도 강원(0.8%p), 경북(0.7%p), 광주(0.6%p)에서도 약간 낮은 분포를 보인다.

다문화가구의 가구 구성을 살펴보면, 부부와 자녀로 이루어진 가구가 34.0%로 전체 가구 중 가장 큰 비중을 차지한다. 다음으로 비중이 높은 유형은 부부만으로 이루어진 가구로 전체의 17.0%에 달하여 전형적인 핵가족 형태가 51.0%를 차지한다. 그다음으로는 본인(결혼이민자 · 귀화자) 1인 가구가 14.4%, 부부+자녀+본인/배우자의 부모 · 형제로 이루어진 대가족의 비중이 10.6%에 달하는 것으로 나타난다.

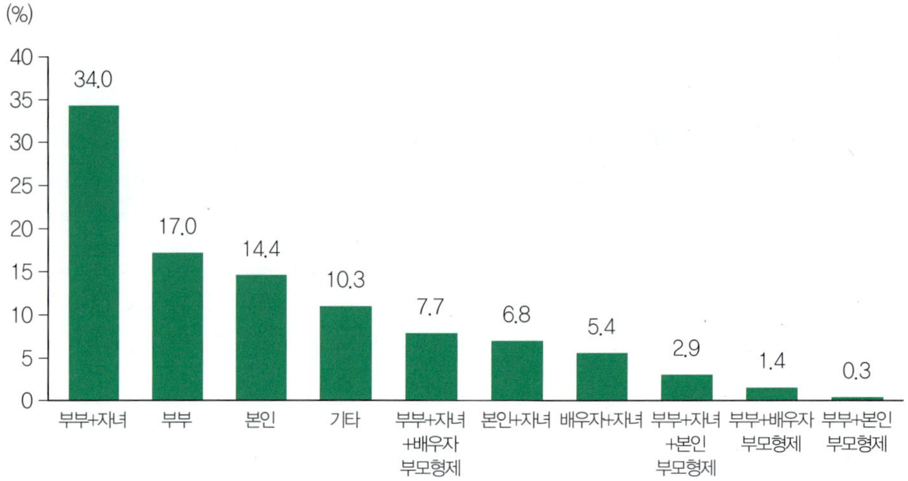

[그림 13-4] 다문화가구의 가구 구성

분석 결과를 살펴보면, 결혼이민자 가구는 부부+자녀의 비율(36.5%)이 가장 높고, 그다음으로 부부(18.4%)가 차지하는 반면, 기타귀화자 가구는 본인 1인 가구가 33.9%를 차지하고 그다음으로 기타 유형이 24.2%로 이 두 유형이 전체 가구 유형의 58.1%에 육박하여 두 집단의 가구 구성이 매우 이질적임을 보여 준다.

거주지역별로는 동부는 부부(18.0%)와 본인 1인 가구(15.8%), 그리고 본인+자녀 및 배우자+지녀와 같은 한부모가족의 비율(12.8%)이 상대적으로 높은 반면, 읍면부는 부부+자녀+배우자의 부모형제와 같은 전통적인 대가족 비율(14.5%)이 동부(5.5%)에 비해 세 배가량 높은 것으로 나타난다.

가구소득 유형을 살펴보면, 한부모가족의 경우에는 본인이든, 배우자든 모두 가구소득이 낮을수록 비율이 커져서 100만 원 미만에서 한부모가족의 비율은 24.3%로 거의 1/4 수준으로 확인된다. 본인 1인 가구와 기타 가구 또한 저소득일수록 비중이 높은 경향을 보인다. 반면, 부부+자녀, 부부 가구와 같은 전형적인 핵가족 유형의 경우에는 가구소득이 높을수록 비중 또한 높아 가구유형별로 가구소득에 따른 상이한 경향성을 보여 준다.

〈표 13-4〉 다문화가구의 가구 구성

(단위: %, 가구)

		본인+ 자녀	배우자 +자녀	본인	부부+ 자녀+ 배우자 부모 형제	부부+ 자녀+ 본인 부모 형제	부부+ 배우자 부모 형제	부부+ 본인 부모 형제	부부+ 자녀	부부	기타	합계
전체		6.8 (20,776)	5.4 (16,458)	14.4 (44,107)	7.7 (23,504)	2.9 (8,951)	1.4 (4,175)	0.3 (873)	34.0 (104,389)	17.0 (52,234)	10.3 (31,528)	100.0 (306,995)
다문화 가구 유형	결혼 이민자	6.9	5.6	11.1	8.5	3.2	1.5	0.3	36.5	18.4	7.9	100.0
	기타 귀화자	6.0	3.8	33.9	2.7	1.4	0.3	0.3	18.9	8.5	24.2	100.0
거주 지역	동부	7.0	5.8	15.8	5.5	2.8	1.1	0.3	33.5	18.0	10.2	100.0
	읍면부	5.9	4.0	9.5	14.8	3.4	2.2	0.2	35.6	13.7	10.3	100.0
가구 소득	100 만 원 미만	17.1	7.2	37.7	1.5	0.7	0.4	0.1	6.9	11.9	16.7	100.0
	100~200 만 원 미만	15.1	5.8	28.5	3.9	1.2	0.8	0.1	17.3	11.9	15.3	100.0
	200~300 만 원 미만	3.9	6.4	12.3	9.6	3.1	1.4	0.3	37.4	16.9	8.7	100.0
	300~400 만 원 미만	2.4	4.2	3.3	10.4	3.8	1.8	0.5	46.5	19.5	7.6	100.0
	400~500 만 원 미만	0.9	4.0	2.4	9.4	5.0	2.0	0.3	46.8	22.7	6.4	100.0
	500~600 만 원 미만	0.4	4.7	1.4	8.9	5.2	2.1	0.2	49.3	21.8	5.9	100.0
	600 만 원 이상	1.9	2.9	1.4	9.7	3.0	1.8	0.5	48.9	22.6	7.4	100.0

출처: 여성가족부(2019). 2018년 전국 다문화가족 실태조사 연구.

자료: 한국여성정책연구원 연구결과(2019).

2. 다문화가족 복지 대상의 이해

1) 결혼이민자가족과 복지

1988년 서울올림픽 이후 우리나라의 국제적 위상이 높아졌고, 외국과의 교류가 확대되고 해외 주재나 유학이 늘어나면서 중상류층 여성의 국제결혼이 증가하기 시작하였다. 1990년대에는 한국 사회에서 주변화된 남성과 경제적으로 빈곤한 국가의 여성과의 국제결혼이 활발해지면서 다문화가족이 급증하였다. 초기에는 조선족 여성과의 결혼으로 시작되었으며, 이는 배우자를 찾지 못하는 농촌의 노총각들을 구제해 주는 방안으로 크게 환영을 받았다. 그러나 조선족 여성들이 코리안 드림의 한 방편으로 한국 남성과의 사기결혼 · 위장결혼을 선택하는 경우가 증가하면서 국제결혼 대상 여성의 국적이 조선족에서 중국, 동남아시아, 중앙아시아, 러시아 등으로 확대되었다.

1990년대 중반 이후 급증한 국제결혼 이주여성의 비율은 국제결혼이라는 결혼형태를 보편화시키면서 단일민족이라는 이데올로기에서 벗어나 '다민족' 또는 다문화사회로의 전환에 큰 영향력을 미치고 있다. 국제결혼은 1990년 이후부터 2008년까지 꾸준히 증가하였다가 2009년부터 다소 감소하는 추세이며, 우리나라의 결혼이민자는 주로 외국인 아내가 주를 이루고 있다. 이러한 이유로 현재 다문화가족을 대상으로 하는 대부분의 서비스도 여성 결혼이민자를 중심으로 제공되고 있다. 그러나 최근에는 한국인 여성과 결혼하는 외국인 남성의 수가 증가하면서 남성 결혼이민자에 대한 관심이 요구되고 있다.

(1) 결혼이민자가족의 특성

한국 사회에 거주하고 있는 다양한 집단의 외국인 가운데 결혼이민자 집단에 사회적 관심이 집중되고 있다. 결혼이민자는 국제결혼을 목적으로 한국에 이주해 온 외국인을 의미하며, 한국인 남성과 결혼한 외국인 여성을 부르는 말이다. 그러나 최근 한국인 여성과 결혼한 외국인 남성의 수가 증가하면서 외국인 배우자와 한국인 배우자로 구성된 국제결혼가정을 지칭하는 용어로 사용되고 있다.

과거에는 다른 언어와 관습을 가진 두 사람의 결합인 국제결혼은 소위 '일반적인' 결혼의 형태는 아니었으나, 1990년대 이후 한국 남성이 중국이나 동남아시아 국가의 여성과 결혼하는 비율이 급증하면서 국제결혼에 대한 인식이 변하고 한국 남성과 결혼하여 이주한 외국인 여성에 대한 사회적 관심이 증가하면서 이들을 바라보는 사회적 시각도 달라졌다. 초기의 국제결혼은 한국의 농촌 총각과 조선족 여성과의 결혼이 주를 이루었고, 그 후 필리핀, 베트남 등 외국인 아내의 출신 국가가 다양해졌다(우수명 외, 2018).

[그림 13-5]의 결혼이민자의 연령대 분포를 살펴보면 29세 이하 19.7%, 30대 35.1%, 40대 23.7%, 50대 15.0%, 60세 이상 6.5%로 나타나, 2015년에 비해 29세 이하 연령층은 감소하고 30대 연령층은 증가한 것을 알 수 있다. 이는 2015년 당시 20대 후반 연령층에 있던 결혼이민자가 시간의 흐름에 따라 30대 연령층에 진입하였고, 지난 3년간 20대 연령층의 결혼이주, 귀화는 예전보다 감소하면서 29세 이하 연령층이 차지하는 비중은 감소한 것으로 보인다.

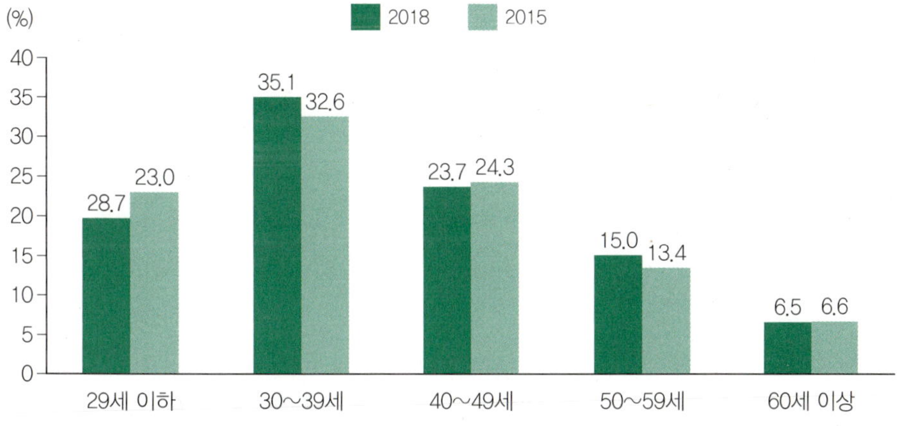

[그림 13-5] 결혼이민자 · 귀화자의 연령대 분포

출처: 여성가족부(2019). 2018년 전국 다문화가족 실태조사 연구.
자료: 한국여성정책연구원 연구결과(2019).

여성가족부의 '2018년 전국 다문화가족 실태조사 연구'에 따른 결혼이민자들의 혼인 상태를 살펴보면 대부분 배우자와 함께 생활하고 있으나 여성 결혼이민자들의 경우 남성에 비해 사별 상태인 경우가 더 많았다. 이는 대부분 여성 결혼이민자들은 부부간 연령차가 크기 때문에 한국인 남편의 사망으로 인해 사별을 하는 경우가 더 많은 것으로 해석할 수 있다. 특히, 여성가족부 실태조사 결과에 비하면 2009년 조사와 비교하여 2015년 조사와 2018년 조사 결과, 유배우 상태에 있는 결혼이민자의 비중은 감소하고, 사별이나 이혼, 별거 상태에 있는 결혼이민자의 비중이 증가한 것으로 나와 결혼이민자의 혼인 상태가 변화하고 있음을 알 수 있다. 이러한 결과는 향후 다문화가족 가족해체의 증가와 이로 인한 사회적 문제에 대한 정책적 대응방안이 필요함을 시사한다.

구체적인 통계를 통해 결혼이민자 배우자의 연령을 보면, 40대(44.0%)가 가장 많고, 그다음은 50대(27.6%)로 40대와 50대의 중장년층이 71.6%에 이르며, 30대(17.5%), 60대 이상(8.9%), 20대(2.0%) 순이다(그림 13-7). 2015년 조사와 비교하면 20대(2.4%), 30대(18.8%), 60대(9.6%)가 0.4%p, 1.3%p, 0.7%p 각각 감소하고, 40대(43.9%), 50대(25.3%)는 0.1%p, 2.3%p 증가하였다.

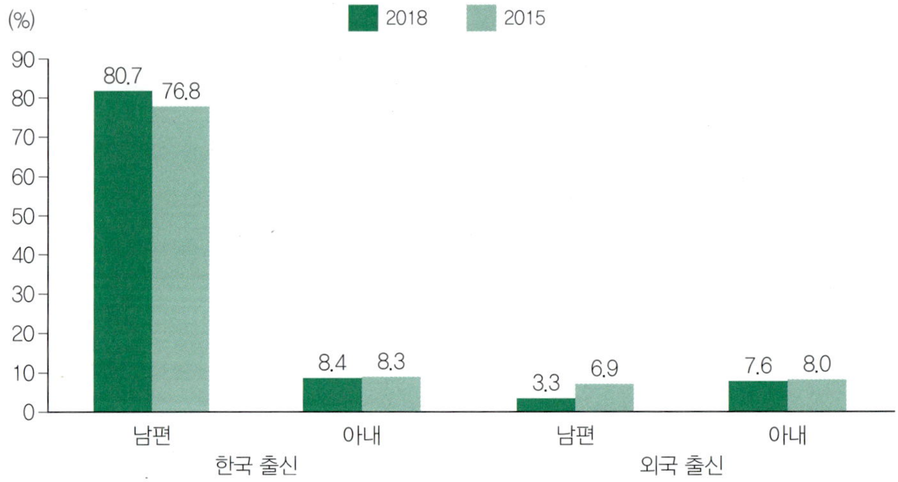

[그림 13-6] 배우자 출신 · 성별 구성

출처: 여성가족부(2016, 2019). 전국 다문화가족 실태조사 연구.

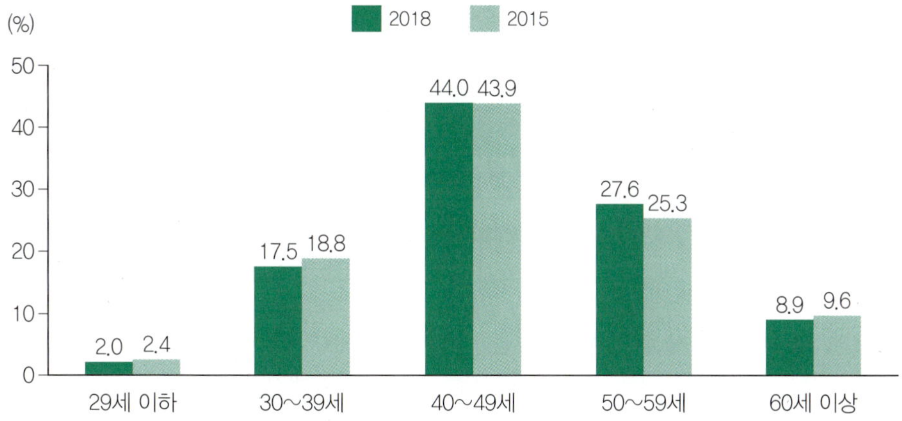

[그림 13-7] 배우자 연령 분포

출처: 여성가족부(2016, 2019). 전국 다문화가족 실태조사 연구.

교육수준을 살펴보면 남성 결혼이민자의 교육수준이 여성에 비해 좀 더 높은 것으로 나타났다. 여성의 경우 본국에서 일정 수준의 학교를 마치고 결혼을 통해 사회적 · 경제적 안정을 추구하는 목적으로 한국 남성과 결혼을 하는 경우가 많아 학력이 남성에 대해 상대적으로 낮은 것으로 볼 수 있다. 반면, 남성 결혼이민자의 경우 결혼을 목적으로 한국에 이주하기보다는 주로 노동이나 공부를 목적으로 입국한 후 한국인 여성과 결혼을 하는 사례가 많기 때문에 본국에서 교육수준이 높다고 해석할 수 있다.

(2) 결혼이민자가족의 문제점

❶ 의사소통의 어려움과 사회적 차별

결혼이주여성은 언어를 통한 의사소통 문제와 생활 전반에서 오는 문화적 차이를 가장 먼저 어려워한다. 다문화가족은 함께 생활하는 가족뿐만 아니라 정서적으로 상호작용을 해야 하는 배우자와도 원활한 언어소통이 어렵다. 사소한 일이 큰 부부문제로 이어질 수도 있고, 심지어 언어의 단절이 가족의 정서적 단절로 이어지기도 한다. 이러한 단절은 여성 결혼이민자에게 대부분의 한국 사람이 자신에게 부정적인 태도나 선입견을 가지고 있다고 생각하게 된다. '도망가는 아내'라는 결혼이민자에 대한 부정적인 시선은 남편이나 시댁식구들이 더욱 이들을 불신하게 하는 요인으로 작용한다.

한국 사회의 권위주의적 성향은 결혼이민자를 사회적으로 차별하는 주요 요인이 될 수 있다.

❷ 빈곤과 취약한 사회복지서비스

여성 결혼이민자에게 한국 남성의 경제적 조건은 결혼 선택의 중요한 이유가 된다. 그런데 한국 남성의 경제적 조건이 자신보다 우세할 것이라는 예상과는 달리 빈곤문제를 안고 있는 상황으로 인해 이들의 가족갈등이 더욱 악화될 소지가 있다.

또한, 「국민기초생활 보장법」의 수급권 대상이나 「긴급복지지원법」의 수혜대상으로 한국 국적을 취득한 결혼이민자와 미성년 자녀를 양육하고 있는 결혼이민자로 한정되어 있어 미성년 자녀가 없는 영주권자는 실질적으로 복지지원 혜택에서 제외되어 있는 실질적인 문제가 있다.

또한, 경제적으로 열악한 결혼이민자가족이 상당수 있는 관계로, 결혼이주여성은 결혼 이후 한국에서 취업을 원하고 있으나 언어적 문제나 자녀양육의 부담 때문에 취업을 하지 못하고 있다. 따라서 결혼이주여성에게 직업교육이나 취업정보 제공과 같은 지원도 필요하다.

'2018년 전국 다문화가족 실태조사 연구'에 따르면, 2015년 조사 결과에 비해 전체 고용률 및 여성 고용률은 다소 증가했으나, 남성 고용률은 다소 감소한 것으로 나타났고, 취업자의 근로 현황 또한 주요 직종이나 종사상 지위, 임금 수준, 근로시간 등을 함께 고려한 질적인 경제활동 수준 또한 일반 국민에 비해 열악한 것으로 나타났다.

(3) 결혼이민자가족의 복지욕구

❶ 차등 없는 사회복지서비스 제공

한국의 현행 국제결혼 이주가족 지원정책은 매우 세분되어 있는 데 반해 유럽 선진국의 정책은 체류자격, 시민권 관련 정책 및 이민자를 위한 언어와 적응에만 초점을 두고 있다. 이 나라들은 '자국인의 배우자'인 결혼이민자에 대해 귀화하기 이전이라도 내국인과 동등한 체류자격을 부여하고, 사회복지서비스를 제공하고 있다.

우리나라도 국제결혼 이주가족을 한국인과 동일한 대상으로, 자국민과 차등 없는 경제적 · 사회적 · 문화적 권리를 향유하며, 그에 따른 사회복지서비스를 적용 · 추진하는 방향으로 사회복지서비스가 추진되어야 할 것이다.

❷ 결혼이민자 대상의 한국어 교육과 적응교육

결혼이민자의 한국 사회 조기적응 및 정착지원을 위해 이들이 한국생활 적응에 필요한 정보제공시스템을 구축하고, 지원은 현행보다 강화되어야 한다.

적응교육이 효율성을 확보하기 위해서는 특히 전문교재 개발이 필수이며, 이 교재가 실생활에 도움이 되는 데 중점을 두어야 한다. 또한, 한국어 교사가 그들의 일차적 상담자 역할을 한다는 점을 감안하여 언어교육능력과 상담 및 사회과학적 지식을 갖춘 인력을 양성할 수 있는 전문적 교육과정이 개발되어야 하며, 이를 통해 결혼이민자가 우리 사회의 인적 자본 역할을 할 수 있는 기반을 제공해야 할 것이다.

2) 외국인근로자와 가족복지

3D 업종 종사를 기피하여 단순기능인력이 부족해짐에 따라 1991년 법무부훈령(외국인 산업기술연수사증 발급) 등에 관한 업무처리 지침) 이후 외국인노동자의 국내 진출이 현저하게 증가하였다. 1990년대 초 5만여 명에 불과했던 외국인노동자 규모는 지속적으로 증대하고 있다.

(1) 외국인인근로자의 특성

한국에 체류하고 있는 외국인 체류현황을 보면 현재 2019년 취업자격 체류외국인 수는 2019년 7월 법무부 기준 58만 3,315명으로 전문인력 4만 8,164명, 단순기능인력 53만 5,151명으로 나타났다.

〈표 13-5〉 취업자격 체류외국인 업무 유형별 현황

(단위: 명)

구분	총계	전문인력	단순기능인력
총 체류자	583,315	48,164	535,151

출처: 출입국 외국인정책본부(2019). 출입국외국인정책 통계월보 2019년 7월호.

〈표 13-6〉 전문인력 자격별 현황

(단위: 명)

계	단기취업 (C-4)	교수 (E-1)	회회지도 (E-2)	연구 (E-3)	기술지도 (E-4)	전문직업 (E-5)	예술흥행 (E-6)	특정활동 (E-7)
48,164	2,784	2,207	13,920	3,085	233	599	3,664	21,672

출처: 출입국 외국인정책본부(2019). 출입국외국인정책 통계월보 2019년 7월호.

〈표 13-7〉 단순기능인력 자격 현황

(단위: 명)

계	비전문취업 (E-9)	선원취업 (E-10)	방문취업 (H-2)
535,151	277,473	17,129	240,549

출처: 출입국 외국인정책본부(2019). 출입국외국인정책 통계월보 2019년 7월호.

〈표 13-8〉 방문취업자(H-2) 현황

(단위: 명)

구분	계	연고방취 (H-2-1)	유학방취 (H-2-2)	자진방취 (H-2-3)	연수방취 (H-2-4)	추첨방취 (H-2-5)	변경방취 (H-2-6)	만기방취 (H-2-7)	기타방취 (H-2-99)
총계	240,549	795	2	260	12	21,018	48,658	169,192	612
중국	210,155	784	2	260	11	2,312	48,642	157,536	608
우즈베키스탄	19,759	7	0	0	1	9,999	9	9,742	1
카자흐스탄	7,234	0	0	0	0	6,070	5	1,157	2
키르기즈	1,466	0	0	0	0	1,298	0	168	0
기타	1,935	4	0	0	0	1,339	2	589	1

출처: 출입국 외국인정책본부(2019). 출입국외국인정책 통계월보 2019년 7월호.

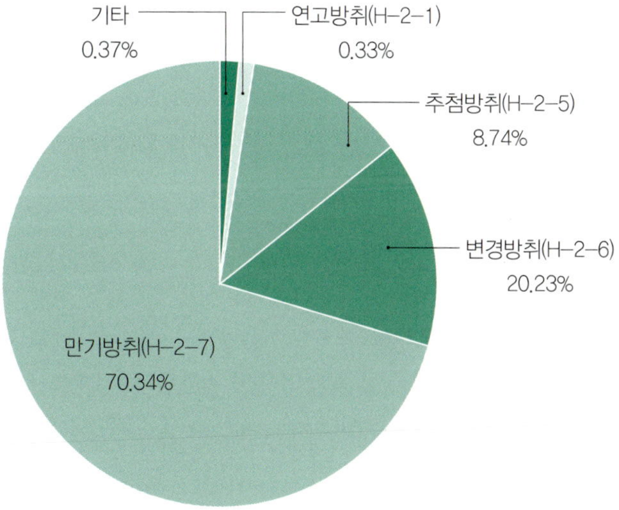

[그림 13-8] 방문취업자(H-2) 유형별 분포도

출처: 출입국 외국인정책본부(2019). 출입국외국인정책 통계월보 2019년 7월호.

(2) 외국인근로자의 문제점

외국인근로자는 열악한 근로조건의 중소기업체에서 한국인 근로자에 비하여 낮은 임금으로 일하고 있는 경우가 많다. 근로자로서의 권리를 보호받지 못한 채 임금이 체불되거나 산업연수생의 송출업체에서 예치금을 환불받지 못하고 강제 출구당하는 등 많은 인권문제에 노출되어 있다.

❶ 사회적 편견과 차별대우

인종 및 저개발국가에 대한 편견과 차별, 후진국이나 개발도상국인에 대한 우월의식 등의 사회 분위기는 외국인근로자나 외국인 배우자, 소수인들에게 그들이 소속되어 있는 이웃이나 직장 등 지역사회에서 따돌림을 당하거나 소외감을 갖게 한다. 이러한 현상은 정신적 스트레스 및 사회적 긴장감으로 사회적응 과정을 어렵게 만들게 한다.

사회적 차별은 외국인근로자 자녀도 부정적인 영향과 또래 집단으로부터 소외대상이 되어 교육의 기회를 제대로 갖지 못하는 경우도 있다.

❷ 의사소통의 어려움과 정신적 피해

한국어를 제대로 구사하지 못하는 외국인근로자는 자신의 권익을 보장받기 어렵고 직장이나 가정의 생활에서도 언어소통의 어려움으로 정신적 스트레스가 매우 높으며, 이는 다양한 인권침해의 원인이 되고 있다. 또한, 언어의 차이와 의사소통의 어려움은 안전교육 및 업무에서도 피해를 보게 된다.

❸ 산업재해 무관심

3D 업종에 종사하고 있는 외국인근로자의 사업장은 근로환경 수준이 낮아 산업재해가 자주 발생한다. 그러나 외국인근로자가 산재를 당하는 경우 사업장에서 임의적으로 산재보상을 신청하지 않거나 불법체류자의 경우 체류 사실이 드러나는 것을 우려하여 신청하지 않는 경우가 많다(이영실, 2013).

(3) 외국인근로자의 복지욕구

❶ 일상생활 및 업무 수행과 관련한 한국어교육 지원

현재 시민단체나 활동가를 중심으로 이루어지고 있는 이주노동자에 대한 한국어교육을 해당 노동자가 일하는 직장과 연관하여 업무 수행이 원활히 이루어질 수 있도록 국가적 차원에서 지원을 모색할 필요가 있다. 예컨대, 특히 일상생활이나 일터에 다국어로 제작된 안내서를 제공하고 배치한다면 초기 적응에 많은 도움이 될 것이다.

❷ 한국 전통과 관련한 문화접근 기회 부여

초기 입국 후, 참여를 희망하는 이에게는 한국을 알 수 있는 다양한 문화체험을 할 수 있는 기회를 우선 부여하는 방안을 생각해 볼 수 있다. 물론, 이러한 것들을 운영할 주체가 우선으로 확립되어야 한다. 그리고 초기에는 비용 부담 때문에 많은 것을 제공할 수는 없겠지만, 이러한 문화체험을 통한 한국에 대한 좋은 인상은 그들이 차후 본국에 되돌아갔을 때에도 '긍정적 이미지의 한국'으로 남을 것이고, 이것은 외교적 협력에 있어 다소 미시적으로 보일지라도 좋은 영향을 줄 것이므로 투자 측면에서도 고려해 봄 직하다. 이들이 일하는 것과 협력하여 프로그램을 개발하고 실행한다면 보다 적절하고 유용하게 활용할 수 있을 것이다.

3) 북한이탈주민과 가족복지

(1) 북한이탈주민의 특성

2000년대에 들어서면서 남북관계는 이산가족이 상봉하고, 철도와 도로가 연결되며, 금강산 관광과 개성공단과 같은 경제적 교류 및 학술 교류까지 활발하게 진행되면서 민족의 동질성을 확인할 수 있었다. 그러나 여전히 해결하기 힘든 문제 중 하나로 새터민을 들 수 있다. 새터민의 공식적 명칭은 '북한이탈주민'이며, 흔히 탈북자라는 말과 함께 혼용되고 있다. 이들은 관련법 「북한이탈주민의 보호 및 정착 지원에 관한 법령」의 정의에서도 알 수 있듯이 '북한에 주소, 직계가족, 배우자, 직장 등을 두고 있는 자로서 북한을 벗어난 후 외국의 국적을 취득하지 아니한 자'를 말한다(동법, 제2조 제1항). 2005년 1월 10일부로 통일부는 탈북자라는 용어를 '새터민'으로 바꾸기로 했으며, 새로운 터전에서 삶의 희망을 갖고 사는 사람으로 정의하였다(박옥임, 2017).

북한이탈주민의 국내 입국 규모는 1990년대 초반 매년 10명 내외에 불과했던 것이, 1994년 이후 급격하게 증가되었고 1999년 이후 꾸준히 증가하다가 2002년부터는 매년 1천 명, 2006년에는 2천 명을 초과하였다. 과거에 단독 입국자가 많았던 것과는 달리 최근에는 가족단위 입국자 수가 증가하고 있다. 특히, 입국인원 중 여성 비율이 지속적으로 크게 증가하고 있는데 이는 남성에 비해 여성이 상대적으로 중국에서 체류 은신하기 용이하고, 식량난으로 중앙배급제가 붕괴되고 여성이 가족을 책임져야 하는 상황에서 여성의 탈북이 급증하게 된 것이다.

이렇듯 북한이탈주민의 적응에 새로운 전환기를 맞고 있다. 따라서 북한이탈주민이 자신의 희망지역에 원활하게 정착할 수 있는 환경을 조성하는 것과 그들 스스로 새로운 적응에 필수적인 자존감 회복이 무엇보다도 선행되어야 한다.

(2) 북한이탈주민의 문제점

「대한민국 헌법」 제3조는 북한 주민에게도 우리와 동등한 법적 · 제도적 보호를 제공하여야만 하는 의무를 시사하고 있다. 이러한 북한이탈주민은 정치적 · 경제적 · 사회적 가치체계의 극단적 이질성 때문에 우리 사회에 적응하는 데 매우 어려운 문제에 직면한다. 따라서 북한이탈주민이 자립정착을 하기 위해서는 일정 기간 동안 외부로부터의 특별지원이 있어야만 가능하다. 그러나 이를 실행에 옮기기 위해서는 특별지원의 당위성 문제가 우선적으로 해결되어야 한다.

만약, 정부가 새터민을 지원하는 데 당위성을 확보하지 못한다면, 앞서 살펴본 남한 주민의 반응에서 보듯이 새터민이 정착하는 데 상당한 지장을 초래하며, 우리 사회에 통합되지 못할 것이다. 따라서 정부가 우선적으로 특별지원의 당위성을 확보함으로써 우리가 북한이탈주민을 위하여 특별지원을 해야 한다는 민족적 · 도덕적 책임을 다하는 것이다. 또한, 이러한 특별지원의 원칙은 남북통일 후 전체 북한 주민에게도 유사하게 적용될 수 있을 것이다.

❶ 북한이탈주민에 대한 정착지원상 행정체계의 문제

북한이탈주민에 대한 행정관리체계를 보면 북한이탈주민 입국 후 시설보호관리는 국가정보원(국방부), 초기정착 시설보호교육은 통일부, 직업훈련과 취업알선은 고용노동부, 정착지원은 통일부와 보건복지부, 시설보호 종료 후 신병보호관리는 국가정보원과 경찰청에서 맡고 있다. 특히, 통일부는 북한이탈주민이 자활과 자립을 할 수 있도록 자치단체에 위임하고 있지만 그 실효성이 의문이다. 이는 수해 당사자의 혼선은 물론 종합적이고 효율적인 지원체제의 유지에 상당한 지장을 초래하고 있는 실정이다. 따라서 새터민에 대한 정착지원상 행정체계의 문제점을 해결하기 위해 거주보호담당관이 신속히 처리할 수 있는 원스톱서비스 체계를 갖추어야 한다(이영실 외, 2013).

❷ 취업보호제도 유명무실

북한이탈주민의 대부분이 막노동을 하거나 무직상태로 생활이 불안정하며, 경제적 어려움을 겪고 있다. 정부에서는 북한이탈주민을 대상으로 안정된 직장생활을 보장하고, 남한이 노동시장에서 자립할 수 있도록 지원하는 취지에서 「북한이탈주민의 보호 및 정착지원에 과한 법률」 제17조, 제17조의 2, 동법 시행령 제34조의 2, 제35조, 제35조의 2, 제49조, 동법 시행규칙 제3조의 4, 취업보호지침 등에 관련 근거를 마련해 두고 취업보호제도를 실시하고 있다. 그러나 북한이탈주민의 취업 경로를 보면 본인 구직활동과 친구 등의 소개가 거의 대부분이며, 제도적 취업활동은 아주 저조하다.

북한이탈주민은 하나원 퇴소 후 우리 사회에 정착하면서 취업을 위한 직업교육을 이수하는 일이 거의 없어 취업에 어려움을 겪고 있을 뿐만 아니라 대부분이 단순노무직, 비정규직, 일용직, 아르바이트 등에 종사하고 있다.

❸ 문화적 차이로 인한 대인관계의 어려움

북한이탈주민이 한국에 적응하기 위해 나타나는 문제점 중의 하나는 대인관계 및 가정생활에 나타나는 적응상의 문제점이다. 먼저, 대인관계는 인간의 삶에 가장 기본적인 요소이자 중심이지만 한국 사회에서 북한이탈주민의 대인관계는 그리 원만할 수가 없으며, 북한이탈주민 간 대인관계도 상당히 복잡하다. 따라서 한국 사회에서 북한이탈주민의 원만치 못한 대인관계는 그들이 한국 사회에 적응하는 과정에 큰 영향을 끼친다. 둘째, 가정생활에서 나타나는 적응상의 문제점이다. 한국 사회 자체의 개방성과 다양성으로 북한에서 문제시되지 않았던 자녀의 진학관계, 사생활의 견해 차이, 용돈문제 등이 다양하게 대두되어 가정 내에서 부모-자녀 간 새로운 갈등요인이 된다. 더구나 이러한 갈등은 한국교육을 받으며, 성장할 자녀와 북한교육을 받은 부모관계라는 점에서 앞으로 더 심화될 가능성이 있다.

(3) 북한이탈주민의 복지욕구

❶ 사회적응교육 및 프로그램 마련

북한이탈주민이 국내에 입국하면 먼저 관계기관의 조사가 진행된다. 탈북 동기나 입국 경위, 구체적 신원, 입국 목적 등에 대해 조사가 끝나면 하나원에 입소하는데 이때부터 국가 및 공공기관이 아니라 민간교육이 훨씬 효과적일 수 있다. 사회주의 체제에서 생활해 온 그들에게 한국 사회에 적응하는 데 필수적인 효율이나 서비스 같은 개념이나 사회적 유연성을 체득시키기에 공공기관이 가지고 있는 한계를 하나원의 과감한 민영화 등을 통해 극복해야 하기 때문이다.

사회적응교육은 일차적으로 한국 사회 적응교육과 이차적으로 사회생활을 위한 취미, 오락 등 사회교육을 들 수 있다. 하나원의 민영화를 통해 1차 교육을 하고 대학부설 평생교육원, YMCA, 종합사회복지관, 종교기관 등을 통해 2차 교육 프로그램을 이수하도록 하여 한국 사회적응도를 높여야 한다.

❷ 사회적응교육 부재

북한이탈민이 한국 사회에 정착하는 과정에서 많은 난관에 봉착하는 이유는 정착금의 액수 때문이 아니라 자본주의 체제의 생리를 이해하지 못하기 때문인 경우가 더 크다. 경쟁원리와 효용성을 생명으로 삼는 기업에서 북한이탈주민이 자신의 적성에 맞는 일을 찾아내기는 어렵다. 더더욱, 하나원 퇴소 후 사회적응교육을 실시하기 위한 구체적 프로그램이 거의 없기 때문에 이질적 체계에서 생활해 온 북한이탈주민이 남한사회에 성공적으로 정착하기 위해서는 정치 · 경제 · 사회 · 문화 · 법률 등 제반 분야에 대한 철저한 교육이 필요하다. 정부에서 주도적으로 실시하고 있는 것은 하나원(북한이탈주민정착지원사무소) 교육뿐인데, 하나원에서 실시하고 있는 사회적응교육에는 한계가 있다. 수용자는 각계각층인데, 이에 맞는 교육을 실시할 수가 없기 때문이다. 즉, 개개인의 적성과 과거 경력을 무시한 채 획일적으로 시행되어 효율적이지 못하다. 또한, 일부 종교단체와 민간단체에서 재사회화를 위한 교육을 실시하고 있으나 그 실효성이 의문이다.

그뿐만 아니라 북한에서 생활할 때는 모든 사람의 사회문화적 환경이나 생활수준이 비슷해서 의식주 해결만으로도 상대적 만족도가 높을 수 있지만 한국 사회에서 어려운 처지에 놓이게 된 그들이 느끼는 상대적 빈곤감과 박탈감은 크다. 더구나 새터민에 대한 한국 사회의 곱지 않은 시선은 그들에게 엄청난 소외감을 준다. 따라서 북한이탈주민이 신속히 우리 사회에 적응할 수 있도록 자체 상조회(단체)를 조직하도록 하고, 이와 관련하여 민간단체의 적극적 참여를 유도한다. 이때 관련 단체의 운영에 필요한 재원은 국가에서 지원하도록 하여 사업의 활성화를 도모하여야 한다(이영실 외, 2013).

❸ 취업가능 수준의 직업훈련 실시

북한이탈주민의 실업과 고용불안정은 경제적 불안으로 이어지고, 가정불화를 비롯한 또 다른 갈등과 어려움의 촉매로 작용한다. 하나원에서 실시하고 있는 봉제, 운전 등 기초직업훈련 프로그램은 남한에서 취업하는 데 도움이 안 되는 경우가 많다. 그러므로 직업훈련을 보다 세분화하여 북한이탈주민에게 다양한 직업

분야의 정보제공은 물론, 교육으로 연계될 수 있도록 해야 한다.

이러한 대책은 하나원에서 전담하기보다 민간에서 실시하는 직업훈련 프로그램에 위탁하는 형태를 취하고 하나원 퇴소 후에도 일정한 기술이나 자격을 획득할 때까지 지속적 교육이 이루어지게 하는 것이 바람직하다.

고용센터 취업보호담당 관리 전문성 부재와 북한이탈주민에 대한 부정적 태도도 취업과 관련한 갈등을 유발하는 요인으로 지적되고 있으므로 취업보호담당관의 경우 새터민과 북한 현실에 대한 이해가 있는 전문인력을 고용하거나 취업보호담당관에 대한 새터민 이해교육을 강화하여 이들이 사명감을 가지고 일할 수 있도록 해야 한다(조정아 외, 2006, 재인용).

3. 다문화가족을 위한 복지실천 대책

국경을 넘어선 이주 흐름이 지속적으로 확대되면서 결혼이주자가 매년 증가하고 있는 우리 사회는 2050년이 되면 인구 10명당 1명이 외국인으로, 외국인이 우리 사회의 한 구성원으로 단단히 자리매김하게 되는 다문화사회가 된다고 한다. 이러한 우리나라의 다문화복지서비스는 「다문화가족지원법」 등 관련 법과 제도에 의해서 추진되고 있다. 다문화가족지원센터는 「다문화가족지원법」에 근거하여 설치된 기관으로 다문화가족에 대한 종합적 서비스 지원기관이며, 최근에는 다문화가족지원센터 및 외국인력지원센터 등으로 서비스가 통합되는 추세를 보인다.

다문화사회로 다가서는 우리나라는 이주민의 삶과 가족복지에 실질적인 관심을 기울여 우리의 이웃으로 따뜻하게 감싸 안는 국제사회가 되어야 한다.

1) 결혼이민자가족의 다양한 문화 · 가치관의 공존 지원

여성 결혼이민자는 서로 다른 문화적 배경에서 본국의 가족관계에 비추어 한국의 가족관계를 겪다 보면 관계의 어려움이 발생하게 된다.

국제결혼 가정의 가족유형은 부부와 그 자녀로 이루어진 핵가족보다는 시댁과 함께 사는 경우가 많은데, 여성 결혼이민자는 '문화적 이질감', '생활습성의 차이'를 가장 어려워한다. 특히, 가족에 대한 개념과 범위가 달라서 우리나라처럼 가족 대소사에서 일가친척을 위해 가사를 하는 며느리의 역할을 이해하지 못하는 경우도 발생한다. 또한, 반대로 한국의 가족이 여성 결혼이민자의 국가와 문화를 이해하지 못하는 경우도 발생하게 된다.

결혼이민자의 삶의 만족도와 적응에서 중요한 것은 결혼이민자 가족이나 이웃이 그들의 문화를 얼마나 이해 또는 수용하는가이므로 결혼이민자 국가와 그들의 문화에 대해 가족과 사회의 올바른 이해, 초기 의사소통의 어려움이 발생할 때 즉각적 통역지원, 한국과 여성 결혼이민자 국가의 문화 특수성에 대해 교육을 통해서 상호 이해 및 공존할 수 있는 지원을 해야 한다.

2) 사회복지서비스 확충과 복지전문인력 양성

다문화가족이 필요로 하는 사회복지서비스와 다문화가족을 지원할 수 있는 전문인력이 부족하기에 사회복지서비스의 확대가 절실히 요구된다. 특히, 여성 결혼이민자 대다수가 국민기초생활보장 수급 대상에서 탈락한 이후 구직을 통해 생계를 유지하므로 여성 결혼이민자의 특성과 현실을 고려한 직업훈련과 일자리 창출이 필요하다. 그들에게 직업훈련과 일자리를 제공하는 것은 독립적 시민으로서 한국 사회에 함께 생활할 수 있는 중요한 기초를 마련해 주는 것이다.

다문화가족에게 사회복지서비스 확대와 복지전문인력의 서비스 전달을 지원하게 하기 위해서는 다문화가족에 대한 전문적 지식과 차별화된 개입기술, 문화적 역량을 갖춘 인력 양성이 우선되어야 한다. 이를 위해 다문화가족복지 전문인력을 양성하기 위한 교과과정의 개편, 수준별 훈련 프로그램의 제공 등이 마련되어야 한다. 이외에도 별도의 훈련 없이 기존의 복지기관이나 부서에서 다문화가족을 지원하는 사회복지인력의 경우에는 체계적 재교육과 보수교육을 지속적으로 제공함으로써 양적 · 질적 수준을 향상시켜야 한다.

3) 외국인근로자 대상규정에 따른 프로그램 지원

외국인근로자 지원 프로그램은 그 대상규정에 따라 크게 장기 · 영구체류 외국인근로자, 단기체류 외국인근로자 유형으로 분류하여 지원 프로그램을 차별화할 필요가 있다. 먼저, 장기 · 영구체류 외국인근로자를 대상으로는 사회통합 프로그램을 적극적으로 운영하고, 단기체류 외국인근로자는 노동권, 가족권, 사회문화권 보장을 위한 교육 프로그램이 지원되어야 한다.

초기 이주자는 한국 사회 적응 단계의 지원 프로그램으로 언어교육을 우선적으로 실시하고, 거주지역에 대한 정보제공을 통해 교통, 병원, 관공서, 한국문화복지시설 이용방법, 환경, 관광지 소개 등을 중심으로 한 정보제공 중심의 프로그램 지원이 있어야 한다. 귀국을 앞둔 외국인근로자에게는 귀환 프로그램으로 한국에서 배운 기술을 중심으로 자국에서 자립할 수 있는 기능교육을 실시하여 귀국 후 자력적 생활에 도움을 주는 프로그램을 지원해야 한다.

4) 북한이탈주민의 사회적 기능회복을 위한 지속적인 사회복지 지원

북한이탈주민은 판이한 정치적 이념과 생활가치를 갖고 남한사회에서 새로운 생활을 시작하므로 다양하고 지속적인 사회복지의 도움이 요구된다. 또한, 개인적으로는 혁명적인 흔들림이 있는 시기이기 때문에 사회복지의 기능은 이러한 시작 시점에서 사회적 기능회복을 위해 지속적인 사회복지가 지원되어야 한다.

사회복지 지원은 북한이탈주민의 궁극적인 적응상태를 고려하여야 하며, 특히 경제적 생활안정을 위한 정부의 지원정책, 연금, 의료보장, 생활보호 등의 다양한 복지 프로그램은 초기의 일시적인 형태가 아니라 지속적 · 장기적 관점에서 계획되어야 한다.

생 · 각 · 해 · 보 · 기

- 한국 다문화사회의 향후 과제인 다문화가족복지 전망과 복지실천대책 지원 방향을 생각해 봅시다.

참고문헌

강홍구 (2016). 사례관리. 경기: 정민사.

고경환 · 강지원 · 김용민 (2008). 가족복지서비스 전달체계의 운영평가-상담서비스 네트워크를 중심으로-. 한국보건사회연구원 보고서.

권진숙 역 (2004). 사례관리: 개념과 기술(Franke, A. J. & Gelmanm, S. R. 저). 서울: 학지사.

권진숙 · 박지영 (2009). 사례관리의 이론과 실제(2판). 서울: 학지사.

김규수 · 오윤숙 (2010). 가족치료 이론과 실제. 경기: 양서원.

김기원 (2000). 공적부조론. 서울: 학지사.

김미혜 (2001). 노인학대의 이해와 해결을 위한 첫걸음: 노인학대 실태 및 방향성 모색. 까리따스방배종합사회복지관.

김보람 (2012). 한국 가족패러다임의 변화에 따른 가족복지실천에 관한 연구. 남서울대학교 석사학위논문.

김순옥 (2001). 부부의사소통 교육프로그램 개발. 한국가족관계학회지, 6(1), 137-157.

김순옥 · 곽소현 · 노명숙 · 류경희 · 배선희 · 송현애 · 왕석순 · 이광자 · 이현주 · 이화자 · 한상금 (2012). 가족상담. 경기: 교문사.

김순옥 · 노명숙 · 류경희 · 유현정 · 이영호 (2008). 청소년기 자녀를 둔 부모교육 프로그램 개발을 위한 예비연구-금성자녀와 통하는 화성부모. 대한가정학회지, 46(8), 37-54.

김영화 · 이진숙 · 이옥희 (2002). 성인지적 가족복지론. 경기: 양서원.

김유숙 (2006). 가족치료. 서울: 학지사.

김유숙 (2015). 가족상담. 서울: 학지사.

김윤재 · 김순옥 · 김재원 · 강영숙 · 김진환 · 진미화 (2015). 가족복지론. 경기: 공동체.

김은영 · 임승희 · 박소영 (2010). 가족복지론. 학현사.

김정진 · 임은희 · 권진숙 (2007). 사회복지실천기술론. 서울: 서현사.

김태성 · 성경륭 (2014). 복지국가론. 경기: 나남.

김태완 · 김문길 · 이주미 · 김기태 · 김명중 · 홍성우 (2016). 저소득층 빈곤환경 실태와 자활지원 연계 방안. 한국보건사회연구원.

김현미 (2018). 결혼여성이민자의 문화적 역량 증진을 위한 다문화 사회복지 실천 방안 연구. 동국대학교 대학원 박사학위논문.

김혜경 (2006). 식민지하 근대 가족의 형성과 젠더. 경기: 창비.

김혜경 · 도미향 · 문혜숙 · 박충선 · 손홍숙 · 오정옥 · 홍달아기 (2011). 가족복지론(4판). 경기: 공동체.

김희진 (2004). 결혼초기 부부관계향상 프로그램 개발. 서울여자대학교 대학원 박사학위논문.

류명옥 (2006). 문경지역 여성결혼이민자의 삶의 실태와 복지대책. 대전대학교 대학원 석사학위논문.

문혁준 · 김진이 · 양성은 · 이은주 · 천희영 (2014). 가족복지론. 서울: 창지사.

박귀영 · 오현숙 · 이우언 · 전미숙 · 정명희 · 최병태 (2017). 가족복지론. 경기: 양서원.

박미은 · 신희정 · 이혜경 · 이미림 (2012). 가족복지론. 경기: 공동체.

박미은 · 신희정 · 이혜경 · 이미림 (2015). 가족복지론(2판). 경기: 공동체.

박옥임 · 서선희 · 김경신 · 옥경희 · 박준섭 · 최은정 (2013). 가족복지학. 경기: 공동체.

박옥임 · 서선희 · 김경신 · 옥경희 · 최은정 · 김진희 (2017). 가족복지론. 경기: 공동체.
박은경 (2017). 현행 다문화가족지원법의 개정 방향에 관한 연구. 경성법학, 26(0), 21-49.
박은미 · 신희정 · 이혜경 · 이미림 (2018). 가족복지론. 경기: 공동체.
박주희(2006). 현대가족을 위한 가족생활교육의 실제. 서울: 도서출판 구상.
법무부 (2019). 출입국 외국인정책본부. 외국인정책통계연보 7월.
보건복지부 (2018). 2018년 긴급지원사업 안내.
서혜석 · 강희숙 · 이미영 · 고희숙 (2017). 가족상담 및 치료. 경기: 공동체.
성경숙 (2017). 가정폭력범죄에 대한 치료적 사법의 접근-가정폭력법원의 도입을 중심으로-. 한국형사법연구학회, 29(3), 327-359.
성정현 · 여지영 · 우국희 · 최승희 · 임세희 (2015). 가족복지론. 경기: 양서원.
손병덕 · 황혜원 · 전미애 (2014). 가족복지론. 서울: 학지사.
송성자 (2002). 가족과 가족치료. 경기: 법문사.
송정아 · 전영득 · 김득성 (2005). 가족생활교육론. 경기: 교문사.
송정애 (2015). 건강한 가족을 위해 떠나는 여행 가족상담의 이론과 실제. 경기: 양서원.
엄명용 · 김성천 · 오혜경 · 윤혜미 (2014). 사회복지실천의 이해. 서울: 학지사.
여성가족부 (2018). 2018년 전국다문화가족실태조사 연구. 한국여성정책연구원.
여성가족부 (2010). 2010년 제2차 가족실태조사.
여유진 · 전지현 (2017). 2017년 빈곤통계연보. 한국보건사회연구원 정책자료 2017-01.
옥선화 · 남영주 (2006). 이혼자들의 이혼 인식에 관한 질적 연구. 한국가정관리학회지, 24(1), 223-235.
우수명 · 주경희 · 김희주 (2015). 다문화사회복지개론. 경기: 양서원.
원영희 · 손화희 (2016). 가족복지론. 서울: 학지사.
유영주 (2012). 가족복지론. 경기: 대왕사.
유영주 · 김순기 · 노명숙 · 박지현 · 배선희 · 송말희 · 송현애 · 이영자 · 한상금 (2018). 변화하는 사회의 가족학. 경기: 교문사.
유영주 · 김순옥 · 김경신 (2009). 가족관계학. 경기: 교문사.
윤석영 · 고경표 · 김성근 · 강미나 · 이용화 · 이창우 (2017). 다양한 노인빈곤지표 산정에 관한 연구(Ⅰ), 한국보건사회연구원.
이성순 · 이종복 · 김재열 · 김민경 · 김현희 · 정명희 · 정옥희 · 안채리 (2017). 다문화사회복지론. 경기: 양서원.
이성희 · 한은주 (1998). 부양자의 노인학대 경험과 관련 요인. 한국노년학, 18(3), 123-141.
이영실 · 김재경 · 김봉순 · 박용권 · 조명희 · 홍성희 (2013). 가족복지론. 경기: 양서원.
이영주 · 최경화 · 정윤태 · 김현희 · 오정아 (2018). 가족복지론. 경기: 양서원.
이용교 (2018). 알아야 챙기는 복지상식. 서울: 인간과 복지.
이원숙 (2016). 가족복지론. 서울: 학지사.
이은주 (1999). 가족치료의 가치와 윤리적 딜레마, 가족치료사 및 전문가를 위한 보수교육 자료집. 한국가족치료학회.
이은주 (2005). 직업윤리보수교육 자료집. 한국가족치료학회.

이인정 (2005). 한국 가족복지의 현황에 관한 연구. 사회과학연구, 10, 125-142.

이정민(2013.12.4.). 중기청 자금융자 사업이 성인지 예산?. 오마이뉴스.

이정우 (2009). 빈곤과 사회적 배제의 정치경제학. 황해문화, 64, 18-38.

이혜경 (1995). 한국의 가족정책: 대안의 선택과 정부민간의 연계. 가족정책토론회 자료집: 삶의 질 선진화와 가족정책.

이희세 · 백선아 · 임은희 (2017). 가족치료 및 상담. 경기: 공동체.

임춘희 · 정옥분 (1997). 초혼계모의 재혼가족생활 스트레스와 적응에 대한 경험적 연구. 대한가정학회, 35(5), 73-102.

임춘희 (1996). 이혼가족 내 계모의 스트레스와 적응에 관한 질적 연구. 고려대학교 대학원 박사학위 논문.

장수복 · 이태희 · 유영준 · 정희정 · 오봉욱 · 최세영 (2017). 가족복지론. 경기: 정민사.

정남철 · 정선아 (2015). 영유아보육법과 유아교육법의 통합에 관한 법적 고찰. 토지공법연구, 69, 303-328.

정문자 (2007). 사티어 경험적 가족치료. 서울: 학지사.

정문자 · 정혜정 · 이선혜 · 전영주 (2012). 가족치료의 이해. 서울: 학지사.

정옥분 · 정순화 (2007). 부모교육. 서울: 학지사.

정현숙 (2007). 가족생활교육. 서울: 신정.

정혜숙 (2009). 아내학대와 아동학대의 중복발생을 둘러싼 여성주의비판모델과 여성복지적 과제의 검토. 한국여성학, 25(4), 109-139.

정황순 · 박주현 · 김준환 (2016). 가족복지론. 서울: 창지사.

조국 (2001). '매 맞는 여성 증후군' 이론의 형법적 함의. 한국형사법연구학회, 15, 37-54.

조영구 · 이재문 · 이은모 (2017). 가족복지론. 경기: 정민사.

조추용 · 오정옥 · 한성심 · 이채식 (2008). 가족복지론. 서울: 창지사.

조흥식 · 김인숙 · 김혜란 · 김혜련 · 신은주 (2017). 가족복지학(5판). 서울: 학지사.

조흥식 · 김인숙 · 김혜란 · 김혜련 · 신은주 (1997). 가족복지학. 서울: 학지사.

중앙노인보호전문기관 (2017). 2016년 노인학대 현황보고서. 보건복지부 노인정책과.

지영숙 외 (2002). 준비된 결혼으로 행복한 결혼생활을. 생활개혁실천협의회 2002년 혼인준비교실 강의집.

천정웅 · 이형하 · 이승민 · 이정희 (2015). 이민다문화가족복지론. 경기: 양서원.

최경석 · 김양희 · 김성천 · 김진희 · 박정윤 · 윤정향 (2001). 한국가족복지의 이해. 서울: 인간과 복지.

최규련 (2002). 농촌 부부평등교육 프로그램 개발 및 효과검증. 한국가정관리학회지, 20(3), 73-85.

최규련 (2004). 한국의 문제가족진단과 기능강화방안. 수원대학교 논문집, 22, 543-555.

최규련 (2009). 부부상담 프로그램 개발 및 효과성 연구: 부부갈등해결을 위한 통합적 접근 적용. 한국가정관리학회지, 27(3), 181-200.

최규련 (2017). 가족상담 및 치료. 경기: 공동체.

최연실 외 역(1995). 새로 보는 가족관계학. 서울: 하우.

최은영 · 최혜경 (2015). 성공적 노화인식과 은퇴기대가 은퇴준비행동에 미치는 영향. Financial Planning Review, 8(4), 23-57.

최일섭 · 최성재 (2000). 사회문제와 사회복지. 경기: 나남.

최정숙 (2008). 결혼초기부부의 가족 레질리언스 강화 프로그램 개발 연구. 한국가족복지학, 23, 103-152.

최해경 (2012). 사회복지실천론. 서울: 학지사.

최현미 · 이혜경 · 신은주 · 최승희 · 김연희 · 송성실 (2010). 다문화가족복지론. 경기: 양서원.

최현숙 (2009). 한국 가족복지 정책의 문제점과 개선방안. 청주대학교 석사학위논문.

통계청 (2017). 장래가구추계보도자료. 4.13.

통계청 · 여성가족부 (2018). 2018 통계로 보는 여성의 삶.

한국가족관계학회 (1998). 가족생활교육 이론 및 프로그램. 서울: 하우.

한국가족상담교육연구소 (2013). 가족생활교육. 경기: 교문사.

한국부모교육학회 편 (1997). 부모교육학. 경기: 교육과학사.

한국사례관리학회(권진숙 · 김상곤 · 김성경 · 김성천 · 김혜성 · 민소영 · 박선영 · 박지영 · 백은령 · 유명이 · 유서구 · 이기연 · 조미숙 · 조현순 · 황성철) (2012). 사례관리론. 서울: 학지사.

한국여성정책연구원 (2019). 2018년 전국다문화가족실태조사 연구.

한윤숙 (2011). 치매노인가족의 사회복지서비스 개선에 관한연구. 한양대학교 석사학위논문.

한인영 · 강향숙 · 구승신 · 김경희 · 김선민 · 김유정 · 김주현 · 김지혜 · 박형원 · 백형의 · 우재희 · 이영선 · 이예승 · 이인정 · 이혜경 · 임정원 · 장수미 · 정선영 · 최정숙 (2015). 가족복지론. 서울: 학지사.

황성철 (1996). 사회사업가의 윤리적 갈등과 의사결정에 관한 연구: 의료사회사업가의 윤리적 갈등상황에 대한 반응과 의사결정을 중심으로. 한국사회복지학, 29, 218-240.

황은숙 (2015). 한부모가족 가족지원서비스 현황과 과제. 한국한부모가정학, 8(1), 1-33.

Atwood, J. D. & Genovese, F. G. (2006). *Therapy with single parents: A social constructionist approach*. The Haworth Press.

Blau, P. M. (1964). *Exchange and Power in Social Life*. New York: Wiley.

Blumer, H. (1969). *Symbolic interactionism: Perspective and methods*. Englewood Cliffs, NJ: Prentice Hall.

Bohanon, P.(ed)(1971). *Divorce and after*. New York: Doubleday.

Bowen, M. (1978). *Family Therapy in Clinical Practice*. New York: W.W. Norton

Braver, S. L., Salem, P., Pearson, J., & DeLuse S. R. (1996). The content of divorce education programs: Results of a survey. *Family and Conciliation Court Review*, *34*(1), 41-59.

Burks, H. M., & Stefflre, B. (1979). *Theories of counseling*(3rd ed.). NY: McGraw -Hill.

Carter & McGoldrick, M. 편, 정문자 외 역(2002). 가족생활주기와 치료적 개입. 서울: 중앙서적 출판부.

Cater (1992). Stonewalling feminism, *Family Therapy Network-et*, *16*, 64-69.

Doherty, W., & P. Boss (1991). *Values and ethics in family therapy Handbook of Family Therapy*(vol. 2). ed. By A. Gurman, & D. kniskern, New York: Brunner/Mazel.

Doherty, W. J. (1995). Boundaries between parent and family education and famil therapy: The levels of family involvement model. *Family Relations*, *44*(4), 353-358.

Duvall, E. M. (1957). Family Development. J. B. Lippincott, Philadelphia. Research of Work-Family Balance Based on Family Life Cycle.

Edward Neukrug (2017). Counseling Theory and Practice(1st ed). 상담 이론과 실제. 정여주 · 두경희 · 이자명 · 이주영 · 이아라 옮김. 서울: (주)사회평론아카데미.

Ernest W. Burgess (1926). *The Family as a Unity of Interacting Personalities*. First Published March 1.

Ganong, L. H., & Coleman, M. (1994). *Remarried family relationships*. Thousand Oask, CA: Sage.

Glick, P. C. (1980). Remarried families, stepfamilies, and stepchildren: A brief demographic profile. *Family Relations*, 38(1), 24-27.

Goetting, A. (1982). The six stations of remarriage: Developmental tasks of remarriage after divorce. *Family Relations*, *31*(2), 213-222.

Green & Hansen (1989). Ethical dilemmas faced by family therapists. *Journal of Marital and Family Therapy*, *15*(2), 149-58.

Hartman, A. (1978). Diagrammatic assessment of family relationships. *Social Casework*, *59*(8), 465-476.

Haverkamp, B. & Daniluk, J. C. (1993). Child sexual abuse: Ethical Issues for the family therapist. Value agendas in family therapy. *Family therapy*, 42(2), 134-139.

Homans, G. C. (1961). *Social Behavior: Its Elementary Forms*. Harcourt, Brace, and World, New York.

Kerckhoff, R. K. (1964). *Family life education in America*. In: Christensen, H. T.(Ed.). Handgook of marriage and the family(pp.88-911). Chicago: Rand Mcnally.

Lamanna, M. A. & Riedmann, A. (1991). *Marriage and families*. California: Wadsworth Publishing CO.

Maddock, J. (1993). Ecology, ethics, and responsibility in family therapy. *Family Relations*, *42*(2), 116-123.

Marvin B. Sussman & Suzanne K. Steinmetz (2013). *Handbook of Marriage and the Family*. plenum Press · New York and London.

Mead, M. (1968). *Cybernetics of Cybernetics, in Foerster*. New York, Spartan Books.

Michael P. Nichols (2013). *Family Therapy*. Concepts and Methods pth edition.

Minuchin, S.(1974). *Families and family therapy*. Cambridge: Harvard University Press. Pace, U., Cacioppo, M., & Schimmenti, A.

Nichols, M. P., & R. Schwarts (1998). *Family Therapy: Concepts and methods*(4th ed). Boston: Allyn & Bacon (시그마프레스. 김영애 · 김정택 · 송성자 · 심혜숙 · 정문자 · 체석봉 옮김. 2011).

Odell, M., & Stewart, p. (1993). Ethical Issues Associated with Client Values Conversion and Therapist Value Agendas in Family Therapy. *Family Relations*, *42*(2), 128-133.

Olson, D. H., DeFrain, J., & Olson, A. K. (1999). 21세기 가족문화연구소 편역(2002). 행복한결혼 건강한 가족. 경기: 양서원.

Parson, T. (1951). *The social system*. Glencoe,Ⅲ.: Free Press.

Pasley, K., & Ihinger-Tallman, M. (1988). Stress in remarried families. *Family Perspectives*. *16*, 81-86.

Reichard, S., Livson, F., & Peterson, P. G. (1962). *A Review of "Ageing and Personality; A Study of 87 Older Men"*. New York: John Wiley and Sons.

Robert t. ammerman. michel hersen 공저, 이화여자대학교 사회복지연구회 편역(2003). 가족폭력-사정과 실제. 경기: 양서원.

Satir, V.(1972). *Peoplemaking*. California: Science & Behavior Books.

Saunders, D. G., & Parker, J. C. (1989). Legal sanctions and treatment follow-through among men who batter: A multivariate analysis. In Social Work Research and Abstracts. *Oxford University Press*, 25(3), 21-29.

Sheafor, B. W., Horejsi, C. R., & Horejsi, G. A. (1998). 사회복지실천기법과 지침. *[Techniques and Guidelines for Social Work Practice]*. (서울대사회복지실천역구회 역). 경기: 나남. (원저 1997년 출판).

Sprey (1979). *Handbook of Marriage and the Family*. plenum press. Newyork and London.

Stinett, N., Walters, J., & Kaye, E. (1984). *Relationships in marriage and the family*. New York: Macmillan Publishing Co.

Townsend, P. (1979). *Poverty in The United Kingdom: A Survey of Household Resources and Standards of Living*. U.K.: Penguin Books.

Tracy, E. M., & Whittaker, J. K. (1990). The social network map: Assessing social support in clinical practice. *Families in Society*, *71*(8), 461-470.

Walker, L. E. (1977). Battered women and learned helplessness. *Victimology*, 2(3-4): 525-534.

Widom, C. S. (1989). The cycle of violence. *Science*, *244*(4901), 160-166.

Wilson, W. J. (1987). *The Truly Disadvantaged: The inner city, the under-class, and public policy*. Chicago: University of Chicago Press.

Woody, J. (1990). Resolving ethical concerns in clinical practice: Toword a pragmatic model. *Journal of Marital and Family Therapy*, *16*(2), 133-150.

www.caritas.or.kr 2016.1.31.(카리타스 해외원조 주일 담화문)

교육부, 시도교육청, 한국교육개발원이 함께하는 방과후 포털시스템 https://www.afterschool.go.kr/info/infomation.do

국가법령정보센터 http://www.law.go.kr/

국가통계포털 http://www.kosis.kr/

법제처 http://www.moleg.go.kr

보건복지부 보육정책 http://www.mohw.go.kr/react/policy/

통계청 http://www.nso.go.kr

저자소개

문수열 진주보건대학교 사회복지과 교수

노명숙 전주비전대학교 아동복지학과 교수

신경희 중앙사이버 평생교육원 교수

윤세라 중앙대학교 행정대학원 다문화정책학과 객원교수

장우심 유원대학교 사회복지학부 교수

조선미 전) 구미대학교 사회복지과 교수

채정아 한양여자대학교 사회복지학과 교수

가족복지론

초판 1쇄 발행 2020년 3월 12일
초판 2쇄 발행 2023년 1월 16일

지 은 이 | 문수열 · 노명숙 · 신경희 · 윤세라 · 장우심 · 조선미 · 채정아
펴 낸 이 | 김기섭
편 집 인 | 이혜란 · 이상희
펴 낸 곳 | 창지사 www.changjisa.com
08589 서울시 금천구 가산디지털 1로 83 파트너스타워 1차 9층
전화 (02)719-2211~3
팩스 (02)701-9386
등 록 | 1977년 4월 28일 · 제1-421호

ISBN 978-89-426-1274-1 (93330)

값 20,000원